現代政治学叢書

13

政党

岡沢憲芙 著

東京大学出版会

編集刊行の辞

猪口　孝

本叢書はわが国ではじめての政治学叢書である。社会科学のなかでも経済学や社会学においては、その学問体系を不断にとらえ直し、新たな体系を構想することがわが国でも熱心に試みられてきた。しかしながら、政治学においては、その学問の全域を体系的に描き出し、さらなる発展のための土台を広範に整備するような努力はあまりみられなかったと言えよう。本叢書は、理論研究・実証研究の第一線で活躍している日本の政治学者を結集してこの学問領域の全体系を提示し、わが国における政治学の発展を促進することを狙ったものである。

全二〇巻の書き下ろしで構成される本叢書は、過去四半世紀にわたる政治学の主要な理論研究と実証分析を再編成し、今後の研究方法の展望をきりひらくための知識の集大成である。本叢書を編集するにあたっては、以下の三点にとりわけ大きな注意を払ったつもりである。第一に、理論研究と実証分析の均衡を保ち、経験的現実から遊離した観念論や理論的枠組みなき実証主義に陥らないよう心掛けた。第二に、各巻が自己完結的な体系論を成すように主題を設定した。にもかかわらず、第三に、各巻が独自性と相互補完性を発揮することによって、叢書全体として現代政治学の全貌を描き出すことを目指したのである。

本叢書は、次の五部から成り、各部は四巻から構成される。

マクロ政治学――政治体制の構造と動態を概観し、政治現象の本質を大局的にとらえて分析する。（第一巻―第四巻）

ミクロ政治学――個人や社会集団の意識と行動を政治体制との関連で分析し、理論化する。（第五巻―第八巻）

政治過程――政治の仕組みをそのプロセスを軸に把握し、実証的に分析する。（第九巻―第一二巻）

政治主体――政治の担い手の組織的な性格や行動類型に焦点をあてながら、政治力学を解明する。（第一三巻―第一六巻）

国際政治――国際構造や国家間の政治の展開を理論的視座の下に体系化して分析する。（第一七巻―第二〇巻）

第一三巻『政党』は政治制度のなかで重要な役割を果たしている政党を扱う。政党は国内政治のなかのひとつの組織的な政治主体であると同時に、政党それ自体がひとつの政治システムを作っている。さらに国際的な水平線の上でも政党は活動する。本巻はこのような三つのレベルで政党の機能、目標、手段、資源、相互作用を包括的に、しかも体系的に取り扱う。すなわち、統治の仕事を担う政党、議会のなかの政党、選挙での政党、市民生活のなかの政党、政党組織の運営、国際政治のなかの政党という主題に取り組んでいる。本巻、現代民主主義のシステムのなかで、その果たす役割に時として疑問がなげかけられている政党という政治主体を多面的に解剖し、現代日本の政党と議会政治のありかたについて読者が考えるための多くの示唆を与えるものである。

企画編集の責任者として私は本叢書がわが国の政治学のスタンダード・レファレンスとして活用され、政治学の一層の発展に寄与することを願ってやまない。

目次

序章　政党の生息空間と政党政治の分析視点……一

第一部　国内政治と政党

第一章　現代デモクラシーと政党……一〇
一　政党の機能と行動……一〇
二　政党の目的・目標……一六
三　目的達成手段・方法……二三
四　目的達成資源――政党の権力資源――……二四

第二章　政党システム――政党間相互作用の枠組――……三一
一　政党間相互作用の単位……三一
二　政党間相互作用のメカニズム……三四
三　政党システムとその規定要因……四五

第三章　政党と権力――政府の中の政党――……五三
一　政府の中の政党……五三
二　政府形成のパターン……五八
三　単独政権と連合政権の論理――政権交代の政治的意味――……八三
第四章　政党と議会――議会政治の駆動力――……九〇
一　議会内法案作成過程と政党……九〇
二　利益連合の形成――法案別投票連合の形成――……九五
三　議会過程の形骸化と新たなる寡占者……一〇五
第五章　政党と選挙――選挙過程の寡占者――……一〇八
一　《政党内競合》と《政党間競合》の論理――競合政党制の論理――……一〇八
二　政党の選挙活動……一一二
第六章　政党と市民――政治的社会化の担い手――……一一九
一　政党の機能不全と反政党論の台頭……一一九
二　市民生活の中の政党……一二四

第二部　政治システムとしての政党
第七章　政党組織論——政治資源としての組織と数——……一三六
一　政治資源としての組織——「組織された大衆」民主主義の時代——……一三六
二　政党組織の分析視角……一四二
第八章　党内意思決定過程——政党と政策——……一五五
一　政党戦略と政党の位置選択……一五五
二　政党の位置変更戦略……一七〇
第九章　政党財政——政党政治とカネ——……一八四
一　政治資源としてのカネの二つの性格……一八四
二　選挙費用高騰理由……一八七
三　政党政治と政治腐敗……一九九
第三部　国際政治システムと政党
第十章　相互依存体制と政党の国際的連帯……二一二

一 政党と国際政治システム――国際政治システムからの挑戦――……二一二
二 政党の国際化――国境線を超えた政党運動・連帯――……二一五
三 欧州議会の政党制……二二〇
注……二三四
文献案内……二四五
あとがき……二四八
索引

序章　政党の生息空間と政党政治の分析視点

福沢もとまどった

政党は日本の政治風土に根付くのであろうか。市民から見た政党風景は芳しくない。ウサン臭さとダーティ・イメージがどうしても付纏う。腐敗政治の代名詞であったり、派閥単位のボス政治をソフトに覆い隠す包装紙であったりする。そして、わかりにくい。

「ソレカラまた政治上の選挙法というようなことが皆無わからない。わからないから選挙法とは如何な法律で議院とは如何な役所かと尋ねると、彼方の人はただ笑っている。何を聞くのかわかり切ったことだというような訳け。ソレが此方ではわからなくてどうにも始末が付かない。また、党派には保守党と自由党と徒党のようなものがあって、双方負けず劣らず鎬を削って争うているという。何のことだ、太平無事の天下に政治上の喧嘩をしているという。サアわからない。コリャ大変なことだ。何をしているのか知らん。少しも考えの付こう筈がない。あの人とこの人とは敵だなんていうて、同じテーブルで酒を飲んで飯を食っている。少しもわからない……」(『福翁自伝』)。

博識の文明論者・福沢諭吉のとまどいは、今も新鮮である。ウサン臭さが付いた分だけとまどいも大きくなっている。福沢が遣欧使節に参加して「何のことかサッパリわからん」を連発したのが、一八六二年。板垣退助らが最初の政党・愛国公党を結成したのが一八七四年。同じく板垣が自由党を結成したのが、一八八一年。大隈重信の立憲改進党が一八八二年。最初の政党からほぼ一二〇年。必ずしも古い現象ではない。「もう百年」なのに未成熟はけしからんと嘆くか、「まだ百年」だから発育不全もやむなしと納得するか。判断にとまどう。

政党は、多くの人工的創造物がそうであったように、間も無く文明史の舞台裏に消え去ってしまう一瞬の閃光に過ぎないのであろうか。遠い未来の文明論者は「一九世紀から二一世紀にかけて繁茂しながらも、遂に福沢のとまどいを克服できぬまま、歴史の幕間に露と消えた野望家たちの集団的努力」と定義して筆を置いてしまうのであろうか。少なくとも彼らにもう少し書き進めさせたいのなら、国際化・情報化・高齢化に有効に対応しながらトータルな《地球社会の成熟》を目指す行動に果敢に挑戦する勇気が必要であろう。だが、現実は……。

反政党主義の乱舞の中で

政党は変身願望の強い妖怪にも似て捕えどころがなく、天衣無縫な天使にも似てしたたかである。これほどまでに不平・不満・失望が繰り返され、その無能を幾度となく糾弾されても、依然として政治シーンから消えることがない。「民意に対応できぬ動脈硬化症患者」「懲りもせず政治腐敗を撒き散らす破廉恥集団」「国際世論の変容や新思潮に鈍感な変革不感症集団」「セレモニーをシナリオ通りにこなすだけの権力病患者」「《数の論理》で議会過程を支配し、議会政治の精神を封殺する新たなる寡頭制論者」「出来そうもない公約を機関銃のように乱射する無責任な宣伝マン」……政党に対する批判を並べると際限なきリストができる。特に一九六〇年代と七〇年代の政党論はまるで批判論提出競争のようであった。政党政治は分裂的で無責任な運動と否定された(1)。J・フィシェルの『反政党時代の政党と選挙』が意匠をこらして析出している(2)。そして、今も、背を向けたり無関心を装う市民が多い。あからさまな憎悪と反感を表明する市民も、万策尽きて無視を決込む市民も少なくない。だが、「それでも」、政党はしぶとく生きている。

反政党論や政党無能論がいかほど乱舞しようとも、政党はマゾヒスティックな快楽でも感じているように冷静である。「現代デモクラシーは政党抜きでは機能できない」という現実を知り抜いているかのようである。つまり、「私たちが、政党政治の真直中にドップリ浸って生きており、好むと好まざるとに拘らず、避けて通れない隣人として政党と付き合っていかねばならない」ことを熟知しているようである。批判リストの長さは政党存在の不可避性を政党自身に確認させ、自己陶酔に誘う効果を演じているだけかもしれない。

一九八〇年に画期的な比較政党研究の資料が二点発表された。五三ヵ国一五八政党を詳細に分析したK・ジャンダの『政党：国際比較調査』(3)およびA・デイとH・デーゲンハートの『世界の政党』(4)である。この二大作は、「政党の見直し・改革」時代の到来を予告していた。八〇年代は政党評価の両論並立時代となった。一方で、それでも政党に未来を繋ごうとする期待派と、他方で、依然として立直れないと分析する現実派が、工夫を凝らした業績を提出している。G・ポンパーらが「政党のよみがえり」(5)について語る一方で、M・ワッテンベルグらは依然として「衰退」について語っている(6)。また、R・コルブのように「不確かな未来」について語る研究者もいる[7]。いずれにせよ、この両論並立時代は、後で紹介するように、K・バイメの『西欧民主主義における政党』など膨大な比較政党研究を生産した[8]。比較の重心はヨーロッパとアメリカに置かれた[9]。それだけ、政党が受けた打撃が深刻であったからであろう。R・カッツが編集した『政党政治：ヨーロッパとアメリカの経験』を始めとする『政党政治の未来』シリーズがこの時代の政党状況を雄弁に物語っている[10]。

政党の生息空間

政党は、何よりもまず、《競合》《抗争》の中に存在根拠と活力源を見出し、《統合》《連帯》の中に明日への展望を求める政治集団である。闘争できぬ政党は今日の力を獲得できないし、連帯を拒絶する政党は明日を切り開けない。政治空間の中で《協同的競合》を展開する組織体と表現できよう。政治空間に浮遊するさまざまな利益・思想を吸収・動員して、その力を背景に政治過程の継続的支配権を奪取しようとする人びとの集合体とも表現できよう。

政党が市民（地域社会の市民、国民国家の市民、そして、近年では、地球市民）の継続的支持を求めて《競合》と《統合》を繰り広げる政治空間は三つある。①国内政治システムの中の政党。②政治システムとしての政党。③国際政治システムと政党。

政党政治空間1：国内政治システムの中の政党

第一空間は、国家という政治枠組である。従来の研究業績の圧倒的多数はこの分析レベルに焦点を合せてきた。政党行動の大半が、このレベルに集中しているからである。この空間では、政党の機能や目的、戦略目標、発生契機などが論点となる。戦後政治学の特徴の一つは分析モデルと分析技法の大量生産・大量消費である。モデル構築や技法の精練化、新造語の提出合戦にこれほどのエネルギーが投入された時代はあまりないであろう。政党論という今では古典的な研究テーマになってしまった領域にも、技術革新の波が押し寄せている。近年では、新しい技法を駆使した国別研究で優れた業績が大量に発表されている。(11)

次いで、政党間相互作用が展開される枠組、つまり、政党制が分析の対象になる。それぞれの政党制には、生理的・構造的特質があり、それが政党の行動・機能を規定する。M・デュヴェルジェが本格的な理論構築の先鞭をつけた領域である。もちろん、政党制は、政党そのものが時代の要求に対応して変化するように、絶えざる流動過程にある。G・サルトーリが巧妙に描き出したように、固定的・静態的に記述するだけでは、変動を常態とする政党政治の豊かな世界を理解できそうにない。政党が環境からの挑戦に即応して、積極的に変身を遂げながら、ついには政党制そのものを変動させるダイナミズムを視野に入れる必要がある。分析に当っては、基礎作業として行動単位の明確化と政党間相互作用・政党内相互作用の理論的考察、政党制の規定要因の分析が要求されよう。

以上が、政党の存在位置を確認するための基礎作業であるとすれば、国家レベルの政治システムに内包される他の政治単位との相互作用は、議論を進めるための展開作業と言える。政党は他の政党と相互作用しているだけではない。他の政治単位とも相互作用を演じている。例えば、次の論点が浮上してこよう。(12)

①政党と政府―「政府の中の政党」。②政党と議会―「議会の中の政党」。③政党と選挙―「選挙過程と政党」。④政党とマスコミ―「情報と政党」。⑤政党と市民―「市民生活の中の政党」。⑥政党と利益団体―「利益の集約と政党」。⑦政党と官僚機構―「行政部の中の政党」。

政党政治空間2：政治システムとしての政党

第二の空間は、それ自身が一つの政治システムである政党そのものである。政党は政治権力の獲得・維持を目指して他の政党と《競合》《連帯》を繰り返す運動体であると同時に、それ自身がポスト、カネ、アイデア（政策）、情報の配分をめぐって決定を下すために、内部的な《競合》《連帯》を展開する小型版政治システムである。政党は、その目的を達成するために活用する資源、つまり政党資源を背景にして、他党と《競合的協同》に従事し、政治権力の獲得・維持を目指すが、それに先立って、運動の方向と《競合的協同》への基本姿勢を決定しなければならない。海図なき航海は無責任だし、方向舵なき船は不安感を増幅する。基本方針と人材配置を決定する過程で、いくつかの政策集団、派閥が発生し、党内へゲモニーの奪取・確立を目指したとしても当然であるかもしれない。かくして、政党は党外で他党を、党内では他の部分集団を視野にいれた二重の《競合的協同》体ということになる。

幹部政党と大衆組織政党を対比させたM・ウェーバーやM・デュヴェルジェの研究、組織の肥大化につれて党内権力が少数者の手に集中していく現象をドイツ社民党の経験から法則化し、《寡頭制の鉄則》と名付けたR・ミヘルスの研究、アメリカ政党の現実から《重層構造モデル》を提出したS・エルダースヴェルドの研究は、政党の内部組織の基本的性格を発見しようとした質の高い業績である。

組織論という分析レベルでは、フォーマルな内部権限配置図、内部構造図、インフォーマル集団（派閥）、党首、幹部会、議員（集団）、一般党員組織、後援会組織、党プログラム決定過程、党則、規律、党内人事、政党財政と資金調達、などの論点が必要であろう。この領域では、組織到達レベルの高いイギリス政党が分析母胎となることが多い(13)。

政党政治空間3：国際政治システムと政党

政治が解決しなければならない問題は、国家間相互依存の飛躍的増大に伴って、国境線を超えて広がっている（政治問題の国際化）。単一国家の自主的努力だけでは、経済問題にせよ、労働問題や環境問題にせよ、また資源問題やテロ問題にしても、解決できそうもない。「一国繁栄主義」はたそがれの時を迎え、複数国家の、国境線を超えた集合的努力が要求されている(14)。国やそこに住む市民の間で、問題解決への基本姿勢や世界観に違いがある以上、そこでも《競合》《抗争》という要素と《統合》《連帯》という要素が混在する。世界観を同じくする政党が、共通の敵と抗争するために、国境線を超えて連帯することもあれば、世界観を異にする政党が、共通の問題を解決するために、一時的に連帯することもある。また、本来は同じ世界観を持っている政党が、国境内の動向に拘束されて、（心ならずも）敵対するという事態もある。

この分析レベルでは、社会主義インターや共産主義インターがすでに古典的研究テーマの領域に入っている。政治学研究の国際協力体制の整備と政治学の技術革新を基礎に、政党比較研究が七〇年代後半から八〇年代に大量生産されている。特に、欧州議会の定着とともに、「ヨーロッパ政党制」という分析視点が研究関心を刺激している。欧州議会そのものと、加盟国の政党政治に関する情報の蓄積という必要性が数多くの比較研究を生産させた（前者については第十章の「欧州議会の政党制」の項を参照）。

比較政党研究に西ヨーロッパ・ブームが発生した感がある。分析視点を絞った意欲的研究が大量生産されている。E・コリンスキーの『西ヨーロッパの野党』[15]は野党の政治的意義と機能について、R・ダール以後の理論的空白を埋めようとする意欲的な研究である。R・アーヴィングの『西ヨーロッパのキリスト教民主党』[16]、W・ペーターソンとA・トーマスの『社民党の未来』[17]はそれぞれ、西欧で強固な政治基盤を持つキリスト教民主主義勢力、社民党勢力の比較研究である。P・メークルが編集した『西ヨーロッパの政党制』[18]やH・ダールダーとP・メイアが編集した全く同名の『西ヨーロッパの政党制』[19]は、ヨーロッパ諸国の政党制の多彩な世界を比較分析している。H・ダールダーはまた、西ヨーロッパの五つの小国の政党制を比較の対象にした研究をも編集している。[20]いくつかの政党制は連合政権を要求する。G・プライドハムの『連合行動：理論と実際』[21]やE・C・ブラウンらの『西ヨーロッパの連合政権』は、政権連合に焦点を絞った優れた比較政権研究となっている。[22]政党制や政権パターンの背後にある選挙制度も当然のことながら、比較研究の対象となった。G・ハンドらの『ヨーロッパの選挙制度ハンドブック』[23]、A・M・カーステアーズの『西ヨーロッパの選挙制度史』などは、その要請に応えた業績である。[24]また、緑の党、環境保護政党の国際的連帯も興味深い論点である（政党の国際化）。さらに、濃度はさほどでもないが、世界的な保守ブームの中で保守政党も国際的連帯を深めている。政治生活の地球的拡大につれて、いずれ《国際政党政治論》という分析視点が政治学の領域で定着することになろう。

第一部　国内政治と政党

第一章　現代デモクラシーと政党

一　政党の機能と行動

現代政治における政党の機能を考える場合に、重要な視点は、「誰が、なぜ、政党を必要としているか」である。政党または政党のような政治的装置を必要としているのは、代議政治であり、そこに住む、市民と権力追求者である。市民革命、産業革命、教育革命、情報革命を背景とする大規模民主主義の到来が政党のような政治的装置を必要とするようになった。普通選挙権の実現を契機に膨大な市民が政治の場に参入することになり、代議制度を基礎にした大衆民主主義が政治的信仰箇条として定着することになった。「すべての公権力は市民から発する」「武力を背景にした権力強奪や権力の世襲はデモクラシーの精神に馴染まない」。市民は自らの生活を防衛するために自らの代表を選び、有効に組織化する必要に迫られた。代議政治の下で市民が活用できる資源は《数》しかない。《数》資源を有効に活用するためには《組織化》し、《団結力》を強化するしかない。近代的大衆組織政党の発生である。そして、伝統的な幹部政党に挑戦した。市民にとっては、政党は、文字通り、代議政治を充実させ、自らの生活を防衛するための手段であった。一方、権力追求者にとっても、代議政治の定着と選挙基盤の急膨脹という事態に直面して、選挙で表明される市民の支持を獲得できなければ、権力の階段を登れなくなった。カリスマ型幹部政党から脱皮して、市民に接近し、市民を組織化する必要が生れた（組織政党の偽装）。権力追求者にとっては、権力の手段として政党組織が必要となった。

代議政治の下で、市民のみならず権力追求者も政党のような装置を必要としているという視点を大切にしたい。M・ワッテンベルグは政党機能を次のように列挙している。[1] (1)アイデンティティと忠誠のシンボル、(2)政治的利益の表出と集約、(3)有権者間、議会内での過半数勢力の動員、(4)投票者の社会化と大衆支持の確保、(5)不満と反対意見の組織化、(6)ポリティカル・リーダーの補充と政府ポストの追求、(7)抗争・紛争の制度化・チャネル化・社会化、(8)セクショナリズムの克服と国益の促進、(9)政策目標の実行、(10)政府決定の正当化、(11)政府の安定化促進。こうした機能は、①利益の集約機能、②ポリティカル・リーダーの補充・選出機能、③決定作成マシーンの組織化機能、④政治的社会化機能、と要約できよう。

①利益の集約機能――政党は個人や集団が社会生活の中から形成し、政治システムに向けて表出する多彩な利益・要求・意思・欲望を受止め、それを決定作成の場で処理するのに適した数セットの政策選択肢にまとめる。E・バーカーのフレーズは今や古典としての地位を得ている。「政党は二重の性格ないしは性質を持っている。つまり、政党は、一方の端を社会に、他方の端を国家にかけている橋である。別の表現を用いると、社会における思考や討論の流れを政治機構の水車にまで導入し、それを回転させる導管、水門である[2]」。社会と国家を結ぶこの架橋機能を通じて、混沌から秩序を作り出し、社会的統

合力となる。そのためにも、市民や集団が送出すシグナルを的確に受信する情報ネットワークを整備する必要がある。情報受信能力の向上は、組織の近代化（組織政党化）を通じて達成されるが、政党が社会的統合力を発揮するための基本要件である。案件毎に無作為に実施される世論調査や、例外的な世論収集手段として活用される国民投票とは違い、政党が政府と市民を恒常的に結ぶ信頼できるチャネルになり得るかどうかは、組織化努力の成果にかかっている。(3)

だが、政党は社会的統合力であると同時に社会的分裂力でもある。政党は、特定の評価システム、固有の意思決定機構を備えた小型版政治システムとして、社会から継続的に表出されてくる利益の中から取捨選択し、それに優先順位をつける。(4)集約過程では、当然のことながら、支持核集団の利益が優先される。そして、このスクリーンにかけられた特定の利益の実現を目指す社会的分裂力として、議会という統合機構で他の分裂力と抗争するのである。議会過程に有効なシグナルを送信するために政党は政策作成マシーンを整備する必要がある（政策の近代化、政策作成機構の近代化）。

②ポリティカル・リーダーの補充・選出機能——政党は、政治システム内のさまざまな役割・構造（例えば、大統領、首相、立法部議員、大臣、政務次官、議会内各種委員会のポスト、政府企業体の幹部職ポスト、など）に個人を導入・就任させる。選挙というフィルターを通過することが権力獲得の条件であるシステムにおいては、資格試験によって補充されるポスト（例えば、公務員）や指名によるポスト（例えば、副知事、助役など）以外の政治的役割を獲得したいと思う者にとっては政党は不可欠の手段である。(5)膨大な有権者を選挙に動員し、自らをリーダーのポストに押しあげる組織がなければ成功

の可能性は無いに等しい。その意味で、政党は権力渇望者にとって無視できぬ《権力への乗物》であり、公然と公職の獲得を目論む巨大な陰謀集団である。F・ソーラウフは、世界のデモクラシーに見られるさまざまな政党に共通した機能であると同時に、他の政治組織から政党を最も効果的に区別している機能は、候補者の背後にあって有権者を選挙に動員する機能であると述べ、《選挙機能》と呼んでいる(6)。選挙公職の数が増大傾向を示している今日、この機能の重要性がますます顕著になっている。

③決定作成マシーンの組織化機能――政党は政治システムに流入するインプットをアウトプットに転換するメカニズムを組織化する。現代政治の著しい特徴は社会問題の複雑多岐化に伴う政治の巨大化・細分化・専門化である。個々の決定作成者の理解能力を遥かに超えた複雑な政治課題を有効に処理するためには、議員間に統一と秩序を保持し、専門知識・情報をプールし、審議内容の充実をはかる組織が存在しなければ、最高の決定作成機構としての議会はただ単に迅速な運営が困難になるだけでなく、完全に形骸化してしまうであろう。議会の情報収集・公開活動、政治調査活動、審議・討論活動、立法活動は政党にその運命を委ねている。

また、現代デモクラシーでは、行政部についてもやはり政党が不可欠である。制度の如何を問わず、政党に投錨地を持たぬ行政部を想像することは不可能に近い。その意味で、「すべての公権力は国民の意思から発する」という信仰箇条が定着した現代においては、政党こそ《権力の司祭者》である。さらに、政党は行政部と立法部の関係を円滑にする潤滑油の役割も演じている。議院内閣制では一般に議会内多数派が内閣を組織するので、行政部―立法部間は政党を媒介して人的にも政策的にも緊密に結付いている（重要閣僚の政党からの補充・任命、政府提出法案数の膨脹傾向）。大統領制においても、政党が両機関の潤滑油となっている。議会内多数派と大統領が同一政党である場合には、議院内閣システム下の議会―内閣関係とほぼ同じことがいえよう。大統領制では、大統領の議会内与党が少数会派であるという事態が時として発生するが、この場合でも、大統領が議会工作を展開し、政治的行詰りを打開するにあたって活用できる信頼に足る武器は政党である。政党は決定作成マシーンの仕掛け人であり、プロモーターであり、潤滑油なのである。

④政治的社会化機能――政党は市民を政治の世界に誘導する。つまり、政治の世界に関する一般的見解・知識・意見を市民、とりわけ、政治の場への新規参入者に学習させる。市民が政党や議員と直接接触する機会は、政党の組織化が進んだ国ではともかく、一般にごく限られているので、今日ではマス・メディアが政党と市民の接触機会を提供している。選挙キャンペーン、日常の情宣活動、議会内審議活動、議会外調整活動を通じて、政党は市民の政治的情報源、党派心の育成者、行動指針の提供者になる。政治情報発信基地としての政党が、市民に向けて発信する情報の本質は、自党の党派的思想・政治的態度・意見の宣伝に過ぎない。だが、政党は、その目的の基本的性格からも、ただ一度の選挙だけの勝敗にのみ拘泥するものでなく、恒常的な支持基盤を獲得する必要があるので、情報宣伝活動に啓蒙・教育活動の要素を混入するであろう。少なくとも、成熟した市民の鑑賞に堪えるだけの割合いで。いずれにせよ、現代の政党は、こうした活動に膨大なエネルギーを投入している。いかに膨大になろうと、未来に向けて投下すべき必要経費であろう。特に野党にとっては重要な活動領域である。政権党は莫大な公

的資金を活用して、現存秩序に関する情報を市民に提供できる。特に、政権交代のない政党システムでは、政権情報の浸透度は非常に高くなる。マスメディアもひたすら政権党の行動をフォローしようとするからである。一方、野党に提供される機会はどうしても少なくなる。しかも、野党には、現政権を批判しながら、未来の政権シナリオを市民に提示するという二重の活動が要求されている。それでも、野党にとっては、絶対的な資金不足を克服し、この活動領域に党資源を集中投下する以外に、未来の政権は見えてこない。《機会均等主義》の精神を尊重する余裕のない政権党と対決しなければならない時は、なおさらである。

政治の社会化と社会の政治化が定着し、政治の場で解決しなければならない問題が量的膨脹、質的拡散を遂げるにつれ、市民は意思決定の判断手掛かりを必要とするかもしれない。市民に向けて政治情報が大量に投下されるが、市民は生活密着問題については鋭敏な情報識別力を行使できても、そうでない場合には、情報量の多さにもかかわらず、いや情報量が多すぎるために、判断能力をかえって行使できないかもしれない。例えば、日常的な消費税問題なら、判断力を行使できても、全体的な税制改革問題となると市民の情報視野からスリ抜けてしまうかもしれない。そのため、政党は、市民が意見を形成し、判断を下すに当たって有効な手助けとなる一種の《準拠集団》にまで成長しようとする。時局講演会を頻繁に開催したり、政策説明パンフレットを大量配布するなどの行動を拡大する一方で、市民・党員教育（学校）の積極的組織化に取組んでいる政党が多く見られるようになった(7)。

二　政党の目的・目標

政党の目的

政党と他の政治集団、例えば、利益団体や市民運動との決定的な相違点は、その究極的な集団目的にある。政党の目的は、全体的な政治権力の獲得・行使・維持と表現できる。利益団体や市民運動も、時として、政治化し、政治過程に影響を与えようとする。特定の政党や候補に票を動員したり、積極的に選挙運動に係わることもある。また、組織の代表を特定政党の候補者として擁立することもあるし、既成政党に頼らず組織代表が直接に選挙戦に臨むことすらある。だが、その目的は、自己組織に関連する個別的政策の実現にある。自前候補者を擁立させる場合にも、目的は、選挙という制度を活用して組織理念を宣伝することにあり、全体的な政権の掌握は射程には入っていない。

ここで、「政治権力の獲得」に含まれるのは、最終的には、政府を形成し、立法過程の主導権を握るということである。具体的には、組閣、行政省庁のコントロール、ポストの配分（議会内、政府内、行政機関内、政府関連機関内のポスト）、予算案を含む各種法律案の準備・提出、補助金の配分、など、行政権の守備範囲にあるさまざまな業務を遂行し、かつ、立法過程の実質を（自らの評価システムに従って）支配することと表現できる。

議院内閣制度の下で、実際にこの機会に恵まれるのは、基本的には、単独もしくは他党との連合を通じて、議会の過半数議席を獲得し、政権担当の意思を持つ政党（およびその意思と可能性を近い将来に持つ政党）に限られる。ある政党が単独で過半数議席を獲得した場合には、原則的には、政府形成権を独占しようとする。二つ以上の政党が連合して政権を担当する場合には、政府形成権が政権加入政党の間で分有されることになる。

複数政党システムでは、各党は相対的規模、基本的性格、運動の方向によって、「政治権力の獲得・維持」を独自に解釈している。大政党は、文字通り、政権を獲得し、その公約を全面的に実現しようとする。ここで、大政党とは、単独で政権を担当できる党勢を持っている政党、もしくは、必要上、連合政権を形成する場合も、連合交渉の基軸として小政党を招聘できる地位にある政党である。単独で政権を担当する決意を持って議会選挙に、少なくとも定数の半数以上の候補者を擁立する政党であるとも言える。

小政党は、選挙段階から単独政権樹立の可能性を捨て、部分的な政権参加（連合政権）と部分的な政策実現を目指す。極小政党（ミニ政党、ミクロ政党）の場合には、政権構想を持つには、あまりにも少数の候補者しか擁立できず、そのため、当選者もごく限られている。こうした政党が選挙に参加するのは、少数意見・利益を表明・登録するためであり、壮大な政権構想など持たない。他の目的、例えば、候補者を立てることによって提供されるさまざまな特権（選挙公営制度で提供される多様なサービス）を獲得するための手段として選挙に参加しているだけかもしれない。また、存在感誇示のために選挙に参加していることもあろう。ミニ政党は、《数の論理》が支配する政党政治の下では、通常は、大きな政治的意味を持たない。だが、議会状況が緊張している場合（例えば、与野党伯仲状況）には、行詰り打開役を演じることがあるし、政権党を脅かす《威嚇力》をも持つことがある。また、提示する少数意見が、現時点では、限定的な支持しか獲得できていないとしても、それだけの理由で、ミニ政党の価値を過小評価することはできない。既成政党や既成秩序に対する不満の表明だけではないかもしれない。新しい政策課題を提示し、未来政策を先取りする方向指示機能を演じているかもしれないからである。

政党の戦略的目標

政党の一般的目的は政治権力の獲得・行使・維持であると表現した。それは、自己の評価システムに従って権威的決定を行う法的地位を獲得し、その地位を維持することであると言い換えることができる。(8) この一般的目的は四つの基本戦略目標に分解できる。①プログラム（党綱領、選挙綱領などの基本的価値体系）の実現、②得票率の極大化、③議会内影響力の極大化、④党内団結の実現（挙党体制の実現）。目標①は、評価システム、つまりさまざまな政策領域での党の態度を規定する価値体系、基本的思想、と関連する目標である。目標②③④は権力ポジションを獲得しようとする努力と関連している。その意味で、純戦略目標と言える。(9) ④を基本目標とすることには異論があるかもしれない。だが、複数政党間の相互作用を前提にしているシステムでは、他の目標を達成する上での基本要件と考えることができる。(10) 例えば、目標①との関連でいえば、メンバーが重要問題について異見を持ち、しかも他へ歩み寄る余地がないほど自説に固執していたら、党綱領、評価システムの意味が曖昧になり、「党プログラムに忠実たれ」という戦略家への指令も無意味になろう。また、団結が低下すれば、党に寄せる有権者や活動家の信頼感イメージは悪化し、それによって得票率極大化努力も損なわれることになる。さらに、団結力が低下すれば、政党間交渉での有効な発言機会が減少することになる。党執行部の党内指導力が交渉パートナーから疑問視されるであろうから。戦略的行動の選択に当たって基本的目標が問題になるのは、各党は「本質的にどの目標に最優先順位を置く政党であるか」、「態度決定状況で提出されるそれぞれの選択肢について考えられうる目標組合せ、目標間葛藤はどうなっているか」、である。表1は、政党間交渉過程で提出された提案について交渉当事者が四つの基本的目標に対するその提案の効果を判定するパターン（以下P）を単純化したものである。（目標達成に向けて〈プラス効果〉を持つと予測・判定された場合は（＋）、〈マイナス効果〉を持つと予測・判定される場合は（－）と表示。〈予測不能〉や〈中立的評価〉も予想されるが、ここでは省略。）

（P－1）（P－16）の場合、つまり、政党間交渉で、ある行動を選択すれば目標①②③④がすべて達成されると予測される場合（P－1）、逆に、どの目標も達成できないと予測される場合（P－16）、意思決定は簡単。前者の場合は、即刻受諾。後者の場合は、即刻拒否。

（P－8）（P－12）（P－14）（P－15）は、

表1　政党基本目標間の葛藤パターン

	〈目標①〉	〈目標②〉	〈目標③〉	〈目標④〉
P－1	＋	＋	＋	＋
P－2	＋	＋	＋	－
P－3	＋	＋	－	＋
P－4	＋	＋	－	－
P－5	＋	－	＋	＋
P－6	＋	－	＋	－
P－7	＋	－	－	＋
P－8	＋	－	－	－
P－9	－	＋	＋	＋
P－10	－	＋	＋	－
P－11	－	＋	－	＋
P－12	－	＋	－	－
P－13	－	－	＋	＋
P－14	－	－	＋	－
P－15	－	－	－	＋
P－16	－	－	－	－

Gunnar Sjöblom, 1968, p. 88.

四つのうちただ一つの基本目標にのみ資すると判定される行動選択であるが、どの党も他のすべての目標を犠牲にしてまで達成すべき一つの目標など長期的展望に立てば存在しないと考えるであろうから、採用される可能性は稀薄である。例えば、（P－8）。選挙公約を実現できるが、既に争点鮮度を失っている問題について公約を実現したとしても、次回選挙での得票率極大化や議会内影響力極大化も望めそうもない。まして、選挙以後、党内世論にも変化があって、古い公約に拘束されることに異議を唱えるグループがいる。党内団結すら、今では、実現できそうもない。そのような事態にあっても、公約を実現しようとするリーダーがいるであろうか。リーダー自身の個人的良心のために党の前途を危うくする可能性がある。一般的には、宗教的求道精神の持主をリーダーに持つ極端な単一争点主義政党を除けば、この戦略行動は採用されそうにない。

（P－2）（P－3）（P－5）（P－9）は、三つの目標にプラス効果を持つと判定されるパターンである。政党は、こうした選択状況では積極的に受け入れようとするであろう。（P－2）は、目標①②③にプラス効果を持ちながら、目標④にマイナス効果を与えると判定される提案の選択である。こうした事態を想像することは難しい。だが、実際の政治の世界では発生しないわけではない。すべての面で順調に事を運んでいる執行部への妬みと執行部権力の肥大に対する恐怖心が部分的な抵抗を生む可能性がある。（P－3）は、そのような事態が発生しても、第一党の地位を失うことはないと楽観できる党、議会ではいかように批判されようと、次回選挙での浮上をひたすら願う単一争点主義小党にとって、望ましい選択である。（P－5）は、長期的にはともかく、短期的には、党勢を一時低下させても、公約の実現を重視すべきだと考えるプログラム政党の選択である。また、圧倒的な議会勢力を持つため、たとえ次回選挙で若干議席を減らしても党勢を維持・確保できると確信している党が、大胆な政策転換を試みる時に選択するかもしれない。(P－9)は、プログラムよりも権力位置の確保を優先させるプラグマティズム指向政党が戦略的に選択する行動である。

(P－4)(P－6)(P－7)(P－10)(P－11)(P－13)は、二つの目標に対してプラス効果を持ち、二つの目標に対してマイナス効果を持つと判定されるパターンである。実際の政党間相互作用で提示されるのはこの選択状況である。大抵の場合、交渉当事者、最終決断者を悩ませることになる。そのため、リーダーの決断力と組織の性格が明確になる。(P－4)は、マイナスが議会内に限定されている提案にメンバーが否定的反応を示すことを意味しており、現実にはありそうもない。選挙指向の強い政党にとっては通常の選択行動である。ただし、行動選択した時点では、執行部無能論が出るであろう(その批判も、次回選挙が終了すれば解消する)。(P－6)は、強イデオロギー指向政党の通常の選択である。(P－7)は、特定政策領域でのプログラム実現を最優先させようとする単一争点主義小党の選択であり、この種の政党は、政権参加の野望をほとんど持たないであろう。この行動を選択する執行部は団結力・連帯感を決定的に重要なものと考えているに違いない。アマチュアリズムの強い仲良し同好会としての色彩が濃密である。一般には、(P－7)を選択する執行部は、(P－10)を選択しないと思われる。同じく小党でありながら、権力指向の強いプラグマティズム政党の選択肢である。党内団結力は低く、選挙公約にも拘束されない(選挙で激しく批判した政党との連合も、適当な理由さえ付けば可能)。体系化された思想を中心に結成された訳ではないから、個々のメンバーの思惑、利益、選挙区事情で離合集散を繰返す。(P－11)は、戦略指向の強い執行部、メンバーを持つ党の選択肢である(特に、選挙レベルでの戦略指向が強い)。選挙好きで、議員バッジを付けたいから政治家をやっている人びとの集団という色彩が強い。最後に、(P－13)は、極端な小型幹部政党の選択肢である。議員数は少なく、選挙地盤も安定しており、連続当選も保証されている。党勢拡大の希望もなく、一種の《カリスマ型政党》である。

三　目的達成手段・方法

政治的目的達成方法

政治的目的の達成方法には、①説得、②利益の誘導、③物理的力の行使(その暗示)、④世論工作がある。①は、自らの論理と行動が正義であり、公共善を促進し、社会の前進に貢献することを論証し、同意を獲得する方法である。②は、相手の同意を獲得するために相手が追求している利益を発見し、その実現を示唆・約束することによって同意を獲得する方法である。③は、暴力行為、大衆示威行為、威嚇・脅迫、オドシ、などを実際に行使して、もしくはその履行を暗示しながら、相手の同意を調達する方法である。④は、自らの行動と論理が社会的公正を促進し、正義を実現し、公共善を拡大すると、広く世論に訴え、世論に追従したいという相手の心理を活用しながら、相手の同意を獲得する方法である。(11)

政党の目的達成手段・方法＝選挙

政党が目的を達成する上で用いる方法は、究極的には有権者動員戦略に基礎を置いている（例えば、選挙に際して、候補者の指名、選挙戦の遂行）。選挙はW・シュナイダーが簡潔に述べているように、社会的分裂を表明・登録する場であり、現政府の過去の業績に対して制裁・承認する場である。政党は、掲げる主張・利益の優越性を誇示して有権者の支持を獲得し、政権を獲得・維持しようとする。政党のエネルギーは選挙で爆発する。(12) 利益団体もまた、投票動員を行うが、候補者擁立はあくまでも例外的行動である。また、市民の教育・啓蒙を目的とする大衆運動・市民運動にしても、可能な制度は有効に活用したいという観点から、時として公職への候補者を立て、選挙活動を積極的に展開することはあっても、あくまでも補助的活動に過ぎず、主要戦略は日常的な情宣活動、大衆示威活動にある。さらに、政治権力の独占を狙う軍国主義的組織や秘密結社にとって通常の方法は、本質的に、公然たる暴力やシンボリックな暴力手段である。

選挙は説得の機会であり、利益誘導を公然と展開できる場である。物理的力の行使によって、目的を達成する場であり、世論工作が広範に展開される場でもある。政党は、演説会場や選挙事務所に支持者を動員して、影響力の大きさを誇示する。公約、リップ・サービスを乱発し、宣伝パンフレットを大量投下する。当然のことながら、説明集会や、有力者を集めた顔合せ会、演説会場では、露骨な利益の誘導が示唆される。選挙のベテランは、大義名分も重要だが、利益誘導を含まない説得は集票能力がないことを知っている。

四　目的達成資源——政党の権力資源——

権力を獲得・維持するために政党が活用できる資源を政党の権力資源と呼ぶ。市民—選挙—議会—政権のレベルで、権力資源が不足しては、有効な戦略遂行が困難になる。

すべての人びとが権力への接近可能性を平等に持っている政治システムはない。D・トルーマンが指摘したように、政治過程に参加する人びとが持つ政治資源はそれぞれ異なっている。(13) 法的には、すべての市民に平等の投票権が与えられていたとしても、それだけで、市民の《権力への接近可能性》が等しいとは考え難い。最も豊かな人と最も貧しい人がまったく平等な《接近可能性》を持っているとは思えない。(14) 政党の場合も同じである。ある政党やそのメンバーが、他の政党やそのメンバーに比べ、より豊かな政治資源を持っているために、より大きな《権力への接近可能性》に恵まれるということがある。

政党資源は次のように整理できる。(15)

①合法的権威——法治国家では、政党は何よりも、合法的な手段で権力を獲得し、法律の枠組の中で権力を行使する必要がある。成熟した民主国家の市民は法的手続きを逸脱した権力獲得・行使・維持行為に、激しく抵抗する。人気のあるリーダーが権力の奢りから違法行為に走り、それが原因となって、表舞台から去ってしまった例は少なくない。法律の枠組の中で行動する政党に対して市民が好意的態度を示し、権威を与えるのは、一般的な遵法精神のためかもしれないし、単に、未知なるものへの恐怖心のためかもしれない。

また、合法政党は、程度の差こそあれ、公庫補助や選挙公営制度などの対象となり、一定の条件を充足すれば、経済的・物的資源を与えられる。特定の目的を掲げる政党を非合法化している国があるが、それは、そうした政党から、合法的権威を剥奪するだけではなく、経済的資源の提供を拒否して、政党政治の枠外に放逐することを目的にしている。

②ポスト・官職（党内、議会内、政府内ポスト）——重要ポストはそれ自体が政治家が追求する目標であると共に、貴重な資源である。選挙で当選するためにも、当選回数を重ねるためにも、重要ポストを獲得しようとする。重要ポストを手にすれば、ポストそのものに付属する権威と威信を獲得することができる。さまざまな役得が備わっていることが多い。資金調達能力、集票能力が自動的に手に入るかもしれない。重要ポストは、政策決定過程における権限・影響力の大きさを人びとに暗示させるからである。さらに、ポストは人材を育成する場としても重要である。ポストに付随する業務を遂行する過程で、大物らしい風格と技量が身に付くことが多い。政党政治では、政治家としての力量というよりはむしろ、当選回数や党への忠誠心、ボス議員とのコネや政治献金額などを根拠にポストが配分されることが多い。だが、どのような根拠で抜擢・登用されたにせよ、重要ポストを経験するうちに、ポストそのものが人を育てることがある。政権党に人材が集まり、ますます政権担当政党に相応しいイメージが醸出されるのは、逆に、万年野党に政権担当政党らしい貫禄とイメージがなかなか付かないのは、そのためである。

ポスト・官職の相対的重要性は、政権政党の重点政策領域、時代状況、政治家の最終目標、選挙区の性格、配分すべき資源の大きさ、などによって決まる。国際政局が危機状況にある場合には、防衛関連ポストが重視されるであろうし、教育問題を重視する国（例えば、スウェーデン）では、教育大臣が重要ポストになっている。一般的には、政府や議会内では、経済問題関連ポスト、外交問題関連ポスト、党内では、幹事長、総務会長、政務調査会長、などのヒト、モノ、カネの配分を業務とするポストが重要視されている。

③威信・信頼感・人気——市民は威信を持った人物を尊敬し、そうした人材を吸収している組織を信頼する。選挙デモクラシーが、最終的には、動員した市民の頭数による政治であるとすれば、市民からの支持を集めやすい人気のある人材が「良い候補」ということになる。威信や信頼感の源泉はそれぞれのシステムによって異なる。年齢や社会経験が威信の源泉になる国もあるし、経済界や軍隊での地位、宗教上のポストや社会奉仕の実績、が重要な意味を持つ国もある。一般的には、巨大組織での地位や経歴、特に官僚機構や巨大労組での地位や経歴が威信・信頼感の源泉になることが多い。

④富・経済力——政党政治には膨大な経費がかかる。選挙運動、日常の情宣活動、政策調査・研究活動、人件費、等々。政党はカネを常食にする巨食症患者集団である。後述するが（第九章）、ポリティカル・マネーは、政党活動の燃料であり、豊かな政治資金は機会を大幅に拡大する。特に、カネ信仰が強い政治風土では、資金調達力が政党政治家としての威信ともなる。その周辺に人が集まり、結果として、権力が接近する。

⑤人材——政党が必要とする人的資源は、集票力のある魅力的な候補、信頼感ある首相候補、政策能

力のある優秀な政策マン、集金力のある資金調達者、交渉能力と議会運営ノウハウを持った妥協・合意調達技術者、平凡な候補者や陳腐な政策にも魅力的な商品価値を与え政治的消費者に提示・説明することができる優秀な宣伝マン、好意的な外部世論を作り出せる世論工作プロ、マス・メディアへの接触技術に秀れた報道担当者、などである。政党の権力資源を《経営》の観点から分析し、それを有効に運用できるプロの組織経営・管理者も貴重である。アマチュアリズム指向の強いイデオロギー政党は、この種の人材を軽視する傾向がある。だが、政党もまた目的を持った組織体である限り、組織資源を最適配分して目的を効率的に達成する組織経営論の視点が必要である。

交渉を有利に導く《戦略専門家》を軽視してはならないであろう。秀れた理論家や政策スタッフを持ちながら、交渉技術専門家を欠いているために、権力から疎外されている組織もあれば、《数資源》や《政策エキスパート資源》こそ少ないものの、戦略専門家に恵まれているため、常に、権力の周辺に位置を占め、その果実を貪っている組織もある。

いずれにせよ、政治資源の中で最も重要な資源はヒトとカネ、つまり、《人材資源》と《富、その他の経済資源》である。《人材資源》と《財政資源》が豊かな組織に向けて、ヒトとカネ、そして権力が自然に集まる傾向が強いからである。

⑥数――代議政治では、多数決原理の説得力に支えられて、「数は力なり」とのフレーズが支持を集めている。支持者や投票者の数、共感者の数、議員の数、党員の数、資金提供者の数、関係利益団体の数、などが、交渉過程で決定的な意味を持つ。政党政治の世界では、《数の論理》を、非日常的事態の

発生を理由に、一時棚上げすることはできても、それを完全に否定することはできない。政党の活動舞台である議会そのものが、「五〇％プラス一」を巡る抗争・連合をゲームのルールとしているからである。《数の論理》を克服できるのは、少数意見に対する多数者の敬意である。それを《知の論理》と表現するか《数の論理》のもう一つの側面と表現するかはエレガンスの問題に過ぎない。(16)

⑦組織と団結力・連帯感——「組織された大衆」民主主義の時代では、「組織は力なり」である。抗争と連合のゲームを有利に展開するには整備された組織行動が必要である。また、人材資源と数資源を有効に活用するには団結力に裏打ちされた整然とした組織構造が要求される。数や組織は、団結力や連帯感で、さらに一層強力になる。少数者が《数の論理》を克服し、交渉過程を有利に指導するための武器は、団結力・連帯感である。交渉当事者は、「信頼できる一〇票」と「当てにできそうもない二〇票」から選択しなければならない時、前者を選択するであろう。政党政治の世界では、少数集団が、組織あげての動員と連帯感による資源の集中で、多数者の《数の論理》を克服できる可能性がある。

政治的交渉で、交渉担当者が到達した結論に組織内を統一するだけの技術と指導力を備えた人材も必要である。交渉当事者が戦略技術を駆使して到達した結論を組織に持ち帰っても、組織内協議過程で内部世論を一本化できる人材を欠いていたら、その組織への信頼度は低下するであろうし、有利な交渉は困難になろう。まして、組織内協議の段階で分裂という事態を露呈すれば、当事者能力を持った組織としての体面を保持できないばかりか、基本的信頼を喪失してしまうであろう。政権参加の機会に恵まれながら、党内世論を一本化できなかったばかりに、チャンスを失った政党の例や、政権交渉の場で、組織不統一を見透かされて、不本意な処遇に甘んじなければならなかった派閥の例は珍しくない。

⑧情報・知識――政治課題の質的複雑化、量的膨脹が進展するにつれ、「情報は力なり」という事態が到来した。デモクラシーの規模拡大につれて、議会政治を支配した「アマチュアによる利益調整」という理念は挑戦されることになった。選ぶ者と選ばれる者の同質性など消滅し、政治過程に表出される問題は、選挙のプロ、投票動員の技術者の理解能力を超えるようになった。官僚の持つ政策立案能力への期待とその英知の借用という方策で対応したが、それが官僚主導の政策作成から官僚を後見人とする議会政治へと突進むのは時間の問題である。政党が政策形成の主導権を回復し、党高官低型議会過程を実現するためには、政党自体が知識産業、情報産業としての能力を獲得しなければならない。

政党が、信頼を回復するためには、過去の行動を起点とする情報の流れ（フィードバック）、現在進行中の事態に関する情報の流れ（フィードウィズイン）、未来を起点とする情報の流れ（フィードフォワード）をコントロールして、新しい政策課題を素早く察知し、有効な対処法を準備しなければならない。また、政党は個々の政治状況の中で、戦略的行動を選択しなければならない。戦略的行動の選択に当たっては、情勢分析→組織内発議（党内発議、派閥内発議）→交渉準備→交渉→組織内協議→決定→実行、という過程を辿るが、その全プロセスで、《情報資源》が重要な役割を演じる。そして、この《情報資源》は《人材資源》《富、その他の経済力》の質と量に関係してくる。

⑨技術・専門的技能――この資源は、《人材資源》と関連がある。政党は政界でのみ習得できる独特の政治技術を蓄積しておく必要がある。政策作成技術、法案審議技術（審議ストップ技術、審議拒否技

術）、質問技術、答弁技術、選挙技術、議会運営技術、資金調達技術、情報収集・処理技術、など。こうした技術の蓄積のない政党は、市民の目には、政権担当能力の欠如したヒヨワな政党というイメージを与えるかもしれない。ただし、プロ政治家の技術過剰政治が、成熟した市民の反感と失望を引起こす可能性もある。

⑩物理的力・体力――「政治は体力」というフレーズの説得力は大きい。この資源に欠けていたために、あと一歩で夢破れた政治家は多いし、リーダーの体力が原因で、政策転換を果たし得ず、新時代を拓けなかった政党や派閥、政策集団の例も少なくない。

⑪時間・関心・執念――政治活動に投入できる時間数、係争中の問題や政治活動に対する大きな関心、時にはプライドを捨ててまで権力やポストを追求める執着心。選挙デモクラシーで有効な武器となる知名度を定着させるためにも時間は重要である。二世代にわたって知名度を浸透させた世襲議員に新人候補が挑戦することは至難の技であろう。この場合、政治家としての力量が問題なのではない。政治と結び付いて選挙区に浸透しているファミリー・ネームの知名度が重要なのである。政治資源としての時間には当選回数も含まれる（議会滞在時間）。当選回数は議会内、および政府内の重要ポストを配分する上で手っ取り早い基準となる。権力への執着心が横溢した組織は、組織内・組織間競合を活性化し、それが政権獲得のバネになることが多い。執着心の欠如のために、眼前の権力機会を見過ごしてしまったリーダー、派閥、政党の例は少なくない。

第二章　政党システム──政党間相互作用の枠組──

一　政党間相互作用の単位

政党間相互作用の基本単位＝政党

政党政治とは価値の権威的配分過程で政党が決定的役割を演じている政治形態と表現できる。配分過程を有利に指導するため、政治資源を活用しながら、政党間で相互作用が展開される。この相互作用は、市民─選挙─議会─権力レベルで展開される。具体的には、プログラムの実現、得票率極大化、議会内影響力の極大化、党内団結の確立、という戦略的目標を達成しようとする努力を通じて、政党行動が展開される。

問題となるのは、政党間相互作用の行動単位の発見である。当然のことだが、政党が基本単位になる。では、政党という概念にどのような政治集団が含まれるのか。最も広範な定義は、「自ら政党と称しているすべての政治集団」である。例えば、政治資金規正法で収支報告書提出義務を持っているすべての政党および政治団体。これは、正確ではあるが、研究・分析の実際的可能性を理由に多くの研究者から拒否されている。次いで、「政治権力の獲得・維持を目指して、選挙で候補者を立てるすべての集団」

を政党と定義する方法がある。「政党とは、何よりも先ず、権力を獲得しようとする組織的努力である」[1]（E・E・シャットシュナイダー）。「政党とは、立法部議員選挙に候補者を指名するすべての組織である」[2]（F・リッグズ）。こうした定義の意義は、政党行動が最も顕在化する選挙に焦点を合せ、利益団体や市民運動との対比の中で特質を描写していることである。だが、複数政党システムでは、時に爆発的な政党増殖を経験することがある。しかも、その多くは、候補者を立てるだけで、当選者を出せる可能性は小さい。一つの社会現象としては興味深いが、研究対象としてはあまり知的関心を刺激しない。

そこで、多くの研究者は、分析視点に沿って程よい定義を採用している。研究焦点の曖昧化を回避しながら、しかも研究の潜在的可能性を制限しないような定義ということになる。「選挙に候補者を立てるすべての政治集団」と定義しながら、実際には議会に議席を確保することができた政党に研究焦点を絞る方法が一般的である。「政党とは選挙に際して提出される公式のラベルによって身元が確認され、選挙（自由選挙であれ、制限選挙であれ）を通じて候補者を公職に就けさせることができるすべての政治集団である」[3]（G・サルトーリ）。こうした考え方は程よい明確さと広がりを合せ持っている。

だが、これでも広すぎるかもしれない。無所属議員の総計よりも小さい党勢しか持たぬ《極小政党》を分析対象にすることの有意性を問題にすることができよう。そこで、有意でない《極小政党》と有意な《極小政党》を区別する必要がある。判別基準として採用されるのは、《威嚇力》《制裁力》という考え方である。つまり、政党間相互作用の結果を左右する可能性を持つ場合、その政党は相対的規模が小さくとも他党に《威嚇力》を行使できる。一党優位政党システムにおける一割政党は《威嚇力》を発揮できないかもしれないが、伯仲状況における一割政党は十分に相互作用の結果の蓋然性を変更することができる。

政党間相互作用の補助単位＝派閥、政党ブロック、その他

基本単位が政党であったとしても、フォーマルに形成された政党だけで、政党政治が展開される訳ではない。政党も複数の人びとが結集して形成された組織である限り、分裂、崩壊、合同、などの可能性を持っている。そして、そうした事態の発生が新しい政治局面を作り出し、相互作用に変化をもたらす。それゆえ、分析に際しては、政党のサブシステムだけでなくスーパーシステムにまで視野を広げる必要がある。

政党間相互作用の最小単位は《個人》、つまり一人の議員である。一人の政治家の行動が決定的に重要な意味を持つことがある。絶大な政治力を持つ一人の政治家が政党政治の流れを変え、政権の形成・作動にまで影響を及ぼすこともある。また、一人の凡庸な政治家が、与野党接近状況での首班指名で、キングメーカーの役割を演じることもある。ある議員が、選挙区事情、個人的良心・気紛れなどから、党議に抵抗したため、政策決定過程が動揺し、相互作用が行詰ってしまったこともあるし、逆に、反乱行為が政治的行詰りを打開した例もある。「ガッチリ固められた政党政治の時代に《個人》としての議員に期待できるものはない」というフレーズは、それなりに説得力を持っている。だが、《数の論理》を強調するあまり、「多数派といえども、分解すれば一人一人の個人から構成されている」という事実を軽視してはならない。特に、伯仲状況は、《個人》としての議員に、トータルな政治の方向を変更させるほどの政治力を与える可能性を持っている。

《派閥》《党内政策集団》も政党間相互作用の重要な単位である。こうした集団は、綱領で規定されることのないインフォーマル集団であることが多い。だが、それでいて、フォーマルな基本単位である政党よりも重要な意味を持つことがある。巨大政党内部の派閥の中には野党よりも大きな規模を持つものがあるし、野党の無力を笑うかのように政治力を行使しているものもある。特に、一党優位政党制の下では、政権党内部の派閥間相互作用（派閥間連合の形成・解消）が、政策作成・決定の実質、政権形成・崩壊の実質を決定するほどの影響力を持つことがある。

《政党ブロック》が補助単位になっている国もある。フォーマルな合意形成を経て連合関係に入っている訳ではないのに、議会過程で、複数の政党がまるで同盟軍でもあるかのように同一行動を取ることがある。その同一歩調行動が、長期的に繰返され、定着すれば、自然にブロックが形成されてくる。《政党ブロック》は、フォーマルに形成されたものというよりは政治的慣行の中から自然に定着したものであるので、拘束力はなく、離脱は自由である。それでいて、《政党ブロック・システム》として理解・分析したほうが大きな説明能力を持つ場合がある。

二　政党間相互作用のメカニズム

基本ルール

選挙を起点にして作動する現代政治の基本ルールは、議席の過半数、つまり「五〇％プラス一」を調達した政党、政党ブロックに、議会過程の主導権を与え、行政権の実質を委ねるということである。政党間相互作用のメカニズムは、戦略資源を活用・駆使して、このゴールを目指す政党の組織的努力から構成されている。その作動と性格を規定するのは、行動単位と相互作用の数、相対的規模と政党間距離、イデオロギーと運動方向、である。

行動単位の数

政党間相互作用の基本単位が《政党》であり、補助単位として《個人》《派閥・政策集団》にも関心を向ける必要があると指摘した。政党線を超える単位として《政党ブロック》があることも紹介した。政党政治は、こうした単位をベースにして展開されるが、ある案件をめぐって政党間交渉が開始されると、単位間の離合集散が活性化し、新たなる単位が発生することになる。この種の行動単位は基礎単位の複合体として浮上してくるが、案件が解決されると解消される運命にある。そのため、一時的・暫定的単位と分類できる。例えば、ある政治家が党議に抵抗して、他党の政策ラインに接近し、その案件に限り非所属政党と同一行動を取る《個人・政党連合》という単位がある。政治家の選挙区事情や政治観から、ある政策領域では、党議の権威に逆らってまで、非妥協的態度を貫かなければならない場合がある。政党線を超えた反乱が、政策の運命を決定した事例は少なくない。党内に目を転じれば、ある派閥に属する政治家が、特定政策や総裁選出に際して、派閥締付けに抵抗し、他派閥と同一行動を取ることがある。《個人・派閥連合》の行動である。派閥線を超えた反乱が、政権の帰趨と政治家の運命を変えてしまった事例も少なくない。

派閥や政党が組織内協議を経て他の集団と同一行動を取ることから生れる暫定的単位もある。《政党連合》《派閥連合》という単位である。例えば、一党優位政党制の下では、法案審議や首班指名の実質は、政権党内の多数派形成ゲームに委ねられることが多い。ここでは、《派閥連合》という単位が重要になる。また、複数政党制を採用している国では、法律の権威を高めるためにも、政権党は（絶対多数を持つ時ですら）、単独審議・採決というスタイルを可能な限り回避しようとする。《政党連合》という単位は複数政党制を採用している国では常に重要な意味を持つのである。システム・レベルの違う組織が協同することも、理論的には考えられる。《派閥・政党連合》という単位である。ある政策案件や首班指名問題で党内覇権争いに敗れた派閥が、党議に抵抗し、他党と同一歩調を取ったり、（出席拒否や棄権行動で、結果として）他党に利する行動に走ることがある。内閣不信任案が上程された時、政権党の反主流派が議場に出席せず、不信任案が可決してしまうという事態は、単に理論的可能性の問題ではない。また、党執行部に挑戦する議員グループが他党と結託して、議長選挙で自党の公式候補を敗北に追込むという事態も同じ意味を持つ。複合的単位は、相互作用が進展するにつれ増殖する。そして、後期交渉段階に向けて次第に整理されていく。最終的には、二つの陣営に収斂される（選択肢に対する「YES、NO」「主流・反主流」）。つまり、「五〇％プラス一」ゲームの勝ち組に入るか、負け組に入るかである。そして、最終決定が下されると、複合的単位は解消され、本来の基礎単位に戻る。暫定的単位と分類される所以である。

行動単位の数は一定ではない。ただし、下限数と上限数を理論的に想像することはできる。下限は一である。一党制で、政権党の権威に対する一切の抵抗が党の内部でも外部でも許されぬ程に党議拘束力が強く、すべての利益が意思表明・実現の機会に恵まれ、不平・不満の発生する余地がない程、党の社会浸透力が強い場合。また、上限は、議席定数である。議会に表出される社会内利益が議員定数ほども分散しており、文字通り、「個人＝政党」が議会に溢れている場合。この場合、議長選出から政策討議までのすべてについて「五〇％プラス一」ゲームをその都度、繰返さなければならない。

相互作用の数

「数字的ないしは理論的に可能な数」と「実際に可能な数」には大きな違いがある。この違いを作り出したのは、代議政治そのものの要求であり、権力追求者の工夫であり、市民の必要である。政党を作り出した英知と政党間相互作用を円滑に作動させるための技術開発力が両者の隔たりを縮小させた。

政党に関するE・バークの定義は、今では、大義名分への過剰期待、過度の原理偏重という理由で、不人気であるが、ここでは発想の手掛かりとなる。「全員が同意するある原理に基づき、公共の福祉を共同で促進するために結合した人びとの集団」。

「同じような主義・主張を持つ人びとによる共同行為」という視点は、人びとの結合を促進し、行動単位数を減少させる。議会の混沌を目撃した政治家が、思想の近接性をバネに結集し、議会をグループ化した英知は、議会を円滑に作動させるために案出した「五〇％プラス一」ルールで加速された。利益を効率的に実現するためには、自集団の規模を拡大する必要がある。かくして、思想の近接性を起点に、党勢拡大に乗出す。

図1　戦略的行動単位の数と相互作用の数

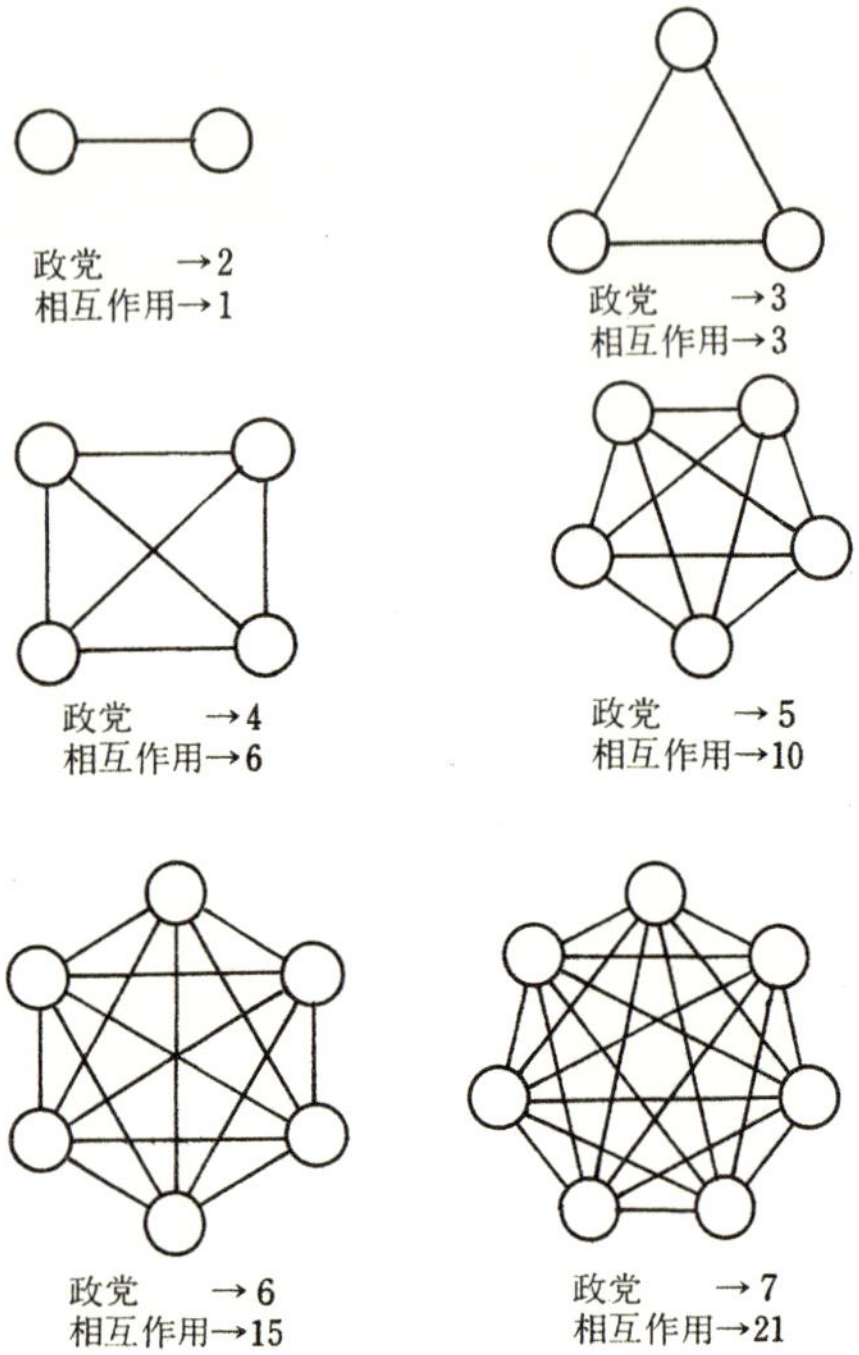

Gunnar Sjöblom, 1968, p. 174.

相互作用に従事する行動単位の「実際に可能な数」は、一から一〇前後である。行動単位の数を確認できれば、相互作用の組合わせパターン数が明確になる。図1は、行動単位（政党）数と相互作用組合わせパターン数との関係を示したものである[4]。単位数の増加は、少なくとも数字的には、戦略状況を複雑にする（しかも、規律がルーズな政党では《個人》《派閥・政策集団》《個人・派閥連合》《派閥連合》などの単位が執行部の政党間交渉と並行して、独自の交渉チャネルを持つことがある。そうなれば、事態はもっと錯綜する）。しかし、ここでも、「理論的に可能な組合せ」は必ずしも「実際に可能なパターン」ではないので、見かけほど複雑ではない。ただし、単位の増加は、潜在的協力者・敵対者の数を自動的に増加させるので、支持者に他との相違を説明し、自陣への支持を動員する上でより大きな困難に直面することは明らかである。

行動単位の相対的規模

実際の相互作用メカニズムを規定する要素の一つは、行動単位の相対的規模である。政党政治の基本ルールは、「五〇%プラス一」を調達できた陣営を勝者とするということである。そのため、行為者はこのハードルをクリアすることを第一の戦略目標とする。過剰勝利は、必ずしも望ましいとは限らない。戦勝品配分過程で不満感を残してしまう。また、組織内緊張感が薄れ、集合的努力を低下させるので、勝者に相応しい政治実績を達成できないかもしれない。政党政治における《数の論理》とは、無際限に規模を拡大することではない。他陣営の反感を回避し、自陣営の緊張感を維持しながら、交渉過程で有利な成果を上げることができる「ほど良い規模」を確保することである。

最適規模は、それぞれの問題状況で決まる。同じ一割政党でも、均衡状況と、一党優位状況ではその政治力に大きな違いがある。貴重な勢力と評価され、有利な条件を引出すことができるかもしれないし、無駄な勢力と判定され、交渉の対象とすらなり得ないかもしれない。それぞれの行動単位は、最適勝利地位、つまり「五〇%プラス一」を上回りながら、可能な限りそれに近い勢力を形成することのできる相手を求めて交渉を展開する。

政党間距離

政党間相互作用を規定する要素の一つは、政党間政策距離である。各党の位置設定とその変更戦略については、第八章一で論述する。ここでは、ごく一般的に採用されている、単一次元《左—右》スケールに限定して話をすすめたい。単一次元《左—右》スケール上に政党を位置付ける方法は、政党間関係を明らかにする方法として広く使用されている。[5] 問題点がないわけではない。批判も頻繁に提出されているし、修正案も提案されている。だが、大きなメリットもある。①一連続線上に政党を並べることによって、政党間距離を明らかにしようとする試みに希望の光を投げかけることができる。②距離の伸・縮を語ることによって、政党位置の変化についてもその軌跡をフォローできる。③政党メンバー間の意見分布を明らかにする時にも簡明な方法として使用できる（例えば、党内左派、党内最右派集団などの表現）。④日常語として広く市民権を認められている。市民は、公式、非公式たるを問わず、このスケール上の位置を念頭に置いて政党について語り（例えば、「右の政党」「中道左派政党」）、政策変更を理解する（例えば、「左に移動した」「中間に歩み寄った」）。いわば、常識との共通基盤を持つ用語であるので、戦略行動案を模索している政党は、有権者の意見分布をこのスケールで表現・察知し、その動向分析を基礎に、位置変更できるであろう。

《左—右》スケール上の距離認識は、「理論的に可能な組合せ数」を「実際に可能な数」にまで減らす要素の一つとなっている。①一般に、政策距離の大きい政党間の相互作用は、相互に隣接している政党間のそれほど活発ではない。基本的な世界観の違いが横たわっているからである。「支持者への裏切り」と誤解され、友好的な支持層を失う可能性がある。隣接政党との相互作用は、思想の近接性、共通言語の存在という点からも、容易であるし、支持層の理解を得やすい。②両極に位置する政党は、ごく限定的な相互作用機会しか持てない。片側には隣接政党が存在しないからである。③逆に、中間位置を占める政党は相互作用機会に恵まれる。両側に政策距離の小さい隣接政党を持っているからである（隣接政党間相互作用)。④隣接政党を飛越えた位置に存在する政党と相互作用を展開することには、ある種の危険が付纏う（ブリッジ型相互作用)。距離の小さい隣接政党を無視して、敢えて政策距離の大きい政党との相互作用を選択した訳であるから、「裏切り」批判や「無謀な冒険主義」批判が堅い支持層から出てくるかもしれない。⑤両極に位置する政党間の相互作用は、実際には、(戦時挙国一致内閣を要求するような非日常的事態を除いて）限定的成果しか期待できない。⑥「政権までの距離」が小さい政党ほど、冒険主義には走らない。伝統的支持基盤を固めながら同時に、新支持者を開拓しようとする。伝統的支持基盤を失う危険を冒してまで、大胆な冒険に踏込む度胸はない。通常の行動は、「先ず現有勢力の確保、次いで党勢拡大」。かくして、「実際に可能な相互作用の組合せパターン」は、大幅にその数を絞られることになる。

イデオロギー強度

基本的な評価システムへの感情移入度もまた、相互作用の規定要因となる。イデオロギー純度の保持を最重視する《プログラム政党》は、妥協的態度で交渉に臨もうとはしない。交渉相手が提示する証拠・主張に対して不浸透性が強く、変化に対して柔軟な態度を取ることは難しい。閉鎖的な認知構造を持つので、執行部は、掲げる旗の実現のために全力を尽くして闘う姿勢を常に示そうとする。ルール逸脱行為に不寛容で、執行部への挑戦や批判は、粛清や除名などの処分まで覚悟しておく必要がある。他党からは、そのため、ドグマティックで、独善的という評価を受け易い。開放的な認知構造を持つ《プラグマティズム政党》は、具体的な実利・実益の実現を優先させる。思想の純潔性に対してはルーズで、多孔性を誇りにすることすらある。異見やルール逸脱行動にも寛大である。

《プログラム政党》は、相互交渉の場でも、原理・原則を強調し、手続きの正当性そのものから議論しようとする。個別的問題解決と全体的な評価システムとの論理整合を重視するので、「原則無き妥協」の余地は極めて少ない。他党とりわけ《プラグマティズム政党》は、必要な場合を除いて、交渉の場から慎重に排除しようとする。「理論と現実が乖離している時には、現実を理論に適合させるべきだ」という姿勢では、妥協の余地などないと考えるからである。かくして、《プログラム政党》は、交渉パートナーとして選択・指名されることが少なくなる。一方、《プラグマティズム政党》は、思想的整合性よりも当面の政局運営を重視するので、ダイナミック・ポテンシャルが大きい。(6)「理論と現実が乖離している時には、理論をひとまず棚上げして、取敢えず問題解決、理屈はそれから」という姿勢は、どの党にも交渉の窓口を開くことになる。かくて、この種の政党は、パートナーとして選択・歓迎されることが多くなる傾向がある。

《プログラム政党》には、まだ問題がある。イデオロギーへの感情移入が時としてあまりにも激しいため、思想の精緻化に資源を大量投入する（近接集団からのアイデンティティ確立）。その結果、他のイデオロギーへの不寛容、とりわけ隣接イデオロギーへの不寛容という事態を生出し易い。市民には同族集団と映るのに、当事者の間では近親憎悪にも似た激しい敵愾心に満ちていることがある。ここでも、相互作用の機会は減少する。

運動の方向——競合・抗争：協同・連合

R・ダールが述べているように、どのような議会選挙でも議員定数が決まっている以上、ある政党が議席を獲得すれば必然的に他の政党が敗北するという意味で、政党間相互作用の本質は「厳密に競合的」にならざるを得ない。(7) 定和ゲームを基礎にした《競合》――これが政党間相互作用の本質である。政党が得票率極大化を通じて政権の獲得・維持を目指す組織である限り、抗争・競合が政党間関係を支配する要素であることは疑う余地がない。市民―選挙―議会―政権レベルで《奪い合いの政治》が展開される。分裂力として、激しい抗争に従事する。戦勝品は無限ではないからである。そこに、友・敵理論で武装した《排除の論理》が入り込んだとしても当然であろう。

だが、その一方で、政党間関係には、平和共存の論理が働く余地がある。政党以外の組織・機構が政党に取って代わろうとすれば、協力してその既得権益を守ろうとするであろうし、限りある資源を分かち合おうとする英知も備わっているはずである。得票率極大化を巡る抗争が終了しても、議会内影響力の極大化、プログラムの実現、挙党体制の確立という目標は残されている。こうした領域では、ゼロ・サム的色彩がやや稀薄になる。政権党にしても、円滑に政局を運営したいという戦略的理由から、また、次回選挙で政権交代があるかもしれないという恐怖心から、《権力分有》精神を完全には捨去れないであろう。個々の課題解決過程で、妥協を通じた合意形成が目指されることになる。政党間相互作用の重要な要素として、《協同》《連携》《連合》の要素が入り込んでくる。特に、定期的な政権交代を想定した複数政党制の下では、《包摂の論理》を基礎にした《分かち合いの政治》が期待される。こうしたシステムでは、多様な利益が政治過程に向けて奔放に表出されるので、政党が非妥協的な競合・抗争にのみエネルギーを投入すれば、《社会的統合力》としての機能を果たし得ないであろう。

抗争・競合の要素と、協同・統合の要素を同時に備えた力が政党間相互作用の主動力である。「統合を前提とした競合」とも表現できるし、《協同的競合》《競合的協同》とも呼べる。《連合》というコンセプトですべてを表現できる。《連合》とは、抗争主体としての自己組織を維持して、他の抗争体と競合しながら、その一方で、共通の目的を実現するために、他の行動単位との協同を模索する行為である。フォーマルな政策協定や合意を基礎にするという意味で、無原則的な《野合》とは違うし、新しい政治単位を作るために、自己組織を解体して他の単位と合体する《合同》とも決定的に違う。相互作用における《連合》は、市民レベルでは、市民運動の連帯という形で、選挙レベルでは、選挙協力、選挙カルテルの形成という形で実施される。また、議会レベルでは、法案別投票連合という形を取るし、政権レベルでは、政権連合という形で具体化される（政権レベルの連合を《政権連合》と呼ぶが、日本では《連合政権》という名称が一般的である。《連合》現象を政権レベルに限定して論述することが多いからであろう。《連合》が市民から政権レベルまでの広大な領域で展開される、ごく普通の行為であることを無視してはならない）。

政党間相互作用では、さまざまな利益との《連合》形成を目指した《求心的競合》が展開される（連合指向の求心的競合）。特に、政権担当意欲を持つ政党、連合形成に当たって最適の規模を持つ政党、他の行動単位と協同できる程度に寛容な価値観を持つ政党、は常に交渉チャネルを開放して、積極的に政党間交渉に従事する。思想純度を強調するあまり、《遠心的競合》を繰返せば、「政界の孤児」化してしまい、結果として支持基盤の利益を実現できないことを知っているからである。ただし、プログラム政党の中には、連合形成ゲームから積極的に排除されることによって、市民の共感を獲得し、党勢拡大を計ろうとする政党もある。こうした政党にとっては、政権担当は当面の戦略目標になっていないからである。ひたすら「政権からの距離」を強調することによって、権力に迎合する他党を権力病患者と非難する。《遠心的競合》は、戦略目標を変更するまでの一時的選択である。(8)

三　政党システムとその規定要因

政党システム

政党間相互作用が展開される枠組を政党システムと呼ぶ。この研究領域を支配していたのは、行動単位数に焦点を合せて政党政治の世界を分類する方法であった（一党制、二党制、多党制）。これは、分り易いという利点と同時に、政党政治の複雑な現実を分析する手掛かりとしては、単純過ぎるという欠点を持っている。政党の数が三以上であるという理由で、西ドイツとイタリアの政党制を、同じ論理で分析することには無理がある。

比較政治学の発展に伴って、伝統的な分類の有意性は次第に挑戦されるようになった。今日では、政党の数だけでなく、相対的規模、政策距離、イデオロギーへの感情移入度、運動の方向、などシステム作動に影響を与える複数の変数を類別基準に組み込んでいる。近年の技術革新については、過剰精緻化のため、分析能力はあるが、分り難いという批判が無いわけではない。ここでは、現代政党学を代表するG・サルトーリのモデルを紹介しておきたい。[9]

①一党制　(a)全体主義一党制：ソ連、中国
(b)権威主義一党制：ナチス・ドイツ、フランコ体制下のスペイン
(c)プラグマティズム一党制：一九七四年四月までのポルトガル
②ヘゲモニー政党制　(a)イデオロギー指向ヘゲモニー政党制：ポーランド
(b)プラグマティズム指向ヘゲモニー政党制：メキシコ
③一党優位政党制：一九五五年以後の日本、一九五二年以後のインド
④二党制：アメリカ、イギリス、ニュージーランド
⑤限定的多党制――穏健な多党制：西ドイツ、スウェーデン
⑥極端な多党制――分極的多党制：イタリア
⑦原子化政党制：マレーシア

①一党制は、文字通り、一つの政党だけが存在し、存在することを許されているシステムである。例：ソ連、中国、アルバニア、ナチス・ドイツ。政権党は、過半数どころか、事実上「一〇〇%」を独占する。これが政党政治の基本ルールである。つまり、《部分＝part》である《政党＝party》が《全体＝whole》である《国家》を独占する。基礎となる行動単位の数は一であり、その規模は《全体＝wholeness》である。[10] 相互作用数は原則的にはゼロであり、政権をめぐる相互作用は党内の《見えざる政治》で展開される。

②ヘゲモニー政党制は、一党以外の政党も存在することは許されてはいるが、あくまでも、第二次的な政党、認可された政党、（政権党の軌道を忠実に回るだけの）衛星政党の範囲を超えることのできない政党制である。ヘゲモニー政党と平等の基盤で競合したり、それに挑戦することは許されない。《複数政党による競合》によって民意の吸収を偽装するが、その競合はあくまでも《擬似競合》に過ぎない。イデオロギー上の理由で、このシステムを採用している国（ポーランド等の人民民主主義国家）もあれば、政権党の純戦略上の理由で採用している国もある（メキシコ）。前者をイデオロギー指向ヘゲモニー政党制、後者をプラグマティズム指向ヘゲモニー政党制と呼ぶ。

③一党優位政党制は、外見こそ似ているが、その基本ルールという点で、①②とは、決定的に異なるシステムである。複数政党間の競合が展開されてはいるが、一つの政党が長期にわたって圧倒的な力を持っているシステムである。圧倒的な党勢を誇る政権党以外の政党は、ただ単に存在を許されているだけではなく、合法的かつ正当な挑戦者として競合することができる。つまり、万年野党は優位政党から真に独立した敵対者としての地位を享受している。例：一九五二年から最近までのインド[11]、一九五五年以後の日本、一九五〇年から一九六〇年までと、一九六五年から一九七三年までのトルコ。

④二党制は、最も知られている政党システムである。恐らく、それが比較的単純なシステムであること、それを実践している国が政治的、政治学的に重要な国であったこと、および、政党制の範例として過度の理論化が行われてきたこと、が理由となって、広く知られるようになったのであろう。しかし、実際には、例外的な現象でしかない。A・バンクスとA・テクスター、R・ダール、J・ブロンデルは、

二党制国家の数をそれぞれ、一一ヵ国、八ヵ国、二一ヵ国であると計算している。分析対象国家の数、定義の厳格さに相違があるため、違った数字が提出されているが、二党制が現実政治の世界ではごく例外的存在であることを証明するにはそれで十分であろう。[12] サルトーリは、厳密な意味では、イギリス、アメリカ、ニュージーランドの三ヵ国であると述べ、しかも、イギリスとアメリカを同じカテゴリーに分類することにはためらいを示している。ここから、政党論の悲劇の一つが生れる。つまり、実際には稀有な存在でありながら、二党制がまるでデモクラシー下の政党制の望ましいモデルであり、最頻パターンでもあるかのように考えられていることである。二党制論者は、「小選挙区制→二党制→単独政権→安定政治」という推論過程を「比例代表制→多党制→連合政権→不安定政治」と対比させながら、《二党制の神話》を築き上げていった。しかも、二党制には有権者の選択肢を制限し、真の選択を不可能にする構造的危険性が備わっているという事実を棚上げしたまま。[13] 多党制こそが最頻パターンであるという現実を直視すれば、《二党制の神話》を打ち砕き、それを突破口に多党制を理論化する必要があろう。[14] L・ドッドの『連合政権考証』は、その意味で一つの出発の書と評価できる。彼は、一七の議院内閣制国家を数量分析し、ここ五〇年間に開かれた平時議会の七五％が多党制議会であったこと、四〇ヵ月以上続いた内閣の八〇％が多党制議会の下で生れたことを析出した。[15]

⑤穏健な多党制（限定的多党制）は、西ドイツ、ベルギー、スウェーデン、ルクセンブルグ、デンマーク、スイス、オランダなどが長期にわたって経験している政党制であり、次の構造的特質を持っている。(a)政党数が三から五。(b)政党間イデオロギー距離が比較的小さい。(c)政党間相互作用の基本が《求

心的競合》である。(d)連合政権形成軸が二極化している。

⑥分極的多党制は、二党制論者が「多党制は必然的に政局不安定をもたらす（ので望ましくない）」という推論を持ち出して、多党制を攻撃する時に、好んで提示する事例である。例：ワイマール・ドイツ、フランス第四・五共和政、一九七三年までのチリ、そしてイタリア。[16] 構造的特質は次のように整理できる。(a)政党数が六から八。(b)政党間イデオロギー距離が大きい。《政党の破片化》が激しく、イデオロギー的に分極化している。(c)かなり大きな党勢を持つ反体制政党が存在している。《左—右》スケールの左端（そして・または）右端に非妥協的な純プログラム政党が存在している。(d)野党勢力が二つ存在している。つまり、相互に排他的な二つの野党勢力が政権党に取って代わるべく挑戦している（政権交代軸が三極以上ある）。(e)一つまたはいくつかの政党が中間位置を占めている。そのため、多極的競合が展開される。(f)求心的競合が阻止されている。(g)つまり、遠心的ドライヴのかかった競合が展開されている。(h)いくつかの政党ではイデオロギー指向が強い。特に、両端に位置する政党はドグマティックである。(i)政権交代が頻発しても、政権担当の機会に恵まれる政党は、概ね、中道右派勢力、中道左派勢力に限られる。いくつかの政党は常に政権から疎外される。そのため、無責任野党が存在することになる。(j)公正な競争ではなく、奔放な過剰公約の政治が行われる可能性がある。

⑦原子化政党制とは、経済における原子的競合状況に似て、他に抜きん出た政党がないまま無数の政党が乱立している政党制である。サルトーリは、マレーシアを例にあげている。しかし、極度の混乱期（例えば、戦争直後期）を除いて、あまり存在しない。

従来の政党制研究は二党制と多党制との間に重要な分割線があるかのような印象を与えてきた。しかし、二党制国家はごく例外的存在でしかなく、現実には、多党制こそが最頻パターンである。現実政治に焦点を合せる限り、穏健な多党制と分極的多党制の間にこそ、決定的な分割線を求めるべきであろう。多様な容貌を持つ多党制をたった一つのカテゴリーとして取扱い、根拠なき神話を強引に撒き散らすことは適切でない。多党制の中にはいくつかの違った世界があり、決して同質的ではないからである。[17] その意味でも、類型⑤⑥（「連合政権」型と総称できる）の解明と理論化こそが政党研究の課題と言える。[18]「（価値観が多様化した時代に）世論を無理やり二つの鋳型にはめ込み、永遠の少数派から（実質上の）選挙権を奪い去り、彼らを疎外してしまう二党制よりも、連合政権の出現を許し、それを奨励するような政治構造を伴う穏健な多党制の方がデモクラシーに役立つ」（ドッド）はずである。[19] 広大な比較の視野から、多党制政治を分析した研究業績がこれまで少なかったために、フランス第四共和政、ワイマール・ドイツの行動だけが、多党制の原型であるかのように想像され、「好ましくない」イメージを与えられた。そして、《多党制の神話》が定着することになった。神話の陰で、潜在的利点――《協同的競合》を基礎に《分かち合いの政治》《開かれた政治》を実現するという――が包み隠されてしまった。当面は、政党制にまつわる「神話」「先入観」を、広大な比較分析の視野から、再考察する作業が要請される。

政党システムと選挙制度など

「それぞれの国は常に、一定のタイプの政党制だけを採用する」と考えることは必ずしも正しくない。

どの政党制を採用するかは、その国を取囲む政治・経済的環境とそれによって引起こされる政治・経済構造の変化、および環境変化に伴う市民の意識変容によって決まる。それでもなお、かなりの国は、長期にわたって特定の政党制を採用していることも事実である。特定の政党制を必然的に生み出す要素を発見しようとして、多くの研究者が知的エネルギーを投入してきた。だが、努力の割には、提出された理論の仮説検証力は小さい。例外事例が多すぎる。

そうした努力の中で比較的大きな説得力を獲得しているのは、基本的なゲーム観である。つまり、「選挙制度には政党制を選択する力がある」という仮説である。具体的には、小選挙区相対多数決制には、二党制を生み出す力があり、比例代表制は、多党制を生む原因になると考える。この仮説によれば、小選挙区相対多数決制は第三党の候補を不利な立場に追込み、上位二党間の競合を促進する。[20]市民は、自己の政治的見解にほぼ一致するプログラムを発表してはいるが当選可能性が稀薄な候補者や弱い候補者に投票すれば、それが無駄になることを知っている。それで、次に自己の見解に近く、当選可能性もある競合する候補者の一方に投票する傾向があるというのである。その結果、政党の分裂を阻止し、合同を加速する。逆に、比例代表制の下では、かなりの小党でも議会に代表されることが保証されるので、破片化や分裂を阻止できず、政党増殖を促進するというのである。

技術的要因論がそれなりの検証力を持っていることは、イギリスの例で判明する。イギリスは「典型的な二党制国家」と分類されている。一八三二年から一九一八年までは、一九世紀型二党制（保守党対ホイッグ、自由党）が、一九二四年から今日までは（六年間の過渡期を置いて）二〇世紀型二党制

（保守党　対　労働党）が、通常時のイギリス政治を支配した。だが、実際には、一八三二年以来、常にかなりの規模の第三党が存在するのである。特に、一九七〇年代以後の自由党の党勢回復は著しい。七四年二月選挙では一九・三％、同年一〇月選挙では一八・三％の得票率を獲得した。この二回の選挙で自由党に与えられた議席はそれぞれ一四議席、一三議席で全体（六三五議席）の僅か二％であった。その一方で、第一党（労働党）は三〇％台の得票率で過半数またはそれに近い議席を獲得している。また、第二党（保守党）には、自由党の二倍弱の得票率で実に二一倍もの議席を与えているのである。民意を歪曲し、勝者を不当に強調する小選挙区相対多数決制が強引に二党制を定着させていると言える。[21]

第三章　政党と権力——政府の中の政党——

一　政府の中の政党

代議制デモクラシーにおける権力の司祭者＝政党

今日の政党政治が直面する苦悩の一つは、政党が深刻な機能不全に陥りながらも、依然としてそこからの脱出策が発見されないことである。デモクラシーを支える構造には、整備された官僚機構、全国に鋭敏な情報網を張り巡らせたマス・メディア、市民意思の実現を目指して政治過程を馳廻する利益団体、などもある。その意味では、政党はワン・オブ・ゼムに過ぎないし、機能を円滑に遂行できなかったとしても、その多くは、他の機構によって代替されよう。だが、現代デモクラシーにおける政党の機能を(部分的にはともかく)完全に代行できる構造はない。代議政治の運命は、政党の手に委ねられている。

既に述べたように、政党には二つの顔がある。①市民意思の自由な形成・表明に挺身する任意結社としての顔：「代議制デモクラシーの機関」。②正当性・権威の根拠を選挙に求める政権担当者、政局運営者としての顔：「権力への手段[1]」。

②に傾斜して、利益の集約・表出機能、市民教育・社会化機能を有効に演じられなくなると、代議政

治は確実に行詰り、政治の世界は、大衆の名で書きかつ語りながらも、大衆との接点を持とうともせぬ権力渇仰者が暗躍する奪権闘争の場となろう。そして、政党が過度のパワー・ホリックに陥ると、その病理根絶は非常に困難になる。彼らは、ポリティカル・プロフェッショナリズムの論理で武装して、哲学的情熱よりも科学的理性を強調し、技術政治の優位を説きながら、独特の宇宙を築き上げるからである。そこは手続きよりも結果を重視する《効率の論理》が支配する世界であり、アマチュアの論理（清く、貧しく、美しく）が入り込む余地はない。政治プロは、正当性、特に手続きの公正さを重視する《有効性の論理》を精神的信条とするアマチュアリズムを、複雑化した社会問題への対処能力不備を理由に、拒絶し、独走する。《見える政治》から《見えざる政治》へと変質する。(2) そのため、市民の目には、政治は異邦人が繰広げる《超絶的論理》の場になる。市民が既成の政治配列に不信感を持ち、それに背を向けたとしても当然かもしれない。

逆に、①に重心を置き、リーダー選出機能に第二次的意義しか与えなければ、妥協・合意形成という名の欲望調整技術を拒絶する思想集団の色彩が強くなり、市民に無力感と欲求不満を残すことになろう。確かに、《見える政治》はアマチュアの感性に一致するかもしれないが、思想純度を身上とする《拒否権集団》の行動枠組を逸脱できぬ限り、つまり、政権担当恐怖症を克服できぬ限り、市民は、政局運営の舵を委ねないであろう。なぜなら、市民が期待するのは、相対立する要求間の調整（紛争処理）能力であり、それには、論理の整合性をある程度犠牲にしても、力と論理の正面衝突（排除の論理）を排し、妥協と合意の拡大をはかる（包摂の論理）果敢な実行力が要求されるからである。対抗権力として政権に肉迫する覇気を喪失したまま、臆病な思想・啓蒙集団であるかのように行動する政党は、市民に挫折感と無力感を与えることになる。

代議政治はアマチュアリズムとプロフェッショナリズムの交流・合一を理論的支柱としており、《民意への対応》と《政治責任》を盾の両面にしている。だが、実際には、両者は対抗関係にあるようだ。確かに、アマチュアリズムだけでは、変動を常態とする時代の課題解決は難しい。だが、プロ信仰に傾斜して、技術の優位を安易に強調すれば、最終的には、馴合いを助長することになり、《民意からの距離》が決定的となる。自己閉塞化・特権化に陥りがちなプロの行動・倫理規範にとって、技術優位論ほど強力な援軍はない。

環境からの挑戦に直面しても限定的資源しか用意・活用できぬ市民に、「永田町の論理」を克服する力を期待することは、実際には難しい。基本的には、市民の論理を、永田町に投射し、市民→議会→政府の連続を確保するためには、政党に多くを期待しなければならない。政党こそ、市民と議会を、議会と権力を結ぶ不可欠のリンクである。(3) 代議政治の生命線とも称されている政党に、権力―議会レベルで期待されている役割は、価値創造機能（政権担当機能）と対抗価値の表明・登録機能（権力批判機能）である。前者は、選挙、マス・コミ、利益団体、助言者の勧告を通じて表明された《大衆の選好》に対応して、建設的政策を選択・実現する機能であり、原則的には、過半数議席を制している一つまたは複数の政党に期待される役割である。後者は、建設的代案（政策代案、リーダー代案）を積極的に市民に提示して、政権に肉迫する機能であり、主に野党に期待されている役割である。少なくとも、複数政党制の理論では、すべての政党がこの二つの役割を交代で演じるよう期待されている。（日本の政党政治、特に一九五五年以後の政治では、政党間競合を前提にしているシステムとしては類を見ない程、与野党の役割が固定している。「政権担当政党　対　次期政権担当政党　の相互作用」という文脈の欠如こそ、日本政治の特質であり、市民の論理と永田町の論理がカミ合わぬ理由の一つでもある。）

政府の中の政党

「政党政治の凋落」、政党システムの「決定的再編」[4]については、多くの国で指摘されており、グローバルな広がりを持つ現象と言える。[5]有効な克服策は未だ発見されていない。機能不全を叫びながらも、同時に、政党に代わる司祭者がありそうもないことを確認して終わっているのが現状である。

R・ローズが巧妙に表現しているように、政党政権は、ポスト保有者の行動が政党の諸制度から生れる価値、政策によって影響を受ける時に限って、存在するのであり、政党政治の生活が政府の政策に影響を与えないところでは、新しい政党による政権掌握は新しい君主による政権掌握と比べてもほとんど重要な意義を持たないのである。そのような場合、政党は君臨してはいても統治しているとは言えないからである。[6]

そこで彼は、政党が政府に影響を与えるためには、つまり、政党が政権を担当するためには、政権掌握に先立って六条件を充たす必要があると述べている。[7]［条件①］政権掌握後実施する予定の政策プログラムを作成しなければならない。政策要綱は有権者にとっては投票行動の指標となり、政権担当政党の業績を評価する判定基準となる。内閣、閣僚にとっては努力目標、行動指針となる。［条件②］政策要綱には（実現不可能でない）目標達成手段・方法を明示しなければならない。手段を明示しない政策は統治の基盤たり得ず、《スーパーマンの計画》、宗教的希望、空虚な夢になる可能性がある。そのような政策は、行動プログラムではなく、希望する未来世界の単なる記述的描写に過ぎない。［条件③］少なくとも一つの政党が存在し、何らかの競合の後、政権担当のポストに到達しなければならない。［条件④］政党が指名する人物が当該体制内の最も重要なポストを占めること。政党指名者が《政府としての政党》を構成する。［条件⑤］少なくとも、政府の数多くの領域でコントロールを確保できる程度に、党派人を公職に指名する必要がある。公職すべてについて党派的指名をする必要はない。［条件⑥］ポストを与えられた政党人は、巨大な官僚機構をコントロールするのに必要な技術を持っていなければならない。もちろん、すべてのポストについて同じ種類の教育、経験、情報が必要であるということではない。

次いで、ローズは、政党が政権掌握後、政党政権を実現するための条件として次の二つを指摘している。［条件⑦］政権担当政党は党政策の遂行に高い優先順位を与えなければならない（公約の実現）。［条件⑧］党政策は政府の行政によって実施されなければならない。政策形成・実施は官僚、閣僚（政党政治家）の共同作業であるので、対官僚対処法、対処能力が重要な意味を持つ。官僚は気分屋の《政策発動者》よりも、《政策選択者》型大臣（組織の英知を傾注して準備した複数の選択肢の中から「最も合理的な」解を選択してくれる物分りのいい大臣）を歓迎するだろう。合理的・継続的行政を優先させようとする官僚にとって、政党政治家は攪乱要因である。それでいて、豊かな理念や発想を持っていたとしてもそれに形を与えるためには政党（政治家）の承認が必要である。次回選挙での勝利が何にもまして優先される政党にとって、官僚システムは自由な《求票活動》を妨害する阻止要因である。それでいて、権力の司祭者が、公約した政策を実現し、政治システムを円滑に運営させるという意味での《責任政治》を実行するためには、官僚の協力が必要である。両者の論理は基本的には対抗関係にある。だが、今日の政党政治はこの二つの力の相互作用の所産であり、両者の共同作業がその実効力を左右している。

「現代の政治システムは《政党体制》である」[8]というフレーズがあるように、政党が司祭して権力を形成し、政治システムを駆動させている。ここでは、政党システムとの関連で、権力形成パターンを類型化しておきたい。

二　政府形成のパターン

政権のパターンは、単独政権と連合政権に分類できる。前者は、単一の政党を基礎にした政権であり、後者は、二つ以上の政党の協同を基礎にした政権である（表2）。

単独政権のパターン

単独政権は、政府の与党の規模、政党システムの性格、憲法体系の指令によって、(A)単独・独占型政権、(B)単独・過半数政権、(C)単独・少数党政権、の三類型に分類できる。

(A)　単独・独占型政権

表2　政権のパターン

単独政権	(A) 単独・独占型政権	p① 一党制下の単独・独占型政権
		(a) 全体主義一党制下の単独・独占型政権
		(b) 権威主義一党制下の単独・独占型政権
		(c) プラグマティズム一党制下の単独・独占型政権
		p② ヘゲモニー政党制下の単独・独占型政権
		(a) イデオロギー指向ヘゲモニー政党制下の単独・独占型政権
		(b) プラグマティズム指向ヘゲモニー政党制下の単独・独占型政権
	(B) 単独・過半数政権	p③ 政権交代型・単独・過半数政権（二党制下）
		p④ 一党優位型・単独・過半数政権（一党優位政党制下）
	(C) 単独・少数党政権	p⑤ 相対多数政党（第一党）による単独・少数党政権
		p⑥ 第二党以下の政党による単独・少数党政権（純少数党政権）
連合政権	(D) 最小勝利連合政権	p⑦ 最小勝利連合政権
	(E) 過大規模連合政権	p⑧ 平時・大連合政権
		p⑨ 救国・挙国一致大連合政権
	(F) 過小規模連合政権（連合少数派政権）	p⑩ 過小規模連合政権

pはパターンの略.

議会内議席の一〇〇%、ないしはほぼ一〇〇%を制している単一政党を基礎にした単独政権。

＊p①《一党制下の単独・独占型政権》　単独・独占型政権は、典型的には、一党制の下で発生する。政党間の競合、政権交代は事実上存在せず、競合や権力交代は、《政党内政治》のレベルで展開される。ある研究では、一九六二年から六八年までの間に、何度選挙をしてもまったく同じ政党が議会の全議席を独占した国は三三ヵ国であった（ソ連、中国、ハンガリー、チェコスロヴァキア、アルバニア、ポルトガル、ブルガリア、など[9]）。一般に、この政権は、対

抗権力の出現に対する不寛容、トータル・システムに対する大きな浸透性、メンバーに対する抑圧的・抽出的な態度、政治資源に対する圧倒的な支配権、を共通の特徴にしているが、行使される強制力の強度、イデオロギーへの感情移入度にはかなりの差異がある。一党制の世界は、「一」という数字の表面的な単純さとは対照的な多様性がある。実際、ソ連や中国とフランコのスペイン、かつてのナチス・ドイツや一九七四年までのポルトガル、では権力行使スタイルに基本的な違いがある。

p①(a)《全体主義一党制下の単独・独占型政権》——例：ソ連、中国

p①(b)《権威主義一党制下の単独・独占型政権》——例：ナチス・ドイツ

p①(c)《プラグマティズム一党制下の単独・独占型政権》——例：一九七四年四月までのポルトガル、リベリア、チュニジア

政権p①(a)は、イデオロギー指向が強く、勢力範囲の全面的拡大、完全かつ総合的な貫通・社会化を目指す。そのため、下位集団の自律性を破壊しようとする傾向がある。異端への不寛容と定期的粛清は、視点を変えれば、党員に与えられた特権の大きさを証明している。政権p①(b)は、イデオロギー強度、動員力という点では政権p①(a)に劣り、下位集団の自律性に対しても、主流派に対する公然たる敵対を表明しない限り、寛容であろうとすることがある（ダモクレスの剣の下での自律）。全社会に浸透するだけの力も、その野望も持たない統制システムであり、全体指向というよりは排他主義の色彩が強い。政権p①(c)は、イデオロギーの正当化を求めず、思想的凝集性も小さい[10]。下位集団の自律に対しても前二者に比べて寛大な態度で臨む可能性がある。部外者に対しては《排除》よりも《包摂》策で対処しよ

うとする。こうしたことから、ユートピアの提示とその積極的追求を怠った時、組織は多元的要素の侵入に悩まされ散漫化するかもしれない。

＊p②《ヘゲモニー政党制下の単独・独占型政権》　複数の政党が存在しながらも、事実上、政党多元主義の基本原理が容認されていないシステムでも、単独・独占型政権が発生する。この政権は、自らのヘゲモニーに挑戦したり、平等の基盤で競合したり、その地位を脅かそうとしない限りにおいてのみ、他の政党の存在を認可する。権力の正当性を強化する手段として複数政党制は採用しているが競合の実質は充たそうとはしない（擬似競合）。政権は交代の恐怖に怯えることなく、《擬似政党市場》を活用して、情報の収集と不満の吸収をはかり、権力基盤を安定化しようとする。思想の比重と権力の抽出力・抑圧力を基準にして次のサブ・カテゴリーに細分できる。

p②(a)　《イデオロギー指向ヘゲモニー政党制下の単独・独占型政権》——例：ポーランド

p②(b)　《プラグマティズム指向ヘゲモニー政党制下の単独・独占型政権》——例：メキシコ

政権p②(a)の代表例であるポーランドでは、ポーランド統一労働者党（一九四八年十二月にポーランド労働者党、ポーランド社会党が合同）が国民統一戦線を通じてヘゲモニー政党としての権威を行使している（党員数二三〇万）。国民統一戦線は選挙に際して候補者選出を行なうが、ここには二つの非共産主義政党、つまり統一農民党と民主党も包摂している。統一農民党は農民党とポーランド農民党が合同して一九四九年に結成された農民政党であり、統一労働者党の指導の下で《労―農》提携を確立し、社会主義建設の推進を活動原理にしている（一九七三年現在、党員数四二万三〇〇〇）[11]。民主党は、そのメンバーの圧倒的多数を専門職、知識人、ホワイト・カラーから補充している非マルクス主義政党である。議会選挙では、統一労働者党が有効にコントロールしている国民統一戦線が候補者を選出し、単一リストを作成して国民に提示する。さらに、政党間協同を促進する機関として、また、恒常的な政党間協議機関として設置されている政党調整委員会も統一労働者党のヘゲモニー保全装置となっている。[12] 権力は、一院制議会によって任命され議会に対して責任を負う内閣に集中しているが、主要ポストは、当然、統一労働者党の政治局員に占有されている。その他の政治集団も全レベルで政治・行政ポストを分有しており、世論も分け合っているが、ヘゲモニー政党の地位を脅かすことはできない。政権交代など望み得ないし、政党間競合の前提そのものも認められていない。[13]

政権p②(b)の例であるメキシコでは、周辺を無力な衛星政党に取り囲まれて、立憲革命党が強力なヘゲモニーを確立している。党の起源は一九二九年に結成された国民革命党である。一九三八年にメキシコ革命党と改称し、軍、労働者、一般市民を構成単位として巨大政治勢力を組織化した。第二次大戦後(一九四六年)に、党名を再改称し、今日に至っている。立憲革命党は三つの巨大利益、つまり労働者、農民、市民(官僚、教員、実業家)をその体制内に組み込み、そこから公職候補者を選出して、ヘゲモニーを保持している。[14] その容赦なきヘゲモニーの貫徹度は、次の事実で明らかであろう。任期六年の大統領(再選禁止)は常に立憲革命党から出ている。全二九州の知事はすべて立憲革命党員である。任期六年、定数六四の上院議員のうち六三名が立憲革命党に所属している(一九七六年選挙)。任期三年、定数二三〇の下院では、一九四名が直接選挙で補充されるが(残余議席については部分的な比例代表制で各党に分配される)、立憲革命党は、一九七〇年には一九四議席中一七八、七三年には一八九、七六年には全一九四議席を制した。(15)

巨大な合金型政党として君臨している立憲革命党は、圧倒的な支配力を維持するためにあらゆる手段を活用する。他党を無力な地位に封じ込める手段はごく簡単である。小党の上限議席数を定めた選挙制度である。小党には得票率に応じて議席が配分されるが、一九六三年に制度が導入された時、上限は二〇議席であった(一九七三年に二五議席へ引上げ)。この制度の下では、野党は確実に、無力な小党に凍結されてしまう。立憲革命党は、実効力の乏しい無力な小党として、国民行動党(一九三九年に結党)、人民社会党、真正メキシコ革命党、独立農民中央党を認可している。さらに、登録されざる非公式の左翼政党として、メキシコ共産党、国民解放運動(元大統領カルデナスの親キューバ極左政党)がある。(16)登録されざる右の政党としては、市民アファメーション革命戦線、シナルキスタ全国連盟。立憲革命党は、権限の大きさという点では、比較的重要でない議会およびその選挙には、寛大な態度で臨み、複数政党制を認めながら、不満の吸収をはかり、その一方で、行政部については独占体制を緩和することなく、絶大なヘゲモニーを掌握している。「近代化指向の民族主義改革政党」としての一つの生き方かもしれない。(17)

(B)単独・過半数政権

このパターンは、議席の過半数を制している単一政党を基礎に構成される政権である。単独・独占型政権とは違って、法律上も事実上も、政党間競合が認められた上で、なおかつ単一の政党が選挙で「五

○%プラス一」を制し、政権を担当しているのである。この種の政権は「政権交代の現実的可能性」を基礎に二つのカテゴリーに分類できる。

＊p③《政権交代型・単独・過半数政権》　このタイプの政権は、二党制下で発生する確率が高い。「政権交代の可能性」に直面しているため、無責任な過剰公約や《数の論理》を背景にした力の政治を慎重に回避しようとする。この禁欲精神が働く時、政党を中間に向けて相互接近させる。また、選挙に際しても、過半数を単独で確保しようとするために、世論の微妙なヒダをも可能な限り表現しようとする。それが一層、求心的競合に向かわせ、相互接近を促進する。だが、「政権喪失の恐怖」と「政権奪還の希望」が織り成す相互接近は、市民から真の選択肢を奪い、不満の流出を阻止する危険も秘めている。

典型例は第二次大戦後のイギリスに見られる（表3）。戦後のイギリスは《政権交代型・単独・過半数政権》の輩出母胎であり、一度の例外を除いて、政権党が過半数を制した。だが、イギリスは二党制と結び付けて考えられることが多いけれども、「ホイッグ優位時代以後この国が経験した最長の単独政権時代は第二次大戦以後の三〇余年間である」という事実を看過すべきではない。実際、単独・過半数政党に依拠する内閣が政権を担当したのは、一般的印象とは違って、二〇世紀の半分以下に過ぎないのである。(18)

D・バトラーは、今日のイギリスでは「国民を安定した二党制政治という鋳型に適合させてきた〈国民の同質性〉〈有権者の規律〉が崩壊過程にあり、相対多数の票しか獲得できなかった政党に絶対多数の議席を与える現行選挙制度も、少なくともある程度、挑戦の対象になっている」と指摘している。彼

表3　戦後イギリスの政権

首相名	党派	政権担当期間	与党議席数（占有率）	野党合計議席数（占有率）	
アトリー	労働党	45. 7.26-51.10.26	393（61.4）	247（38.6）	45年選挙
			315（50.4）	310（49.6）	50年選挙
チャーチル	保守党	51.10.26-55. 4. 5	321*（51.4）	304（48.6）	51年選挙
イーデン	保守党	55. 4. 6-57. 1. 9	345*（54.8）	285（45.2）	55年選挙
マクミラン	保守党	57. 1.10-63.10.18	365*（57.9）	265（42.1）	59年選挙
ヒューム	保守党	63.10.18-64.10.16			
ウィルソン	労働党	64.10.16-70. 6.19	317（50.3）	313（49.7）	64年選挙
			364（57.8）	266（42.2）	66年選挙
ヒース	保守党	70. 6.19-74. 3. 4	330（52.4）	300（47.6）	70年選挙
ウィルソン	労働党	74. 3. 4-76. 4. 5	301（47.4）	334（52.6）	74年2月選挙
			319（50.2）	316（49.8）	74年10月選挙
キャラハン	労働党	76. 4. 5-79. 5. 4			
サッチャー	保守党	79. 5. 4-	339（53.4）	296（46.6）	79年5月選挙

＊　全国自由党・保守党統一候補を含む.

によれば、一つの巨大政党が現に享受している《権力の独占》を脅かす新しい脅威の源は、スコットランド、北アイルランド、ウェールズにおける地方政党の伸張、さまざまな方法で表明されている有権者の〈爆発力を秘めた移り気〉と〈独立心〉の成長、である。[19]それでもなお、イギリスを二党による権力独占システムに踏み止まらせているのは、「イギリスは連合政権を愛さない」[20]というディズレリーの言葉に代表される政治家や歴史学者の根強い二党制指向と小選挙区制度である。「イギリスはもはや単純な二党制政治システムではない。古い考え方は捨て去らねばならない」[21]と主張して、『イギリス多党制』を著わしたH・M・ドラッカーの試みは、イギリス政治の転期を象徴・予告している。

＊p④《一党優位型・単独・過半数政権》　政党間競合の原則が認められ、実際に複数の政党が〈票狩り〉競争を展開しているが、一つの政党が長期にわたって圧倒的な力を持っている政党システムを一党優位制と

呼ぶ。それが、この政権の苗床である。単独・過半数を背景にしているという点では、政権p③に似ているが、《政権交代の現実的可能性》が欠如しているという点で、両者は全く別の性格を持っている。また、政権党の圧倒的優位という点では、政権p②《ヘゲモニー政党制下の単独・独占型政権》に似ているが、政権党以外の政党、つまり《アウト》に対する態度で根本的に異なっている。政権党以外の政党は存在することを認可され、政権党の軌道を忠実に浮遊するだけの衛星政党ではない。合法的かつ正当な挑戦者として、政権党と競合できる真に独立した単位である。ただその非力さの故に、万年野党の地位に沈潜しているだけである。[22] 例：一九五五年以後の日本、一九五〇年から六〇年までと六五年から七三年までのトルコ（七三年四月、上下両院合同会議でコルチュルク上院議員を新大統領に選出し、軍事政権だけは回避した）、独立後一九七七年までのインド（三月選挙で国民会議派が政権の座を下り、人民党が政権を握った）。

このタイプの政権は、選挙にも、議会にも《政党内政治の論理》で臨む。選挙に際しては、第二党に没落する恐怖がいささかもないため、公認候補者の調整作業に大きなエネルギーが投入される。時には、政党内競合のほうが本番の政党間競合よりも激烈になることがある。法案の運命も、党内抗争が激化して、党議拘束力がよほど低下しない限り、議会上程段階で既に決まってしまう。政権党の党首は先ず党内を眺め、次いでマス・メディアを介して国民に視線を送る傾向がある。政党間競合のフォーマルなパートナーである野党は、極端に軽視される。マスコミから無視されたり、市民の日常会話から忘却されてしまうことすらある。

(C)単独・少数党政権

これは議会内議席の過半数を制していない単一政党を与党とする政権である。定義上、多党制の下で発生する可能性が大きいが、二党制においても選挙制度が期待された結果を生まない時には、また、政治環境が要求する時には、発生することがある。近年の議会政治のルールからすれば、「選挙管理内閣」の場合を除いて、あくまでも変則的・例外的な政権である。当該システムの基本価値や議会運営ルールに関する広範なコンセンサスが存在しないところでは、《内閣危機》の可能性を内在させた政権であることが多い。通常は、政権形成に先立って政策協定を結んだり、暗黙の支持を取り付けたりして他党からの閣外協力を仰ぐことになる。政権党は、文字通り、その運命を、他党に委ねているので、《政党間政治》の論理で《見える政治》を忠実に遂行しなければならない。《数の論理》を基礎にした《力の政治》が政党政治であると考える政党には耐え難いほどの禁欲の精神が要求される。政策中心の競合的協同が与野党間で展開されなくなると、その時点で、政権は行き詰り、崩壊過程に入る。政権党の規模を基準にして二パターンに分類できる。

＊p⑤《相対多数政党（第一党）による単独・少数党政権》　過半数議席を獲得する政党がない時、「憲政の常道」論は第一党、つまり相対多数議席を持つ政党に政権担当の機会を与える。第一党の持つ選択肢は三つである。(1)政権担当拒否・辞退、(2)連合政権の形成、(3)単独・少数党政権。第二党以下の政党群、つまり想定される野党陣営（絶対多数を制している）が結束して第一党の政権担当を阻止しようとしている時、また、どの党からも全面的な閣外協力はいうまでもなく部分的な（個別政策別）閣外

協力も期待できない時、選択肢(1)の事態が発生する。こうした事態が発生すれば政権問題は第二党以下の手に委ねられることになる。今日では、選択肢(2)が最も実際的であり、採用されることも多い。過去の経緯や連合形成のコスト―プロフィット計算から、適切な連合パートナーを発見できない時には、選択肢(3)しか局面打開策はない。これは以上のことに加えて、第二党以下の政党群の政党間距離が著しく大きいため、結束した野党陣営による倒閣運動が発生しそうにない時、また、想定される野党陣営のいずれか一党からの全面的閣外協力が期待できる時、さらに、個別政策ごとにいずれかの野党からの支持が期待できる時（案件ごと一本釣りが可能な時）、に選択される方策である。

単独・相対多数政権の経験が多いのはスウェーデンである（表4）。一九三二年から七六年までの四四年間、ごく短期間（三六年六月から九月までの三ヵ月間）を除いて、社会民主労働者党が政権を担当した。その間、連合政権はたった二度しかなく、他はすべて単独政権であった。しかも、単独政権時代に社民党が下院選（七〇年からは一院制）で過半数議席を獲得したことは一度きりであった（六八年選挙：二三三議席中一二五、議席占有率五三・六％）。スウェーデンにおいては単独・相対多数政権こそが通常パターンと言える。[23]

この政権パターンは、定義上は、多党制下のパターンであるが、二党制国家でも発生することがある。例えば、典型的な二党制国家と称されているイギリスでも近年にこれを経験した。一九七四年三月四日に発足したウィルソン労働党内閣である。直前の二月選挙は、一九二九年以来初めてこの国の選挙制度が明白な過半数政党を生むのに失敗した選挙であった。(1)ヒース政権は、過半数議席を失い第二党に転

表4　戦後スウェーデンの政権

首相名	政権担当期間	党派	与党議席数（占有率）		
ハンソン	45. 7.31–46.10.11	社民党	115	(50.0)	44年選挙
エルランデル	46.10.11–48	社民党	115	(50.0)	〃
	48 –51.10. 1	社民党	112	(48.7)	48年選挙
エルランデル	51.10. 1–52	社民党＋農民同盟	112＋30＝142	(61.7)	〃
	52 –56	社民党＋農民同盟	110＋26＝136	(59.1)	52年選挙
	56 –57.10.31	社民党＋農民同盟	106＋19＝125	(54.1)	56年選挙
エルランデル	57.10.31–58	社民党	106	(45.9)	〃
	58 –60	社民党	111	(48.1)	58年選挙
	60 –64	社民党	114	(49.1)	60年選挙
	64 –68	社民党	113	(48.7)	64年選挙
	68 –69.10.14	社民党	125	(53.6)	68年選挙
パルメ	69.10.14–70	社民党	125	(53.6)	〃
	70 –73	社民党	163	(46.6)	70年選挙
	73 –76.10. 8	社民党	156	(44.6)	73年選挙
フェルディン	76.10. 8–78.10.13	中央党＋国民党＋穏健統一党	86＋39＋55＝180	(51.6)	76年選挙
ウルステン	78.10.13–79.10.12	国民党	39	(11.2)	〃
フェルディン	79.10.12–81. 5. 8	中央党＋国民党＋穏健統一党	64＋38＋73＝175	(50.1)	79年選挙
フェルディン	81. 5. 8–82.10. 8	中央党＋国民党	64＋38＝102	(29.2)	〃
パルメ	82.10. 8–86. 3.12	社民党	166	(47.6)	82年選挙
			159	(45.6)	85年選挙
カールソン	86. 3.12–	社民党	159	(45.6)	〃

落したので、敗北であることは間違いなかったが、得票率では依然として第一党であった。中途半端な敗北を前にしてヒース首相は、「どの党も自動的に政権を担当できる地位にない以上、過半数を制する政府をまとめ上げることができるかどうかを見届けるのは首相の責任である」(24)という論理で延命工作をはかった（が、最終的には失敗してしまった）。(2)労働党にしても勝利には違いなかったが、得票率では僅か三七・二%で第二位でしかなかったし、しかも、前回選挙よりも約六%も下降した。小選挙区制が大政党に与える特別ボーナスのおかげで第一党の地位こそ確保できたものの過半数を一七議席も割り込み、第一党の規模としては戦後の最小記録であった。中途半端な勝利を前にしてウィルソン労働党党首は、保守党によるアルスター統一党、自

由党との連合政権交渉を静かに見守り、次のように「憲政の常道」論を展開した。「保守党政権は努力したにもかかわらず議席の拡大に失敗した。そうである以上、彼らには、（わが国の現状を打開するための）イニシアティヴをとる資格はないのである。それゆえ、労働党としては、政権担当の用意ができている」[25]。⑶この選挙は、第一党に過半数を与えなかったばかりか、第三党を中心にした連合構想をも困難にする結果を生んだ。自由党は一四議席しかなく、労働党（三〇一議席）と連合しても、保守党（二九七議席）をパートナーにしても、「五〇％プラス一」を制することはできなかった。このハードルを超えるには三党以上の連合が必要であった。典型的な二党制国家に典型的な多党制状況が突然発生したのである。中途半端なバランサーとなった自由党のソープ党首は連合工作を拒絶した。このような状況を背にウィルソンは単独・少数党政権に踏み切ったのである。

戦後日本にもこのタイプの政権の例がいくつかある（表5）。先ず、一九四八年十月十五日に成立した第二次吉田内閣は、一五二議席の民自党を与党にする単独・相対多数政権であった。五三年五月二十一日に成立した第五次吉田内閣も一九九議席の自由党を与党にする単独・相対多数政権であった。さらに、五五年三月十九日に成立した第二次鳩山内閣も、一八五議席を得て第一党になった民主党を与党にする単独・相対多数政権であった。

＊p⑥《第二党以下の政党による単独・少数党政権》　これは、文字通りの純少数党単独政権であり、今日の議会政治の常識から大幅に逸脱している。戦後日本も一度だけこのタイプの政権を経験した。一九五四年十二月十日成立した第一次鳩山内閣である。この内閣は第二党である民主党（一二二議席）

表5　戦後日本の政権

内閣首班	政権担当期間	単独・連合	与党の議席数その他	政権パターン
幣原	45.10. 9-46. 5.22		(超然内閣)	
吉田(第一次)	46. 5.22-47. 5.24	連合	自由(141)+進歩(93)	p⑦
片山	47. 5.24-48. 3.10	連合	社会(143)+民主(121)+国民協同(29)	p⑧
芦田	48. 3.10-48.10.15	連合	社会(123)+民主(106)+国民協同(32)	p⑧
吉田(第二次)	48.10.15-49. 2.16	単独	民自(152)…相対多数	p⑤
吉田(第三次)	49. 2.16-52.10.30	連合	民自(264)+民主党連立派(両院で41)	p⑧
吉田(第四次)	52.10.30-53. 5.21	単独	自由(240)…絶対多数	p③
吉田(第五次)	53. 5.21-54.12.10	〃	自由(199)…相対多数	p⑤
鳩山(第一次)	54.12.10-55. 3.19	〃	民主(122)…第2党	p⑥
鳩山(第二次)	55. 3.19-55.11.22	〃	民主(185)…相対多数	p⑤
鳩山(第三次)	55.11.22-56.12.23	〃	自民(298)…絶対多数	p④
石橋	56.12.23-57. 2.25	〃	自民(298)	p④
岸(第一次)	57. 2.25-58. 6.12	〃	自民(298)	p④
岸(第二次)	58. 6.12-60. 7.19	〃	自民(298)	p④
池田(第一次)	60. 7.19-60.12. 8	〃	自民(298)	p④
池田(第二次)	60.12. 8-63.12. 9	〃	自民(300)	p④
池田(第三次)	63.12. 9-64.11. 9	〃	自民(294)	p④
佐藤(第一次)	64.11. 9-67. 2. 7	〃	自民(294)	p④
佐藤(第二次)	67. 2. 7-70. 1.14	〃	自民(280)	p④
佐藤(第三次)	70. 1.14-72. 7. 7	〃	自民(300)	p④
田中(第一次)	72. 7. 7-72.12.22	〃	自民(297)	p④
田中(第二次)	72.12.22-74.12. 9	〃	自民(284)	p④
三木	74.12. 9-76.12.24	〃	自民(271)	p④
福田	76.12.24-78.12. 7	〃	自民(260)	p④
大平(第一次)	78.12. 7-79.11. 6	〃	自民(254)	p④
大平(第二次)	79.11. 6-80. 7.17	〃	自民(253)	p④
鈴木	80. 7.17-82.11.27	〃	自民(284)	p④
中曽根(第一次)	82.11.27-83.12.18	〃	自民(284)	p④
中曽根(第二次)	83.12.18-86. 7.22	連合	自民(259)+新自由クラブ(7)	p⑧
中曽根(第三次)	86. 7.22-87.11. 6	単独	自民(304)	p④
竹下	87.11. 6-	〃	自民(304)	p④

を与党とする純粋な単独・少数党政権であったが、「三ヵ月以内に総選挙を行う」という約束を担保にして成立した選挙管理内閣であった。

コンセンサス・ポリティクスの伝統を持つスウェーデンでは、この種の政権も何度かある。特に、一九二〇年代はいわば「少数党政権の時代」とも言える。現在の国民党の前身である自由党の活躍は特に著しい。エクマンという卓抜のリーダーは、僅か一〇％台の議席占有率しか持たぬ小党を率いて二度も政権を担当した。その後社民党が進出するにつれて、第二党や第三党による単独政権は、一応終止符を打った。だが、純少数政党による単独政権は政治舞台から完全に消え去ったわけではない。一九七八年十月、極端な少数党政権が誕生した。七六年の議会選挙で四四年ぶりに社民党が敗北し、中央―国民―穏健統一党のブルジョワ三党連合政権が誕生した。フェルディン中央党党首を首班とするこの内閣は七八年後半、原発問題で閣内調整に失敗し、代わって、十月十三日にウルステン国民党単独政権が誕生した。国民党の議席数は僅か三九（議席占有率は実に一一・二％）で、第四党でしかなかった。《数の論理》にこだわる者には、この規模の弱小政党が単独で政権を担当できるなど思いもよらないであろう。四七歳で首相の座に就いたウルステンは二〇年代のエクマンに劣らぬ政党戦略家であることを証明したのである。

連合政権のパターン

二つもしくはそれ以上の政党が、政策合意を基礎に権力を司祭する政権を連合政権という[26]。政権運営にあたって依拠する与党の規模を中心にして、いくつかのサブ・カテゴリーに分類できる。基礎になるのは、《連合形成地位 coalitional status》であり、主に、閣内与党の数、相対的規模、で構成される[27]。そして、この《連合形成地位》が政党戦略、議会運営スタイル、政権の継続性に影響を与える。

(D)《最小勝利連合政権》――p⑦

この政権パターンは、議会内で信頼に足る過半数勢力を確保するのに必要なだけの党は閣内に含んでいるが、過半数確保に必要でない政党、つまり《余分な党》は一切含まない内閣である[28]。《連合形成地位》が《最小勝利地位》。これは最も一般的な連合政権であり、市民が連合政権について抱いているイメージと合致する。今日の議会政治の基本ルールに一致するだけでなく、《余分な党》を一切含んでいないので、最も望まれている連合である。それ故、他の条件が同じであれば、多党制議会の政党は、政権参加と戦略的・長期的な内閣支配権の極大化を望む限り、この最小勝利政党連合に入り込もうとする。(29)

ただし、《最小勝利地位》を形成する連合パートナーの数は少ないほど望ましいし、そのほうが一般的には安定度も高い。その理由は政党間相互作用の基本的なメカニズムで説明できる。先ず、政権担当に付随する新たなる政治資源（典型的には閣僚ポスト、政務次官ポスト、議長ポスト、院内委員会重要ポスト）には限度があるので、連合パートナーの数が少ないほど、配分効率が高くなる。また、連合パートナーの数が多いほど政党間イデオロギー距離が大きくなり、重要問題になればなるほど合意形成が困難になる。さらに、連合与党の数が多くなると、イデオロギー指向政党とプラグマティズム指向政党が混在する可能性がそれだけ、大きくなる。異質度が高まれば、閣内不統一に陥る可能性も大きくなる。プラグマティズム指向政党は、政権参加から具体的な権力のウマミを得ようとするが、原理・原則に執着する政党は、非妥協的な態度で閣内交渉に臨みかねない。大政党から連合形成交渉に招聘された小党が、その相対的規模を考慮して、《ジュニア・パートナー》として自己認識している場合には、期待充足欲を自己規制できよう。だが、連合交渉に招聘された時点での謙虚さは、一度内閣に入り込んでしまえば忘れ去られてしまうのが常である。閣内与党は、いずれ、《イコール・パートナー》として行動したがる。そのため、二党間の最小勝利連合に比べ、三―四党間の連合のほうが、政党間距離の拡大、政

表6　西ドイツの連合政権

首　相　名	政権担当期間	党派別閣僚数	与党合計議席数（占有率）	選挙	政権パターン
アデナウアー（第1次）	49-53	CDU 6:CSU 3:FDP 3:DP 2	115＋24＋52＋17＝208(51.7%)	49年	p ⑦
（第2次）	53-57	CDU 8:CSU 2:FDP 4:DP 2:BHE 2	191＋52＋48＋15＋27＝333(68.4)	53年	p ⑧
（第3次）	57-61	CDU 11:CSU 4:DP 2	215＋55＋17＝287(57.7)	57年	p ⑧
（第4次）	61-63	CDU 12:CSU 4:FDP 5	192＋50＋67＝309(61.9)	61年	p ⑦
エアハルト（第1次）	63-65	〃	〃	〃	p ⑦
（第2次）	65-66	CDU 13:CSU 5:FDP 4	196＋49＋49＝294(59.3)	65年	p ⑦
キージンガー	66-69	CDU 8:CSU 3:SPD 9	196＋49＋202＝447(90.1)	〃	p ⑧
ブラント（第1次）	69-72	SPD 12:FDP 3	224＋30＝254(51.2)	69年	p ⑦
（第2次）	72-74	SPD 13:FDP 5	230＋41＝271(54.6)	72年	p ⑦
シュミット（第1次）	74-76	SPD 12:FDP 4	〃	〃	p ⑦
（第2次）	76-80	SPD 12:FDP 4	214＋39＝253(51.0)	76年	p ⑦
（第3次）	80-	〃	218＋53＝271(54.6)	80年	p ⑦

CDU＝キリスト教民主同盟，CSU＝キリスト教社会同盟，FDP＝自由民主党，DP＝ドイツ党，BHE＝難民同盟（全国ブロック），SPD＝社会民主党．

治資源の不公平配分を伴うので、議会・政権運営の手続きが煩瑣になる可能性が大きい。

西ドイツ、デンマーク、フィンランド、フランス、イタリア、オランダ、など伝統的な多党制国家にはこのタイプの連合政権がいくつも見られる。戦争直後期（一九四九年）から一九六三年まで西ドイツの政治を指導したアデナウアーも、また、六三年から六六年まで政権を担当した「経済奇跡の父」エアハルトも、最小勝利連合政権の樹立を目指し、それを実現した（表6）。その連合構成はキリスト教民主・社会同盟と自由民主党を基本単位とする保守・中道

表7　フランス第五共和政の政権（1958年以降）

政　権		政権担当政党	与党合計議席数（占有率）		政権パターン
ド・ゴール（1958-1969）					
1958	議会選挙	UNR	199		
1962	議会選挙	UNR-UDT＋RI	233＋37＝270	(56.0%)	p ⑦
1965	大統領選挙	UNR-UDT＋RI	決選投票得票率	(55.1)	
1967	議会選挙	UDVe＋RI	201＋44＝245	(50.3)	p ⑦
1968	議会選挙	UDR＋RI	296＋64＝360	(73.9)	p ⑧
ポンピドー（1969-1974）					
1968	議会選挙以後	UDR＋RI＋PDM	296＋64＋25＝385	(79.1)	p ⑧
1969	大統領選挙	UDR＋RI＋PDM	決選投票得票率	(57.8)	
1973	議会選挙	UDR＋RI＋CDP	183＋55＋30＝268	(54.7)	p ⑦
ジスカールデスタン（1974-1981）					
1973	議会選挙以後	RI＋UDR＋UC＋REF	55＋183＋30＋34＝302	(61.6)	p ⑧
1974	大統領選挙	RI＋UDR＋UC＋REF	決選投票得票率	(50.7)	
1978	議会選挙	UDF＋RPR＋その他	137＋148＋6＝291	(59.3)	p ⑦
ミッテラン（1981-）					
1981	大統領選挙	PS＋MRG＋PCF	決選投票得票率	(52.1)	
1981	議会選挙	PS(＋MRG)＋PCF	285＋44＝329	(67.0)	p ⑧

ゴーリスト系　UNR＝新共和国連合，UDT＝民主労働連合，UDVe＝第五共和政，UDR＝共和国民主連合，RPR＝共和国連合.
ジスカール系　RI＝独立共和派，UDF＝フランス民主連合.
中道派　PDM＝進歩民主派，CDP＝中道民主進歩派，UC＝中道連合，REF＝改革運動.
左翼系　PS＝社会党，MRG＝左派急進運動，PCF＝共産党.

連合であった。さらに、キージンガーを首班とする大連合政権（一九六六—六九年）が解消された後に、社民党時代を現出させたブラント（一九六九—七四年）も二次にわたる政権で基礎にしたのは社民党と自民党による最小勝利連合政権であった。ブラントは、ギョーム事件（一九七四年）という思いもよらぬ落し穴に遭遇して、首相の座を降り、後継ポストを冷徹な超現実主義者であるシュミットに譲った。彼もまた、政局運営の基軸として、自民党との最小勝利連合を選択したのである[30]。

フランス第五共和政でも、連合政権が常態となっているが、最小勝利連合が多い（表7）。戦争直後期の政治を指導したド・ゴールも、「ド・ゴールの皇太子」ポンピドーも、正統ゴーリストを基軸にして、最小勝利連合を形成した。また、ナポレオン以来の若さ（四八歳）で、エリゼ宮への入場切符を手に入れたジスカールデスタンも卓抜の政党戦略を駆使して最小勝利連合を作り上げることに成功した。[31]

戦後日本は連合政権を五度経験したが、最小勝利連合に該当するのはそのうち一度である。一九四六年五月二十二日に成立した第一次吉田内閣。四月十日の第二二回総選挙（戦後第一回選挙）で自由党は第一党になったものの、議席数は僅か一四一で、三分の一にも達しなかった（定数四六四、議席占有率三〇・四％）。終戦直後期の混乱を反映して、政権形成をめぐるさまざまな工作・策謀が展開された後、吉田茂に政権が回ってきた時、斎藤隆夫（国務大臣）など進歩党議員を数名入閣させ、自由―進歩両党を基礎にした保守連合の形をとった。進歩党の衆議院議席は九三であったから、与党の議会内議席は合計で二三四となり、議席占有率五〇・四％の典型的な最小勝利二党連合となった。

(E)《過大規模連合政権》

この政権は、連合から排除しても議会内過半数を確保する上で別段支障のない政党、つまり《余分な党》を、少なくとも一つ閣内に含んでいる政権である。《連合形成地位》が《最小勝利地位より過大》なので《過大規模連合》と呼ぶ。《余分な党》の数が多いほど、また、その相対的規模（議会内票決力）が大きいほど、政権連合の規模はそれだけ一層過大になる。政党政治の世界では、数字的には余分であるとわかっていても、政権形成・運営上どうしてもその余分な党を必要とする時がある。野党時代の親密な共闘関係のため，パートナーシップを簡単に切断できないこともあろう。また，中間に接着剤政党を入れて衝撃を緩和しなければ，政党間距離を短縮できず，従って，連合を組めないこともあろう。過大規模連合政権はまさに，そのような政治算術の所産である。

この政権は，一般に，三—四党以上の連合であることが多い。そのため，政権運用をめぐっていくつかの問題が発生する。(1)限りあるポストを連合パートナー間で公平に配分する作業には困難が伴う。《余分な党》を閣外に放逐すれば，閣僚配分率が高まることを知っているので，政局運営に行き詰ったり，意見が食い違った時などに，閣内政党が不満の声を挙げる可能性が大きい。(2)連合パートナー間のイデオロギー距離が（必然的に，そして不必要に）大きくなるので，「原理の腐蝕」「論理整合性の欠如」を理由に，閣内不統一を演出する政党が生れる可能性がある。特に，イデオロギー指向の強い政党や，野党時代に遠心的競合を展開していた政党が閣内に含まれている場合。また，《隣接同盟型連合》よりも《ブリッジ型連合》の場合のほうが，閣内不統一に陥る可能性は大きい。(3)議会運営は，あり余る与党勢力を背景にしているため，連合与党間の事前協議さえ済めば簡単であるが，政権運営は閣内交渉参与者の数が多いため煩瑣になる。《政党間政治》のみならず《政党内政治》が閣内交渉過程に入り込んでくる。連合パートナーの一角が，政党内政治の激化，つまり「政権離脱派　対　政権固執派」の対立に直面して，崩壊してしまい，過大規模連合が予想されたほどの生命力を発揮できないことがある。

いずれにせよ，このタイプの政権は「政党政治の寡占」を現出させるので，議会政治の規範からすれば，望ましいとは言えない。過大規模連合政権が長期化・常態化すれば，選挙は大政翼賛型選挙に変質し、少数意見は封殺される。野党は無力化し、有効な威嚇力を失ってしまう。真の対抗権力が消滅してしまうため、政党政治の活性は低下する。議会は政府のいうがままに法案を通過させるだけの無力な承認機関になってしまう。政党間競合の場が議会から内閣に移転してしまうからである。このタイプの政権を経験した国としては、オーストリア、フィンランド、フランス、西ドイツ、イギリス、アイスランド、イタリア、ルクセンブルグ、オランダ、スウェーデン、日本などをあげることができる。過大規模連合は、時代背景とその政権に期待されている性格から、二つに分類できる。

＊p⑧《平時・大連合政権》　これは、純粋に政党戦略上の必要から、議会政治の行き詰りを克服するために、あるいは緊急の政治課題を解決するために、平時に組織される過大規模連合政権である。戦後の典型的例は西ドイツにある。一九六六年から六九年まで政権を担当したキージンガー内閣がそれである。この政権は、キリスト教民主（一九六議席）、社会同盟（四九議席）、社民党（二〇二議席）を与党にする大連合政権で、閣内与党の議席占有率は実に九〇・一％であった。議席数僅か四九議席の自由民主党を野党にして、巨大政党が政党政治を寡占したのである。

戦後日本も四度、この種の政権を経験した。一九四七年五月二十四日に成立した片山内閣、四八年三月十日に成立した芦田内閣、四九年二月十六日に成立した第三次吉田内閣、八三年十二月十八日に成立した第二次中曽根内閣である。片山内閣と芦田内閣は、社会党（一四三議席）、民主党（一二一議席）、国民協同党（二九議席）を与党とする三党連合政権であったが、その議席占有率は六二・九％（二九三議席）で典型的な過大規模連合であった。算術的には国民協同党を排除しても「五〇％プラス一」を制することができたが、もともと第二党である自由党（一三一議席）をも含む四党連合を樹立しようとする過程で生れた内閣であるために、国協党の排除は政治的に考えられないことであった。革新ブームに乗って第一党に躍進した社会党と保守第二党である民主党のブリッジ型連合など、もし国協党という接着剤がなければ、考えられなかったであろう。この過大規模三党連合は連合パートナー間のイデオロギー距離の大きさの故に、また、ポスト資源配分の不公平の故に、政局運営に何度も行き詰った。異質度の高い連合では、連合パートナーの政党内政治が全体としての政党間政治の運命を左右することが多い。第三次吉田内閣は民自党と民主党連立派（犬養派）が連合した過大規模連合であった。いわゆる「なれあい解散」で民自党は解散時の一五二議席から実に一一二議席増やし、二六四議席も獲得した。戦後初めて、単独過半数勢力が出現したのである。民自党としては、当然のことながら、単独政権を目指したが、総裁吉田茂は保守長期安定政権を樹立しようとして、民主党の犬養総裁に接近し、衆・参合せて四一名を数える民主党連立派（民主党の議席総数は六九）の切り崩しに成功した。イデオロギー距離の小さい隣接政党を強引に包摂しようとした吉田の連合政権交渉は、「民主党分裂」（四九年三月八日）という副産物を生んだが、したたかな政党戦略家としての一面を党内外に誇示することになった。これ以後、党運営の主導権を掌握し、盤石のワンマン体制を築き上げた。そして、隣接同盟型相互作用の経験をバネに、やがて、保守合同の画策へと突き進んで行くのである。一九八三年選挙で過半数割れした自民党（当選者二五〇、その後追加公認して二五九）が新自由クラブ（当選者八、その後七議席）との間で結成した連合は選挙終了時の合計議席数こそ二五八で、過半数の二五六を辛うじて上回る最小勝利連合であるが、追加公認後は自民単独で二五九議席を確保していたので、過大規模連合政権に類別される（合計議席二六六）。

＊p⑨《救国・挙国一致大連合政権》　これは、戦争や経済危機などの非常事態に直面した時、競合政党が一時的に政治休戦して政権を分有するパターンである。この種の政権は二党制の下でも、多党制の下でも発生する。二党制下の例としては、イギリスのロイド・ジョージ政権（一九一六年十二月六日―一九年十月三十一日）、チャーチル政権（一九四〇年五月十日―四五年五月二十三日）がある。[32]前者は第一次大戦を、後者は第二次大戦の難局を乗り切るための戦時大連合であった。戦争以外の国難を乗り切るために樹立された例としては、マクドナルド内閣（一九三一年八月二十四日―三五年六月七日）など。この内閣の課題は、世界恐慌への対処であった。[33]多党制下の例としては、スウェーデンのハンソン内閣（一九三九年十二月十三日―四五年七月三十一日）など。この内閣の課題は第二次大戦を中立国として乗り切ることであった。日本では、斎藤実内閣（一九三二年五月二十六日成立）以後のいわゆる非常時内閣がこれにあたる。斎藤は政党・軍部の協調を重視して救国・挙国一致連合政権というパターンを採用したが、政党政治の未熟とも相まって、軍部の発言力を強化する結果になった。

これは、非常事態を前提にしてはじめて正当化されるため、樹立要因となった国難が解決され次第、解散されるべきである。国難の継続や未解決を主張していたずらに長期化されたり、居座りが画策されると、「複数部分間の競合」を前提とする政党政治の精神は死滅する。戦時大連合の解消と総選挙の時期をめぐり展開されたチャーチル、シンクレア、アトリー、ベヴァン、モリソンらの駆引きは興味深い。[34]

(F)《過小規模連合政権》——p⑩

これは、二つ以上の政党が連合しても、議会内で「五〇％プラス一」議席を確保できない連合政権であり、連合少数派政権とも表現できる。つまり、過半数支持勢力を確保する上で《必要な党》を閣内に含んでいない政権である。《連合形成地位》が《最小勝利連合より小》。最小勝利連合を形成するために取り込む必要のある政党の数が多いほど、また、その《必要な党》の規模が大きいほど、最小勝利地位からの逸脱はそれだけ大きくなる。[35]

このパターンは単独・少数党政権（p⑤、p⑥）に劣らず、今日の議会政治のルールから逸脱している。この政権の決定的特質は政権の運命をほぼ完全に他に委ねていることである。内閣が負うべき責任を進んで引き継ぐ意思を持った、より大きな連合が登場すれば、政権はその時点で、自動的に崩壊する。[36] また、内閣不信任案が提出されたら、よほどのことがない限り、成立する可能性が非常に大きいので、内閣は常に辞表を胸のポケットに入れておかねばならない。

政党が連合ゲームの中で、このタイプの政権を可能な限り回避しようとするのは、その構造的脆弱性を熟知しているからである。(1)閣僚ポストの配分に関する連合パートナー間の不満は少ない。どの連合与党も得票率を上回るポストに恵まれるからである。だが、権力指向の強いプラグマティズム政党が野党になっている時には、その党が「政権からの排除」を理由に、内閣をことある毎に威嚇するかもしれない。(2)連合パートナー間のイデオロギー距離は（一般に）小さくなるので、政権の思想的凝集力は大きいであろう。だが、それは、（必然的に）野党との政策距離を大きくする。イデオロギー純度を保持しようとすれば、重要法案の提出を差し控えなければならないし、重要でない政策領域であっても、成立を期するのであれば、案件毎に野党を一本釣りする努力を怠れない。野党は大きな威嚇力を背景に政府からの一方的譲歩を要求するであろう。(3)野党に大きな威嚇力を与えるために、議会運営、政権運営は常に行き詰りの危機に直面する。政権レベルでは、連合与党間のイデオロギー距離が小さいため、合意形成は簡単であろう。だが、議会レベルでは、《政党間政治》が過熱するため、合意形成が困難になる。法案を成立させるためには、政府が譲歩しなければならない。相次ぐ譲歩は「原理の腐蝕」を引き起し、連合パートナーの欲求不満を拡大する。卓抜の政党戦略家でもいない限り、この欲求不満は確実に爆発するであろう。

この種の政権は、現実にはほとんどない。少数党政権の伝統があるスウェーデンもこのタイプの連合政権は戦後一度しか経験していない。一九八一年五月八日に成立した第三次フェルディン政権である。七九年選挙で一議席差で社会主義ブロックを破ったブルジョワ・ブロックは七六年に続いてフェルディン（第二次）首班のブルジョワ三党連合政権を形成した。だが、この最小勝利連合は、累進課税率引下げを骨子とする税制改革問題で閣内不統一を露呈し、二年後に崩壊してしまった。中道二党（中央党、国民党）が閣内パートナーとの政策距離ではなく、閣外にいる社民党との政策距離を短縮しようとしたからである。フェルディンは穏健統一党を排除して三党連合を解消した後、空いたポストを中央党、国民党で埋め、過小規模連合の樹立に踏み切った。この政権は、第一党、第二党を野党に回した、三・四位連合政権で、合計議席数一〇二（議席占有率二九・二％）の典型的な（第一党が閣内にいないという意味では変則的な）過小規模連合政権であった。

「政権パターンの見本市」であるイタリアには、シェルバ政権（五四年）、第一次セニ政権（五五年）、第二次アンドレオッチ政権（七二年）、第二次ファンファーニ政権（五八年）、第四次モロ政権（七四年）、第一次コシーガ政権（七九年）、などの例がある（表8）。前三者は、与党の議席占有率が五〇％で、最小勝利連合の印象を与えるが、議会政治における勝利基準は「五〇％プラス一」であるので、過小規模連合に類別すべきであろう。

このタイプの政権が出現するためには、(1)政策後見人として政権を背後から支えるインフォーマルな閣外協力者が存在することが前提となる。また、(2)政権形成過程が一種の拒否権ゲームの場となり、政治的空白が続き、最終的に、「憲政の常道」に従って、第一党（相対多数党）プラス小党に当面の政局運営を委ねようという気運が強くなった時、(3)各党が前政権党の既得権を認めて、次の選挙までの軽量暫定政権として過小規模連合をも拒否しない時、出現する。だが、いずれにせよ、つなぎの選挙管理内閣という性格が強く、大きな政策実現能力は期待できない。《数の論理》が支配する国や、少数党政権の伝統が定着していない国では、あまり想像できない政権パターンである。

三　単独政権と連合政権の論理——政権交代の政治的意味——

政権交代の意味、あるいは一党優位政党制の変則性

複数政党間の競合を前提としている政党システムは、論理的帰結として政権交代（の可能性）を想定

表8　戦後イタリアの政権

首相名		政権担当期間	PSI	PSDI	PRI	DC	PLI	Mon.	MSI	与党議席数（占有率）	政権パターン
デ・ガスペリ	Ⅳ	47. 5-48. 5				◎	○	○		207 (37.2)	p⑤
デ・ガスペリ	Ⅴ	48. 5-50. 1		◎	◎	◎	◎			366 (63.8)	p⑧
デ・ガスペリ	Ⅵ	50. 1-51. 7		◎	◎	◎	△			347 (60.5)	p⑧
デ・ガスペリ	Ⅶ	51. 7-53. 7		○	◎	◎	○			338 (58.9)	p⑧
デ・ガスペリ	Ⅷ	53. 7-53. 8		△	○	◎	△			263 (44.6)	p⑤
ペルラ		53. 8-54. 1		△	○	◎	○	○	△	263 (44.6)	p⑤
ファンファーニ	Ⅰ	54. 1-54. 2		△	△	◎				263 (44.6)	p⑤
シェルバ		54. 2-55. 7		◎	○	◎	◎			295 (50.0)	p⑩
セーニ	Ⅰ	55. 7-57. 5		◎	○	◎	◎			295 (50.0)	p⑩
ゾーリ		57. 5-58. 7			△	◎	△	○	○	263 (44.6)	p⑤
ファンファーニ	Ⅱ	58. 7-59. 2		◎	○	◎				295 (49.5)	p⑩
セーニ	Ⅱ	59. 2-60. 3				◎	△	△	△	273 (45.8)	p⑤
タンブローニ		60. 3-60. 7				◎	△	△	△	273 (45.8)	p⑤
ファンファーニ	Ⅲ	60. 7-62. 2	△	○	○	◎				273 (45.8)	p⑤
ファンファーニ	Ⅳ	62. 2-63. 6	△	◎	◎	◎				301 (50.5)	p⑦
レオーネ	Ⅰ	63. 6-63.12	△	△	△	◎		△		260 (41.3)	p⑤
モロ	Ⅰ	63.12-64. 7	◎	◎	◎	◎				386 (61.3)	p⑧
モロ	Ⅱ	64. 7-66. 2	◎	◎	◎	◎				386 (61.3)	p⑧
モロ	Ⅲ	66. 2-68. 6	◎	◎	◎	◎				386 (61.3)	p⑧
レオーネ	Ⅱ	68. 6-68.12	○	○	○	◎				266 (42.2)	p⑤
ルモール	Ⅰ	68.12-69. 8	◎	◎	◎	◎				366 (58.1)	p⑧
ルモール	Ⅱ	69. 8-70. 3	○	○	△	◎				266 (42.2)	p⑤
ルモール	Ⅲ	70. 3-70. 8	◎	◎	◎	◎				366 (58.1)	p⑧
コロンボ		70. 8-72. 2	◎	◎	◎	◎				366 (58.1)	p⑧
アンドレオッチ	Ⅰ	72. 2-72. 6		○	○	◎	○			266 (42.2)	p⑤
アンドレオッチ	Ⅱ	72. 6-73. 7		◎	○	◎	◎			315 (50.0)	p⑩
ルモール	Ⅳ	73. 7-74. 3	◎	◎	◎	◎				371 (58.9)	p⑧
ルモール	Ⅴ	74. 3-74.12	◎	◎	○	◎				356 (56.5)	p⑧
モロ	Ⅳ	74.12-76. 2	○	○	◎	◎	△			281 (44.6)	p⑩
モロ	Ⅴ	76. 2-76. 7	△	○	△	◎	△			266 (42.2)	p⑤
アンドレオッチ	Ⅲ	76. 7-78. 3	△	△	△	◎				262 (41.6)	p⑤
アンドレオッチ	Ⅳ	78. 3-79. 8	○	○	○	◎				262 (41.6)	p⑤
コシーガ	Ⅰ	79. 8-80. 3	△	◎		◎	◎			291 (46.2)	p⑩
コシーガ	Ⅱ	80. 3-80. 9	◎		◎	◎				340 (53.9)	p⑧
フォルラーニ		80.10-81. 5	◎	◎	◎	◎				360 (57.1)	p⑧
スパドリーニ		81. 6-	◎	◎	◎	◎	◎			369 (58.6)	p⑧

（注）◎＝政権参加，○＝閣外協力，△＝新政権の信任投票で棄権（新政権の樹立は認める）．
PSI＝社会党，PSDI＝社民党，PRI＝共和党，DC＝キリスト教民主党，PLI＝自由党，
Mon.＝王党派，MSI＝社会運動．

（出所）Di Palma, *Surviving without Governing*, 1977 ほか．

している。ここで、理論的には政権交代を想定していながら、実際には、その現実的可能性が極端に制限されている政党システムにおける政党間相互作用を考えることによって、政権交代の意味を考えてみたい。複数の部分［part＝party］間の相互作用を前提としながら、政権交代がないために、特定の部分が常に全体 whole でもあるかのように権力を独占している政党システムの典型例は一党優位政党制である。

一党優位下の政権党は、選挙にも議会にも《政党内政治》の論理で臨む。選挙では、法的には政党間競合が保証されていながら、結果がほぼ予測できるため（単独過半数を達成できるだけの候補者を擁立するのは政権党だけ）、半・競合の性格が強い（特定の選挙区では、野党が本格的候補者の擁立さえ断念してしまうので、政権党内の公認候補調整・決定段階で、本番選挙の結果が予測される。この場合、《擬似競合》と呼ぶのが妥当）。一方で無反省の優越感、他方で無力感・挫折感が選挙過程を支配する。選挙は政策中心の合理的選択の場というより、「常勝政党」と「敗戦必至の政党」の陣取りゲームになる。大きな意味を持つのは、むしろ、党内発言力強化を目指して激しくせめぎ合う派閥間競合（部分の中の部分間の競合）である。党内覇権争いがそのまま政権の帰趨を決めるからである。各派は党の選挙機関とは別に、独自の選対本部を設け選挙戦を展開する。インフォーマルな政党内政治が、既に選挙レベルから、フォーマルな政党間政治以上に白熱する。

法案の運命は、党内世論を破片化するほどの重要問題でない限り、また、党議拘束力がよほど低下しない限り、議会に上程される段階で既に決まってしまうので、立法過程は形骸化し、慎重な創造的審議の場というよりは、脚本を忠実に消化していく祭典式場になりがちである。政権党は万年与党として圧倒的な政治資源を活用できるので、環境変化への適応力を増大することもできるし、変化吸収のシナリオすら書ける。審議の実質は、政権党の内部過程に移行してしまう。そして、議会過程では、「何でも賛成党」対「何でも反対党」の正面衝突。政権党は、徹底抗戦主義、審議中断策しか持たぬ無力な野党を連帯保証人にして、《数の論理》で議会政治を抑圧する。多数決原理は《強行採決の論理》へと簡単にスリ替えられてしまう。世論を二分する政策課題ですら問答無用型強行突破の対象になることがある。市民不在という批判も次回選挙までは持続しないことを見越したかのように。議会は政府提出法案を自動的に承認する法案工場、自動的法案登録所となり、野党が修正を勝ち取るためには、政権党の寛容と慈悲（そして、権力のオゴリから定期的に噴出する大臣や各種委員長、議事運営担当者の失言、失態）に期待しなければならない。

政権交代の欠如は、政権党に動脈硬化をきたし、モラル感覚を衰退させ、鋭敏な公正・正義感覚をマヒさせる。長期政権化によって《政党内政治》と《政党間政治》の境界が不明瞭になるからである。次第に醸成される《天下党》意識が、拍車をかける。内実は《見えざる政治》で決定し、見える政治には追認だけを求めるという行動様式が定着する。政権喪失の恐怖から解放されているため、政権党は膨大な補助金、許・認可権を駆使して、利益誘導・分配メカニズムを構築する。システムの価値を受容する巨大利益には手形決裁を保証しながら、「抱込み・系列化」する。望ましい資源を提供できぬ利益は、徹底的に排除される。その結果、政治腐敗が恒常的に発生し、構造化されてしまう。だが、部分（政党）と全体（政治システム）の境界認識が稀薄になっているため、自浄力はもはや期待できない。全体から引き出したエネルギーが部分を作動させる燃料になっているからである。この段階になると選択肢は二つしかない。政党存立の分岐点（政権喪失）に向けて、惰性で政党内政治の論理をエスカレートさせるか、延命メカニズムを力で制度化させるか（当面は選挙区の私有財産化・世襲化、最適解は小選挙区制の強行）。

一方、野党は政権党の党勢に威圧され、政権に肉迫する覇気を次第に失っていく。万年野党という快適な地位に慣れるにつれ、政権代案の構築に投入すべきエネルギーが野党陣営内のヘゲモニー争いと党内抗争に投入されるようになる（政党間政治の領域では異議表明だけ）。《包摂の論理》は《排除の論理》に取って代わられ、政権は一層遠のく。一種の唯我独尊主義が野党を分裂させるからである。組織には惰性が侵入し、いずれ硬直化・官僚主義化する。陣営内覇権争いは、よしんば必要だとしても、野党にはあくまでも二次的代償行為に過ぎぬはずである。だが不幸にして、この種のシステムでは政権打倒の有効な武器が「政権党のスキャンダルや不始末」に限られているため、平常時の野党エネルギーは陣営内政治休戦の調整や政権代案の構築よりも「正当争い」に注がれる傾向が強い。

連合政権の論理　単独政権の論理

連合政権はある構造的矛盾を内在させている。選挙では異なったラベルで激しく競合した複数の政党が、選挙後に共通の目的を設定して協同関係に入り、議会政治を運営するという矛盾である。異なったラベルは違った世界観、非妥協的な政策領域の存在証明である。それでいて、政権を協同で担当するということは、ラベルを信頼した支持者には、程度の差はあれ、裏切りを意味する。この《信頼》と《裏切り》、《競合》と《協同》という矛盾・緊張関係の中で連合政権は成立し、運用される。市民（生活）や選挙レベルで表明される競合（対立利益）を、議会・政権レベルで統合し、市民にフィードバックさせることこそ連合政権の特質である（政権レベルで統合をフォーマル化するシステム）。ある程度のイデオロギー距離を持つ複数の政党が、妥協点・合意点を発見するよう要求する。それは必然的に、《部分的勝利感》しか与えることができない。だがそれは、多くの市民に《部分的敗北感》しか与えない政治とも表現できる。連合政権は《強い政府》への希求ではなく、《民意対応力》への期待を基礎にしている。合意形成力を維持できぬ時、この《部分的勝利感》《部分的敗北感》が不満となって爆発する。行き詰りを招くかもしれないし、それが、政局不安定と映ることもある。いわゆる《連合政権の神話》は、この矛盾関係を論拠にしている。だが、L・ドッドが見事に分析したように、連合政権が短命政権を生むという推論は、現実にはそれ程の検証力を持っていない[37]。価値観が多様化し、納税者意識が強い（従って、先行投資の部分的決裁を要求する市民が多い）西側先進諸国で、多党制・連合政権が一般化しているのは、ゼロ・サム的緊張関係を慎重に回避して、少数利益にも対応する政治が強い政府の前提と考えられているからかもしれない。

単独政権もある矛盾を前提にしている。一つの部分に全体の運営を委ねて、部分の統合を実現できるかという矛盾である。つまり、一つを除く敗北感を与えられたすべての部分を、一つの部分はどのように統合するか。政権党の支持者が感じたいのは《部分的勝利感》ではない。彼らの党への信頼感は、勝利＝政策の全面的実現という期待であり、異なったラベルの下で競合した他党との協同（妥協・合意形成）は、裏切りである。政策作成に際して論理整合性を重視しながら、一貫性・継続性を持った政策を勝者が断行することこそ政権党に課せられた《統治責任》であり、政府は何よりも《強い政府》でなければならない。連合ではないので、パートナーとの距離を考える必要もない。ひたすら《イン》《アウト》の対抗関係で政局運営すればよい。社会全体の統合は強い政府が権力を作動させる過程で、諸部分の分裂力を吸収すればよい。強力な政府を期待する部分（「五〇％プラス一」ゲームで勝利を確信する社会的利益）が好んで口にする《単独政権の神話》である。

単独政権にとって《民意対応力》とは、選挙での多数意見（従って、多数者の利益）への対応であり、隣接利益へのウィング拡張である。射程拡張の背後にあるのは、次回選挙で敗北したくないという恐怖心である。政権喪失の恐怖から解放された単独政権は、容赦なく《数の論理》で議会政治を押切る可能性がある。イデオロギー距離の大きい少数者の利益など可視領域外の存在である。強い政府による一貫した政策の断行を期待する支持核集団の利益を損なってまで、少数利益を考慮し、妥協や合意形成を工作する必要などないからである。単独政権が常態になっているシステムで、少数部分の機会均等を確保するのは、定期的な政権交代である。政権交代がなければ政権から疎外された少数者は永遠の少数派になり、権力の慈悲にすがるしかない。貧しき時にも慈悲の心に期待できれば別だが……。

第四章　政党と議会——議会政治の駆動力——

一　議会内法案作成過程と政党

議会内立法過程

E・スレイマンが指摘しているように、普選が市民動員装置としての近代政党の発生を促したが、政党が同じパターンで機能しているわけでも、議会過程に同じ衝撃を与えたわけでもない。政党政治の世界は多様である。ただ、いずれにせよ、政党が議会過程の中心に位置していることには変りはない。(1)

議会内立法過程は、議会召集→法案提出→委員会への付託→委員会審議→本会議場審議・票決→公布、というプロセスを辿る。どの段階でも、政党が重要な機能を演じている。また、この過程と並行して、あるいは事前段階で、情報活動（政策課題の発見、政策審議・調整）に従事する。(2)

政策課題の発見

課題の発見、これが法案作成活動に点火し、フォーマルな立法活動をスタートさせる。政策課題は外部からの要求という形で浮上することもあるし、内部からの問題提起という形で明確になる場合もある。政党は整備された情報機関を配置して、内外から送られてくるメッセージを受信・分析・分解・圧縮

（濃縮）・評価・加工する体制を整える必要がある。(3)

外部（利益団体、マス・メディア、官僚機構）からの問題提起については情報受信装置の整備と情報を受信・分析・解釈できる専門家の配置が必要。地球規模の相互依存が拡大している今日では、国際政治・経済情報をリアル・タイムに情報処理できる機構の整備も必要。環境からの挑戦に対して迅速な政策対応力を持たぬ政党は、《統治責任能力》を獲得できないであろう。内部からのアイデア提供については組織内相互交流の活性化が必要となる。内部（地方組織、後援会組織、本部組織内各部門、議員、派閥、政策集団）から表出された要求は、発信源が市民との接点に位置するだけに、特に重要である。それが、巨大利益団体からの陳情、後援会員からのネダリ、族議員からの要望という形で表出された時、次回選挙を考えると無視できない。だが、それに政策課題を限定すれば、組織外市民との距離は拡大してしまう。政党という際限無き拡張論者は、特に政権意欲を持つ政党は、先ず《支持核集団》の利益を固め、その周辺利益にまで侵攻しようとする。逆に、政権意欲を喪失した政党は、《支持核集団》に焦点を限定してしまい、そのため基盤拡大が一層困難になってしまう。

法案の提出→委員会への付託

党内で政策として採択された課題は、議員立法案または政府提出法案という形で議会に提出される。どの形態をとるにせよ、政党が政策立案・作成・提出の仕掛け人である。課題の複雑化・細分化・専門化につれて、議員の理解力では政策対応ができなくなった。議員立法の減少、政府提出法案の増大が例証しているとも言える。政党の情報産業化、政策プロ集団化は《民意対応能力》を要求する選挙デモクラシー下の政党が回避できない変身過程であった。政策プロを内部調達できる政党は、組織内英知を結集・動員して、法案作成作業を行う。外部調達しなければならない政党の場合は、彼らを利用できる合法的権威や雇用資金が必要である。与党、とりわけ一党優位制下の政権党は、最大のシンク・タンクともいえる官僚機構の知性・情報・技術を有利に借用・利用できる。

委員会審議

議会に提出された法案は、委員会に付託され、詳細な審議・調査が行われる。ここでも、審議の駆動力は政党である。委員長の選出も、委員会の議席配分も政党単位で行われる。発言・質問時間も、原則として、政党単位で配分される。委員会審議の実質は、行政国家における情報エリート集団とも言うべき官僚の専門技術・情報・知識に負うことが多い。巨大な組織力、膨大な資金、最新の情報機器、優秀なマンパワー、専門情報技術、精密な情報ネットワークを駆使して収集された調査・研究情報の大貯蔵庫とも言える。情報を「生産→収集→蓄積→検索→利用」する過程を《情報過程》と呼ぶが、官僚機構は三つのフィード・プロセスを、潤沢な情報資源を背景にして統制している。①フィードバック・ループ（システムのアウトプット、パフォーマンスに関する過去を基線にした戦略情報の流れ）、②フィードフォワード・アーク（システムのインプット、もしくはインプットをめぐる環境の性向に関する未来を基線にした戦略情報の流れ）、③フィードウィズイン・サーキット（システムの諸部分間を流れる情報・資源に関するカレントな戦略情報の流れ）を、効果的にコントロールして、情報生産・流通過程に大きな影響力を及ぼしている。(4)

政策過程の実質が官僚機構に握られているという表現は必ずしも正確ではない。党は積極的に政策スタッフを充実させているし、優秀な政策マンを雇用している議員もいる。さらに、議員自身がいわゆる族議員と呼ばれるほどまでに特定政策領域の専門家にまで成長し、政策策定をリードすることもある。[5]それでもなお、政党政治家の政策能力については信頼度が低い。実際、政治過程において本来は従属的役割しか期待されていないはずの官僚がパワー・エリート化し、いずれ政治過程を支配するのではないかとの懸念は、改革派にも保守派にも等しく抱かれている。S・アイゼンシュタットの疑問はこのディレンマを表現している。「官僚はマスターなのか、それともサーヴァントなのか。独立した機関なのか、それとも単なる道具なのか。もし道具であるとすれば、それは誰の利益のために奉仕するのか[6]」。

官僚は政策過程で必要な知識・情報を組織を通じて、具体的には分業と専門集中を通じて、獲得する。そして、その知識・情報が力の源泉になる。巨大組織には、人材育成力が備わっている。個人でなら達成できそうもない事業でも、複雑な組織システムに加入することによって達成できるようになる。複雑な問題を、より小さく、より扱いやすい単位に細分化し、それを別々に処理し、個別処理した後に、再び統合するという手順で、本来なら着手困難な問題でも解決してしまう。分業による課題解決手法は特別な技術的資質を備えていない者にも、専門知識を学習させてしまう。官僚が専門知識を獲得する第二の方法は、特定領域への集中である。同一業務の反復によって、官僚機構は極めて重要な実用的専門知識を経験的に蓄積する。時と共に、この知識は官僚機構の記憶装置の一部として残り、内部研修を通じて次世代に伝達されていく。官僚機構の仕事は見た目には難しそうではない。だが、継続と反復は力である。特定問題に継続的な注意を払うことができるので、広範な問題に時間を分断されてしまう政党政治家に比べ、政策接触・精通度という点で、圧倒的に有利になる。官僚は特定問題に集中しているだけでなく、政治家よりも長い時間接触しているのである。(7) ここでは、政党政治家が審議を充実させるためには、官僚の協力が必要であるという現実を指摘しておけば、審議の実質を誰が握っているかにこだわる必要はない。

党内事前審議・審査

法案が議会に上程され、委員会審議が開始されると、(場合によっては、それ以前に)当該問題に対する党の態度を明確にするための作業を開始する。党内審議で特に重要なのは与党内の事前審議・審査である。政府法案という形を取ることが多いため、また、原則的には、与党が過半数議席を有しているため、成立可能性が大きいからである。党議拘束力が欠如していない限り、政務調査会などの政策審議・調査機関を中心とする審議・調整が法案の実質的運命を決定する。

本会議での審議・票決

委員会審議を経た法案は、本会議での最終的な票決の後、正式に成立する。政党線を超えて他党と投票行動を共にする交差投票が伝統として定着している国では、案件別連合が法案の運命を左右する。また、党議拘束力や党規律が極端に弱い政党がいくつも存在している議会でも、投票連合の形成が法案の運命を決定する。さらに、大政党の提出法案でありながら、選挙区事情などから、党内世論が二分化されている場合にも、執行部への反乱の可能性があるため、連合次第で廃案になることもある。そして、一般に、政権党は法案の権威を高めるために、できるだけ多くの野党からも賛成票を引き出したいと願っている。法案成立シーンを野党が退場してしまった議場で目撃したがる政権党のリーダーなどいない。票決の場では、どの政党も過大規模投票連合の信奉者になる。

二　利益連合の形成――法案別投票連合の形成――

利益連合の形成

政党は、規模に関係なく、議会内影響力の極大化を目指す。次回選挙にフィードバックされて得票率極大化に繋がるからである。政権など望み得ない破片政党といえども、支持核集団の利益を実現するために、関連法案については、他党と連合して成立・廃案を目指す。政権が既に射程距離に入っている党は、支持拡大を狙って法案別に利益連合を形成し、政権に肉迫しようとする。連合次第では、政府提出法案を拒否し、政権党に敗北感を与えることができる。現に政権を担当している党も、単独審議・単独裁決を繰り返せば、権力の横暴・独走という批判に直面するので、政権レベルではともかく、議会レベルでは他党と連合して、法案の普遍性を誇示しようとする。

議会は、選挙を通じて表明された市民の欲望を調整する場であり、この欲望調整機関を支配するルールは「五〇%プラス一」である。それ故、政党は過大規模勝利連合を形成して、支持核集団の期待に応えようとする。議会では最小勝利連合は必ずしも望ましいことではない。賛成者に劣らず反対者が多いことを証明するだけである。議会連合では、《協同的定和ゲーム cooperative constant sum-game》の性格が強いため、勝ち過ぎても高くつかない。一方、ポストの数に制限のある政権連合では《競合的ゼロ・サム最小勝利連合モデル competitive zero-sum-minimum coalition model》の性格が強いため、最適勝利が肝要になる。[8] また、過小規模連合は意味を持たない。議会ルールでは敗北である。かくて、政党は過大規模利益連合の形成を目指すことになる。圧倒的多数で可決すれば、法案の正当性を誇示できるし、圧倒的多数で否決すれば、再提案の策謀を挫くことができよう。

法案別投票連合

議会内利益連合の形成という視点は、特にアメリカ政治で重要である。[9] アメリカの政党政治は、二党制と分類されることが多い。内実はともかく、表面的（ラベル的）には、二党制であり《政権交代型・単独・過半数政権》を輩出するシステムと考えることができる。だが、権力の仕組み（大統領制）、市民の政党観、有権者の投票スタイル（例えば、スプリット・ボート）、規律の強度、に決定的相違があるため、イギリスとは様相を異にしている。政権の形成・運営過程で政党が果たしている役割は、イギリスとは大いに違っている。大統領を中心に展開される《パーソナル連合政権》の政党政治システムと考えるのが妥当である。だが、ラベルを重視すれば、ホワイト・ハウスと議会の支配権が同一の政党にある時には《単独・過半数政権》に近くなるし、ホワイト・ハウスの与党が少数派の時には《単独・少数党政権》に接近すると考えられる。但し、議院内閣制を基礎にしたカテゴリーに無理に当てはめる必要はない。重要なことは、アメリカ政党政治の内実が、大統領中心の《パーソナル連合》によって運営されているということである。

D・アーノルドは、大統領を《連合リーダー》と呼んでいる。確かに、政権は政党線に沿って組織されている。だが政党が統治するわけではない。リーダーや行政スタッフを補充することと、こうした公職保有者に党の立場を支持するよう動機づけることとは全く別問題である。アメリカの二大政党は、政府に対する党の支配権は限定されていると考えている。政党はあくまでも議会内組織単位なのである。[10]

政党は大統領に(1)政党のシンボル、(2)選挙リーダー、(3)組織リーダー、(4)政策リーダー、の役割を与えている。[11]だが、大統領がその政府を組織し終わると、政党は満場一致の服従など与えようとはしない。大統領と全く異なる選挙区を背景にしているため、また、伝統的に党規律が欠如しているため、議員は簡単に《党首への反乱》に走る。反乱の容易さは、例えば、議会内票決に際しての《挙党一致投票》率の極端なまでの低さで証明されよう。[12]党議拘束力が強い国では想像できぬ低さである。アメリカの政党政治を「《イデオロギー距離》のほとんどない二つの保守政党間の相互作用」との図式で考えれば、それで納得できるのかもしれない。だが、責任政党の生命線が公約実現にあるとすれば、無秩序な議会活動は、責任政治の障壁になるであろう。ところが、皮肉にも、「どちらの政党も《凝集力》を欠如している」という事実が政党政治の死滅を救っているのである。R・スコットとR・フレベナーが『危機に立つ政党』で指摘しているように、「《アウト》、つまり政権外政党が実効力のある真正野党を構成したことはめったになかった」のである。[13]換言すれば、大統領には、説得、利益誘導、物理的力の行使、世論工作などの方法を駆使して、法案別投票連合を政党線を超えて形成する余地が残されているのである。ここで、イギリスとの相違を指摘できる。イギリスの単独・過半数政権は、党議拘束力を基礎に、自動的に与党からの支持を期待できる。一方、党議拘束力の欠如したアメリカでは、大統領の所属政党が過半数を制していたとしても、自動的支持をあてにできないのである。議員が党ラベルを基礎に票決しようとする傾向がないわけではない。だが、その程度は極端に低い。政権運営の多くは、政党ではなく、大統領の個人的政治手腕、つまり法案別投票連合の形成能力に委ねられているのである。

また、アメリカでは、制度上、ホワイト・ハウスの支配権と議会の支配権を別の党が掌握する可能性があり、実際、そうした事態が何度も起こっている。そこから、行詰りを想像することも可能である。確かに、こうした事態に直面した大統領は、自党からの支持すら獲得し難いものである(14)。だが、任期固定制という強力な武器に守られて、不信任案の恐怖に怯える必要はない（逆に、解散・総選挙という宝刀はない）。政党線を超えた法案別利益連合を形成して政権を運営できる余地は、（想像に反して）大きく残されている。議会内《投票連合》形成力が大統領の政治的力量を決定する。

連合形成のコスト―プロフィット

政党は、対内的均衡と対外的均衡の調和点を求めて、連合形成交渉の意思決定を行う。最終協議の段階では、連合加入に伴うコスト（c）とプロフィット（p）が冷静に計算される。連合形成に伴うコストとプロフィットは次のように整理できる。ここでは、多党制下の政党戦略について巧妙な分析枠組を提示したG・フェブロンの研究を手掛かりに論述したい。

［c 1］自党の基本的評価システムからの逸脱――妥協によるものであれ相互援助行為によるものであれ、これは連合形成に必ず伴う必要経費である。そうでなければ、別の政党を作っている理由がない。

［c2］政党イメージの部分的崩壊――隣接同盟型連合の場合には軽くてすむ。但し、イデオロギー指向の強い政党の場合は、隣接連合でも（いや隣接連合だからこそ）「裏切り」論が出るかもしれない。これは得票率極大化、議会内影響力極大化、党内団結の実現という基本目標間の葛藤を引き起こす。連合形成は議会内影響力極大化を最優先目的としているが、そのために、得票率極大化への努力と党内団結の実現に向けた努力にマイナス効果を与えるかもしれない。また、有権者や党員の抱く信頼感イメージにも影響を与える。

［c3］政治化できる問題領域の狭少化――連合形成は少なくとも一つの他党を支持することを意味する。そのため、連合形成の対象になっている問題領域を得票率極大化戦略に活用できなくなる。

［c4］コミュニケーション・コストの増大――連合形成によって、支持者の党イメージから大幅に逸脱してしまうと、自己弁明のためのコミュニケーション・コストが増大する。特に、思想純度を強調する政党の場合にはそうである。

［c5］選挙前線での混乱――連合形成の理由・経緯が下部まで浸透しないと、選挙の最前線で混乱が生じる。机の上では笑顔で握手しながら、机の下では激しく蹴り合うことになるからである。隣接連合は形成するのは容易であるが、説明するのは困難である。「それなら何故、連合ではなく合同しないのか」という疑問に回答する必要がある。論理整合性を重視するプログラム政党の支持者は、納得しないかもしれない。

以上のコストを必要経費として支払いながらも、政党が積極的に連合交渉に乗り出すのは、次のようなプロフィットが見込めるからである。

［p1］プログラムの部分的・全面的実現——責任政党は、何よりも先ず、選挙公約に忠実たろうとする。「オール・オア・ナッシング」よりも「サムシング」を優先させたとしても不思議ではない。支持者から具体的成果を要求される傾向が強いプラグマティズム政党は、常に連合交渉のドアを開放しておかねばならない。

［p2］好ましくない党のプログラム実現阻止——敵対する政党が支持する法案に対して一種の《拒否権連合》を形成し、廃案に追い込むことができれば、対象問題についてベストの結果を実現できなくともワーストの結果だけは回避できる。

［p3］党の有力イメージの改善——特に、政権から疎外され続けている弱小政党にとって、存在を誇示し、有利なポジションを獲得する手段となる。

［p4］他の政策領域についても連合パートナーの見解に影響を与える可能性——どの政党も政策間の論理整合性を、完全には、無視できないからである。

［p5］連合外政党の見解に影響を与える可能性——共同戦線樹立イメージを背景にして、連合諸党は強力に自己アピールできる。これは、連合外政党の態度修正の誘因となりうる。但し、連合形成と発表のタイミングが重要になる。

［p6］選挙前線の部分的平和化——議会で共闘している政党が選挙前線で激しく争うことは好ましくないので、政治休戦が成立する可能性がある。それが誘因となってコンセンサス範域が拡大するかも

しれない。但し、そのためには、コミュニケーションの徹底と信頼感の確立が必要条件となる。

［p7］態度変更・軌道修正の口実提供——望ましく、また、どうしても必要とも考えられているが連合加入というキッカケでもなければ実行できそうもない態度・軌道の変更・修正作業に格好の口実を与える。

［p8］議会関連資源の増大——特に、人的資源。単に頭数だけではない。自覚に欠けている議会運営戦略家、宣伝のプロ、政策マンを一時的に自己資源化できる。

［p9］コミュニケーション・コストの低下——支持者が、詳細な説明や厳密な論理整合性を要求しないプラグマティズム政党にとっては、メッセージ数の減少とチャネルの増加によって、効率を向上できる。連合パートナーのコミュニケーション・ネットワークに接近し、活用できることは魅力である。

［p10］議会内影響力の増大——決定作成過程での発議機能は政権党によって演じられることが多いので、（議会レベルの連合でも）政権党との連合実績を積み重ねることで、事前協議・調整の場を政権党から提供されるようになるかもしれない。

［p11］人材育成の機会提供——連合交渉は限られた時間的制約内で、政治家が経験と実績、戦略、英知を駆使して合意点を発見していく政治的創造の過程であり、多彩な利益、野望が交錯する優れて人間的なクロス・ロードである。優秀な政党戦略家を育成する絶好の場であると言える。[15]

連合形成交渉の戦略：基礎情報

連合過程は、情勢分析→発議・提案→交渉準備（予備交渉）→交渉→党内協議→決定→実行→解消、

という プロセスで行われる。全過程で情報確度が重要になる。少なくとも、次の項目について、正確な情報を獲得しなければ、連合形成に進めないであろう。

①政党の相対的規模——票決力測定基準、パートナー選択基準になる。

②連合に対する自党の党内世論——ⓐ連合待望・促進派の規模とその中心人物。ⓑ反・連合派の規模とその中心人物。ⓒ現時点での党内団結力——逸脱グループの存・否、規模、強度。ⓓ反・連合派が連合形成によって党内野党宣言する可能性とその規模。ⓔ連合形成によって離党グループが発生する可能性とその規模。

③想定される連合パートナー——ⓐ連合促進派の規模とその中心人物——交渉窓口の選定。ⓑ反・連合派の規模とその中心人物——連合派に転向する可能性。ⓒ現時点での党内団結力——交渉相手としての信頼度測定。ⓓ党内野党が発生する可能性と規模——実質的な議会内票決力の測定。ⓔ脱党グループが発生する可能性とその規模——交渉中止・継続の判定。

こうした項目に関する確度の高い情報を獲得することは容易ではない。政党や派閥は、想像されるほど、一枚岩的団結力を保持できないからである。選挙区事情や個人的野望などが複雑に絡んでくる。一般的には、確度の高い情報を持っているほど、交渉開始の決定が容易になり、有利に交渉を進めることもできる。また、交渉相手からの信頼度も高い。

連合形成交渉の戦略：情報分析・判断

連合戦略では、特に規模の小さい行動単位の場合には、イニシアティブをとることが、重要である。

奇襲作戦はともかく、機先を制すれば、その後の論争を指導できるし、時間圧力を背景に相手の態度決定に大きな影響を及ぼすこともできる。さらに、政界再編の起爆剤となる可能性もある。そして何よりも、有権者や支持者に存在感を誇示できよう。だが、先制攻撃には、いくつかの危険も伴う。⑴態度決定を遅らせた党よりもはるかに大きい情報不確実性の下で行動しなければならない。⑵論争の焦点になることはできるが、好感を生み出せない場合には、集中攻撃の対象となり、最悪の場合には、政界で孤立してしまう。黙殺されてしまえば、否定的な存在感だけが残る。⑶機先を制するためには、ある程度の正確さを持った態度・展望を表明しなければならないが、自己正当化のために感情移入すればするほど、政局推移の中で修正・変更することが困難になる。

効果的な先制出動が時局運営の主導権を握る鍵であることを熟知した戦略家は初期交渉過程で、以下の七点について情報分析・判断するであろう。

①連合提案の起源――ⓐ取敢えず観測気球を上げ、情勢分析するためには、組織の正式提案として組織の名で提案すべきか、それとも個人の資格で議員がインフォーマルに提案すべきか。ⓑ相手の提案はフォーマルなものであるか。組織の正式決定でなく、単に個人的見解だとすればフォーマルな意思とどのような関係にあるか。

②提案の方向――ⓐ提案は相手を特定化して提出すべきか、すべての政党、集団に向けて提出すべきか。あるいは、方向の指示を一切控えるべきか。ⓑ相手の提案は自分達に向けられているのか。そうでなければ、本意はどこにあるのか。あるいは、明確な方向を指示しない単なる一般論か。

③提案の明確さ・正確さ――ⓐ提案は明確かつ詳細に規定すべきか、それとも一般的な方向線のみを指示して、交渉の余地が多いことを暗示すべきか。その場合、信頼感イメージを損なわないか。ⓑ相手の提案は正確で詳細か、それとも単なる一般論か。もし後者なら、交渉の余地を暗示するためか、それとも関心の欠如によるのか。

④提案に対する感情移入度――ⓐ提案に対する議員の感情移入度はどれくらいか。交渉の場や提案作成に当たって党内世論の強度をどれくらい強調すべきか。ⓑ相手の党内世論は提案をどの程度支持しているか。真剣度を公式態度からどの程度読み取れるか。

⑤コスト計算――ⓐ提案は選挙、党内レベルでマイナス効果を持っているか。ⓑ相手の提案はどのような損失を相手組織に与えるか。もし、コストの高い提案だとすれば、真剣に提案しているのか、実行可能と考えているのか。暇潰しに付合う必要はない。

⑥他の政策領域との関係――ⓐ提案は他の問題領域に対する態度と論理的に一致しているか。また、以前の態度とも一致しているか。ⓑ相手の提案は論理的矛盾がないか。他の問題領域に対する態度や以前の態度と一致していなければ、信頼して良いのか。

⑦タイミング――ⓐ提案は緊急を要するか。長期的展望に立って、望ましいものか、また短期的にはどうか。提案に時間制限を盛り込むべきか。ⓑ相手の提案は時宜を得たものであるか。緊急性を強調しているとすれば、本意はどこにあるのか。(16)

三　議会過程の形骸化と新たなる寡占者

利益の系列化

議院内閣制の下では、政権党の党議拘束力がよほど弱い場合は別として、また、執行部が党内世論の成熟を待たずに、重要法案を唐突に提出するという挙に出ない限り、野党連合が与党提案を打ち破る可能性は小さい。政権党執行部は、権力に付随するさまざまな資源を活用して、党内結束を実現できるからである。魅力的なポスト、政治資金、選挙での公認ラベル。団結強化に活用できる資源は多い。議員の名誉欲や権力渇望を充足する利益誘導策、落選の恐怖を暗示して忠誠を確保する威嚇策にこと欠かない。反乱議員を冷遇して、続発を阻止することも可能であろう。政党の背後に位置し、権力の座に押し上げてくれた支持核集団への忠誠と恐怖心も、反乱の頻発を抑制している。政党は、膨大な政治資金、[17]優秀な人材、投票動員してくれる支持核集団が背を向けたら、政権維持が不可能であることを熟知している。支持核集団の要請・指令には、優先順位を変更しても、また、組織外世論が激しく批判しても、忠実に対応しようとする。選挙デモクラシーの下では当然の選択かもしれない。得票率極大化を至上目標とする政党にとって、計算可能な固定票を大量提供してくれる巨大組織を系列化することは、戦略としても効率的である。一方、巨大労組や経営者団体、農協などの各種利益団体は、ヒト、カネ、フダを特定政党に集中投下して、《無理の利く》同盟軍を政治の場で確保しようとする。[18]大量集中型投下方式は、時の経過と共に、麻薬に似た効果を生む。禁断症状への恐怖から「手離せないモノ」になり、やがては慣れから「どうしても必要なモノ」「どんなことをしても手に入れねばならぬモノ」になっていく。ここに至ると、支持核集団は政党内部にまで影響を及ぼしてくる。

選挙デモクラシー下の政党と利益団体の連携は、M・デュヴェルジェが提案した《内部政党》《外部政党》というコンセプトを基礎に、《政党からの系列化》《政党への系列化》に分類できる。[19]《政党への系列化》とは、議会外で組織された利益がその利益を実現しようとして、代表を送り議会で系列同盟軍を結成、または既成政党に積極的に系列化されていくパターンである。系列化の方向は「外から内へ」である。社会主義政党と労働組合、農民党と農民組織、宗教政党と宗教団体、などは、このパターンに入る。《政党からの系列化》とは、もともと、一握りの名望家が議会内で結成した個人政党、カリスマ型政党であるため、議会外組織が貧弱な政党が、選挙基盤強化のために、また、組織脆弱性を補完するために、世界観を共通にする利益を議会外に求め、その利益を系列化するパターンである。系列化の方向は「内から外へ」である。保守政党と各種産業別利益団体、保守政党といくつかの宗教団体、農民団体、などは、このパターンに入る。

パートナー・チェンジは、いずれの場合にも、発生し得る。利益団体が政党に提供できる資源が枯渇すれば、政党はより多くの資源を提供してくれそうな新しいパートナーを発見し、積極的に接近していくであろう。永遠の拡張論者＝政党にとって、過去との訣別はさほど困難ではない。一方、利益団体も、資源を収奪するだけで口約を実現してくれそうもない政党を、簡単に使い捨てるであろう。競合状況では、提供できる資源量に自信があれば、新しいパートナーの発見は容易である。但し、思想純度を重視する政党や利益団体の場合は、相手交換に時間がかかる。路線論争が激しく展開され、部分的な軌道修正の果てに、結論は無期限棚上げになることが多い。そのため、非妥協派が組織を離脱し、議会内で新党が、議会外で新組織が同時結成されるという事態にまで進展することもある。

ビルト・イン・スタビライザー

政党―巨大組織間で系列化が進み、定着・固定化すると、圧力政治に伴う問題が発生する。[20]《からの系列化》と《への系列化》が進む中で、限られた資源しか持たぬ社会的少数者や弱者の利益を誰が実現するのか。議会政治に要求される《民意対応力》は、競合的選挙を基礎にしている限り、実は、巨大利益への対応に過ぎないのではないか。市民が持つ唯一の資源である《数》も、少数者の場合には有効な威嚇力・交渉力を期待できない。カネ（政治資金）もフダ（集団的支持）もヒト（優秀な人材）もアイディア（政策能力）も持たぬ少数者の利益などは、系列化意欲を掻立てるほどの魅力を持たない。

政党間競合を基礎にした議会政治は、政権を狙い得る大政党に系列化された利益の実現を加速し、持たざる利益を容赦なく切捨てる傾向がある。そして、政権交代の可能性が少なくなると、巨大利益の既得権化が進み、《政権党―巨大利益複合体》が定着する。この複合体は既得権益を死守しようとして、変革阻止の備付け安定装置になる。議会は既成の利益連合に寡占され、活性を失う。議会無能論が繁茂する中で、「議会の最も重要な部分は下院の野党であると言っても間違いではない。議会の機能は統治することでなく、批判することである」というI・ジェニングスの懐かしいフレーズを今一度銘記しておく必要があろう。[21]

第五章　政党と選挙——選挙過程の寡占者——

一　《政党内競合》と《政党間競合》の論理——競合政党制の論理——

非競合システムと競合システム

一党制は、政党多元主義を否定しており、こうしたシステムでの政治市場は《非競合》を特徴としている。(1) 正確には、「市場の独占」というより「市場なき独占」。有権者には「離脱→移動」の機会が与えられない。ある政党への支持を撤回しても移動先が無い。有効な消費者保護装置である競合構造が欠如しているのである。だが、競合が全く無いわけではない。時おり聞えてくる不協和音からも推測できるように、権力をめぐる競合は現に存在するようである。ただ、見え難い下位政党レベルで旺盛な生命力を持っているだけである。《見える政治》の水面は政権交代もなく穏やかであるが、水面下の《見えざる政治》では、宮廷クー・デタや権力闘争が画策されていると考えられる。部外者にとっては、政変劇(リーダーの迅速な神格化や偶像破壊、路線転換)を結果として報告されるだけである。内幕や過程は知的想像力を駆使して事後解明するしかない。下位政党単位間で展開される交代劇は、路線論争を伴ったとしても、政党政治の視点からは、あくまで擬似政権交代に過ぎない。逆に、複数政党制は複数の政党にセリ合せて市民の政治資源の価値を高めようとする。競合システムの擁護者は、市場なき独占（無競合）は市民から資源競売の機会を奪ってしまうと考える。また、競合を偽装しながら実際には、結果が政権の実質的変更に繋がらない競合は《半・競合》《擬似競合》に過ぎず、市民はその資源を「囲い込まれた市場」で辛うじて競売に掛けることができるだけだと考える。

選挙は、市民が未来を選択・抑制・統制し、同時に、過去に向けて制裁をする場である。[2] 非競合システムでは、制裁しようとしてもそれに代わる選択肢がなく、結局、同一の政党に未来を託すしかない。競合論者の主張である。競合選挙（競争市場型構造）のメリットは、報復権・拒否権・反乱権を持つ消費者に商品選択を委ねることである。そして、合理的に行動する近代市民は、生活防衛のためにも「より良いモノ」を選択しようとするから、いずれ選挙が、勝ち残った「最善のモノ」と新しく出現した「最善のモノ」との選択になることである。[3] だが、現実には、選挙デモクラシーが《数の論理》を拠りどころにしている限り、既述したように、巨大利益が選挙と議会過程を寡占するようになる。少数利益は、いかに正義に適っていようとも、切捨てられる傾向にある。また、競合が過熱して最適競合から過剰競合にまでエスカレートすると、政党の客寄せ主義と植民地開発熱が高まり、煽情的な誇大広告が乱射されるようになり、結局は、インフレ不均衡を引き起こす。「商品が悪いから猛烈に販売促進しなければならないのか」、それとも「良い商品だからこそ熱心にセールスするのか」。気が付くと最悪の商品を押付けられていたという経験は珍しくない。反発し拒否しようとしても、市場には粗悪商品だけということがある。政治市場は経済市場ほど敏感ではなく、政治的消費者は、数年に一度しか選択の機会を与えられないから、記憶力に恵まれていないと、報復権を行使できない。(4) 懐疑論者が指摘する競合のデメリットである。

《政党内競合》と《政党間競合》

政党間競合が認められていないシステムでも、上述したように、政党内では活発な競合が展開されていると考えるほうが妥当であろう。まして、政党間競合を前提として作動するシステムでは、競合の持つ理論的有意性を、政党内レベルに限って否定するという矛盾した行動を取れないであろう。単一利益で構成されている小政党ならともかく、政権を狙うほどの大政党では複数利益が組織内に共存している。こうした利益は、多くの政策領域では協同関係にあるが、特定の政策領域では、競合関係にあるかもしれない。そのため、大政党の場合には、目標の設定権、党内支配権、党イデオロギーに係わる政策課題の決定権をめぐって、《政党内競合》が継続的に繰広げられることになる。(5) 複数政党制の中では、一党優位制が特異な地位を占める。複数政党制の他のカテゴリーでは、相互作用の単位として重要な意味を持つのは政党である。他党こそ、競合しなければならない敵であり、破らない限り戦勝品を分配できない。そのためにも、外に向かっては、党内が平静で内部亀裂もなく凝集力も高いことを誇示しようとする。一方、一党優位制では、政党間競合の帰趨がほぼ予測されるため、政党内競合が過熱する。ここで勝利すれば、自動的に権力の戦勝品を獲得できるからである。

《政党内競合》と《政党間競合》は、異なった構造と論理を持っている。競合の目標が「五〇%プラス一」の獲得であることは同じであるが、その性格には相違がある。政党間競合の目標は政権の獲得・

維持であり、政党内競合の目標は、党内主導権の獲得である。基礎単位の違いから生じる相違もある。政党間競合では、政党が相互作用の基礎になるが、政党内競合では、派閥、政策集団、議員、党員、支持者が単位となる。党内の抗争状況次第では、一人の議員ですら内部均衡を崩すほどの力を持つことがある。市場規模の違いが、「一人」の比重を決めるのである。政党内競合では、参加権が所属議員、党員、特定支持者に限定されるため、全有権者が参加する政党間競合とは比較できぬくらい小規模となる。そのため、一人の重みは大きくなるし、それだけ高く競売に出すことができる。しかも、競技者の性格に決定的な違いがある。政党内競合の参加者は、プロの政治家とセミ・プロの活動家であるが、政党間競合の参加者はアマチュアであり、実質的決定を下す人物・政党を選ぶだけの選択投票しか持たない。逆に、政党内競合のプレイヤーは、選択投票と同時に政策の実質を左右する決定投票をも持っている。(6)

政党間競合の参加者が政治的消費者なら、政党内競合の参加者は消費者である前に生産者である。政党間競合では、純粋アマが消費者であるから、黄色のペンキをゴールドと称して売込むことも可能であるし、不当表示がむしろ一般的である。だが、政党内競合の参加者には通じない。確実な手形決済が求められる。イデオロギー距離については、政党内競合の場合、同じラベルで政治生活を送っているわけであるから、独自のイデオロギーを掲げて争う政党間競合に比べて小さい。そのため、妥協や合意形成はそれだけ簡単である。特に、プラグマティズム政党の内部競合は妥協指向である。但し、政策距離を妥協工作で簡単に短縮できる分だけ、ポスト争いは激しくなる（政策抜きの椅子取りゲーム）。また、ゲームのルールにも無視できぬ違いがある。政党間競合は、程度の差こそあれ、法律によって規制・拘束されるが、政党内競合は、原則として内部規約と慣行にしか拘束されない。そのため、可視度はどうしても低くなる。《見えざる政治》では、政策論争よりもカネとポストのほうが有効であるかもしれない。同質的・限定的なプレイヤーを対象にしているからである。法の枠外で奔放な物量作戦が展開される。

二　政党の選挙活動

選挙活動

選挙を基軸として作動する現代の選挙デモクラシーでは、民主的過程の文字通り心臓部に選挙が位置している。(7) 政治的公職の多くは選挙というフィルターを通過した者にだけ開かれている。選挙デモクラシーの中で、公然と公職の獲得を目論む陰謀団、もしくは選挙デモクラシーの駆動力、それが政党である。政党は政治権力の獲得・維持を目指して、一人でも多くの公認候補者を当選させようと努力する。「権力を獲得しようとする組織的努力」としての政党が最も多くのエネルギーを投入するのはこの選挙活動である。(8) 具体的には、①公認候補者の指名、②選挙戦遂行、③プログラムの採択・発表、④組織化、などの活動を展開する。

すべての政党が同じ密度で、四つの活動を遂行しているわけではない。選挙を、国や地方公共団体が公的資金を使って提供してくれる宣伝の場と考えて、展望無きまま毎回候補者を立てる団体もある。こうした集団にとって、選挙は主張を広めたり、組織や候補者の名を売り込むための手段であり、政党というラベルを便宜的に使用しているだけである。こうした集団の参加を泡沫候補論や血税無駄使い論で断罪したり、供託金増額で排除すれば、《手続きの論理》を生命線とする選挙デモクラシーは力を低下させる。容易に排出口を発見できない少数意見に表明の機会を与える寛容こそ選挙デモクラシーの強さの源泉である。少数意見や現時点での極論は、未来の政策課題を照らし出しているのかもしれない。永遠の少数意見に止まったとしても、現存システムの構造矛盾を明示してくれる。

候補者指名

候補者指名は政治的補充と結び付いた専門的なイニシアティブ発動行動である。(9) 政党はここを起点にして選挙運動を開始する。K・ローソンのいう「代議制デモクラシーの機関」としての政党（《数》という資源しか持たぬマスが、その利益を議会過程に表出し、決定作成の場で実現するための手段として結成された政党）の場合は、指名過程を可能な限り開放しようとする傾向がある。(10) 代議制デモクラシーを実現しようとする政党が内部過程でその精神を無視すれば自己矛盾に陥るからである。一握りの実力者に候補者指名の支配権を委ねるような大衆組織政党などありえない。大衆組織政党は「下からの参加」を有効に組織し、そのエネルギーをさらなる組織基盤拡大に振向けることによって政治資源を拡充しようとするからである。逆に、「権力への乗物」としての政党（《数》以外の資源は豊富に持っているが、選挙デモクラシーの大衆的基盤が拡大したため、《数》を有効に活用するための手段として組織を整備した政党）の場合には、指名過程を制限しようとする。「上からの同意調達」によって大衆的基盤を偽装し、かつ、民主的手続きを見せ掛けることによってマスへの接近力を拡大しようとするからである。いわゆるブルジョワ政党が《幹部政党》の枠組を超えることは稀である。指名過程を「下からの参加」に開放すれば、基底メンバーが反乱権を行使して、幹部の思惑とは全く異質の決定を下してしまう可能性がある。幹部が求めるのは「上からの同意調達」であり、基底メンバーに参考意見を求めることがあっても、最終的決定権は幹部の手に収めておこうとする。候補者指名過程の開放度は政党近代化の一測定指標である。

指名された候補者が公職に就くためには選挙というフィルターを通過しなければならない。政党間競合の参加者は膨大な有権者である。そのため、政党はその基本的性格がどうであれ、指名過程が民主的手続きに沿って行われているというイメージを有権者に与えようと努力する。立候補希望者の公募（自薦・他薦）、資格審査、党員参加の指名党大会、満場一致での推挙というシナリオが望ましい。組織内に適当な立候補希望者が見当たらず、外部から人材を導入しなければ見栄えのする候補者リストを作成できそうもないほどに人材吸収力の無い政党はともかくとして、ほとんどの政党では、候補者指名過程で激しく《政党内競合》が展開される。思想純度を強調するプログラム政党の場合には、候補者指名よりも綱領採択過程で内部抗争が燃上がることがある。このような政党では、勝てる候補よりも、イデオロギーを理解・体現し（豊かな党歴、長い党員歴）、党イメージを損なわぬ候補（強い忠誠）が優先されるという事態も、時として、発生する。路線闘争に投入されるエネルギーに劣らぬ関心と資源が候補者指名過程にも投入されたら、異なった選挙結果が出るかもしれない。逆に、「権力への手段」としての政党では、「勝てる候補」が何よりも優先される。政治家に相応しい力量とか政策理解能力などは、第二次的な意味しか持たない。政策間の食違いや論理矛盾は、当選後に調整すれば済む問題であり、そのためにも選挙に勝つ必要があると考える。プログラム採択過程では執行部原案をごく短時間に一括審議し、満場一致で可決しておきながら、候補者指名過程ではネチッコイ綱引きが行われる。候補者指名過程を支配すれば、結局は、派閥拡大、主流派形成、党内発言力強化、重要ポストの獲得、そして最終的には党首ポスト、首相ポストの獲得に通じるからである。候補者指名過程で支配的なルールは、当選第一主義で、「確実に勝てる候補」が優先される。そのため、膨大な資金を投じて事前運動を展開し、勝てそうな予感を印象付ける必要がある。三バン信仰が多くの信奉者を集めている。それに現役優先主義が加わって、選挙地盤の私有化・世襲化が進むことになる。

プログラムの採択・発表

プログラムを採択・発表する狙いは三つある。①責任政党の宣言。政権獲得後に遂行すべき政策を事前に発表して市民の信を問い、政権担当の機会を与えられた時には、誠実に遂行する意思のあることを表明する（公約に拘束されることが、責任政治の第一条件である）。②支持核集団への忠誠宣言。背後から政党を支え、組織的な集票活動に従事してくれる主要系列団体にプログラムという公式手段で忠誠を表明する。③支持基盤の新規開拓。支持核集団からの安定的な支持を確保しながら、可能な限り広範な市民にアピールし、新しい支持基盤を開拓しようとする。②の比重が③より大きい時には、基本態度・位置の継続、③の比重が②より大きい時には、戦略的な位置変更を意味する。

党綱領のウェイトは、政党によって異なる。また、選挙区特性、候補者のパーソナリティ、などの要素が、フォーマルな綱領よりも重要な意味を持つかもしれない。さらに、有権者が、それぞれの綱領が扱う多数の争点のすべてを理解・検討し、合理的に判断・選択できると期待するのは不可能に近い。それでも、党プログラムは重要である。市民が政党について抱くトータル・イメージの基礎はプログラムであるし、政党間相互作用の中でそれぞれの政党が占める位置、および位置変更を知る手掛かりもまた、プログラムである。

プラグマティズム指向の強い政党、「権力への手段」としての政党では、選挙に勝つことが最優先されるので、発表される公式の選挙綱領は慣例儀式、形式的作文に過ぎず、その拘束力は弱い。綱領作成過程への関心は高くない。候補者の個人的支持基盤（個人後援会、利益団体、宗教団体、校友会など）、選挙区事情に党綱領を柔軟に適応させることも許される。候補者はキャンペーンに当たっても、党の公式政策をアピールすることよりも、先ず、選挙区有権者の要求・欲望を察知し、それに照準を合せて個人的なプログラムを売込もうとする。アドリブ権が大きいため、同一政党の候補者が、それぞれの選挙区事情に合せて異なったアピールをしたり、時には党本部の公式綱領と抵触・対立する政策を発表することも珍しくない。極端な場合には、党綱領批判や公認証書発行責任者である党首への批判を運動の中心に据える候補者すら出現する。現実とプログラムに不一致があれば、プログラムを現実に合せて修正しようとする柔軟性を持っているため、集票力を高めることができるが、政策間矛盾を放置したまま選挙戦を遂行するので、選挙後の内部調整に手間取り、結局は支持者のある部分を失望させることになる。

反対に、プログラム指向政党、「代議制デモクラシーの機関」としての政党は、原則として、自覚が掲げる原理・主義に共鳴する有権者を動員し、イデオロギーに基盤を置いた政府を形成することを目的とするので無制限の綱領解釈権を候補者に与えることはない。綱領が党運営に占める地位は決定的であり、党綱領、基本路線の策定に当たっては（特に戦略位置の変更を伴う政策論争では）、些細な手続き論を含め、活発な政党内競合が展開される。政策間矛盾を可能な限り解消しようとするので、詳細な論点にまで立入ろうとする。プログラム作成過程こそが、最も重要な内部過程であり、正式に決定された綱領に拘束されるからこそ、候補者は候補者たり得るのである。公認候補への指名は、綱領への忠誠宣言の代価であるとも言える。このような党にあっては、党ラベルがそのまま有権者に実質的意味を伝えるよう要請されるので、明確で、統一的な綱領が党本部から発表され、候補者はその基本線に沿って選挙運動をする。党内世論が、思想純度の保持に傾斜している時には、政治的現実とプログラムの間に不一致があっても、現実そのものをプログラムに向けて強引に変更させようとする。この可塑性を欠いた姿勢が、党議拘束力をさらに大きくする。そのため、選挙前線で柔軟な対応力を失い、集票能力を低下させる。

選挙戦遂行

選挙キャンペーンの戦略目標は、自党および自党候補を有権者に売込み、得票率を極大化することである。選挙は基本的には、定和ゲームであるから、自党（候補）の売込みは、自動的に他党（候補）への攻撃を含むことになる。政党は宣伝資源（選挙での宣伝活動に割当てることができる政治資源）を有効に配分して、自党（候補）を売込み、他党（候補）を攻撃しようとする。自・他の相違を明確にする

ために採用される一般的戦略は、宣伝資源を自党紹介・中告活動と対・他党論争に集中的に投入する戦略である。(11)

選挙キャンペーンは、自・他を区別しながら自党（候補）を売込む行動であるが、実際には、多彩な戦略行動が考えられる。選挙の激戦化につれて、選挙活動の通年化が進んでいる。日常的な選挙区培養活動が定着し、市民と政党の直接接触の機会がそれだけ増えた。その一方で、フォーマルな選挙運動期間中のキャンペーンでは、政党イメージの体現者である党首が選挙前線で陣頭指揮するイメージ選挙が一般的になっている。運動期間は短いのに、選挙区は大きい。隅々まで足を運ぶことは物理的にも困難である。有権者にしても、短時間で、政党や候補者の政策対応を理解することはできそうもない。漠然とした政党イメージ、候補者イメージが投票選択の重要な手掛かりになっている。「マス・メディアの政治機能」が、現代政党論の不可欠の構成要素になっているのは、そのためである。組織とマスコミについては後述する。

第六章　政党と市民——政治的社会化の担い手——

一　政党の機能不全と反政党論の台頭

反政党主義の時代

R・スコットとR・フレベナーは、今日の政党が、市民を社会化して政治システムに誘導するという歴史的役割を喪失してしまっていると指摘し、機能不全に陥った政党政治の病理を克明に分析している。『危機にたつ政党：アメリカの政党政治』というタイトルが印象的である。(1)

「政治腐敗の元凶」「候補者を一方的に押付けて選択を強要する選挙過程の寡占者」「無責任な宣伝マン」「変革阻止の備付け安定装置」「権力独占を狙う重症の権力病患者」——市民・選挙・議会・政権のレベルで浴びせられている批判である。(2) 多くの市民が政党に背を向けている。無関心を装ったり、無視しようとする市民も多い。反感と憎悪を表明する市民も少なくない。だが、否定論や無能論がいかほど提出されようと、それは「現代デモクラシーは政党なしでは動かない」という現実を間接的に表現しているだけかもしれない。

伝統的な反政党論

「政党精神の持つ有害な効果に対してはこの上なき厳粛さをもって……警告させていただきたい。……自由国家における政党は有効なチェック手段であり、……自由の精神に生命を与えるのに役立つという意見がある。……これは、ある程度までは、おそらく事実であろう。……だが、純粋に選挙に基礎を置く政府においては、それは奨励されざる精神である」（証言①　G・ワシントン）。「すべての政党は犯罪的である。……それ故、ファクションはみな犯罪的である。……すべてのファクションは人民の主権をその基礎から削り取ろうと策動しているのである。……ファクションは、人民を分割して、自由を党派心の凶暴と取り替えるのである」（証言②　L・サンジュスト）。「天皇は全国を統治し、宰相は天皇の天職を行うを輔弼す。其輔弼の任に至っては一定の分義なかるべからず、蓋し君主は臣民の上に位し、各政党の外に立つものなり。故に一党を利し他党を害ふの政をなすことなく、常に不偏不党の地位を保たざるべからず。政府をして常に政党の左右する所ならしむるが如きは極めて危険なり。……今後、議会を開き、政事を公議輿論に問わんとするに当り、議会政治即ち政党を以て内閣を組織せんと望むが如きは、最も危険の事たるを免れず」（証言③　枢密院議長・伊藤博文）。

こうした反政党論は、新しく登場した政治単位＝政党が秘めている力と行動力、強さに対する恐怖を背景にしていた。公共善と政治的統一の破壊を目論む徒党、特殊利益の専横を許し、腐敗の温床となる新たなる危険。[3] アメリカ建国の父たちが、また、フランス革命の指導者たちが示した反政党論に共通する認識である。

「党議による拘束は古典的な議会主義の理念を破壊する」という論拠は、市民の恐怖心を煽り反政党論に向かわせる論理として、それなりの説得力を持っていた。古典的な議会主義は、⑴議員の自律性・独立性、⑵討論の自由――自由な意見交換、《討論による政治》、⑶票決の自主性、を強調しているからである。また、発生時の政治環境が強固な絶対主義体制に包囲されていた国では、政党は不可分の聖域である統治大権への挑戦と考えられた。反議会、超然主義、国体護持を基礎に絶対主義体制を構築していたからである。山県有朋の言動が象徴的である。第一回帝国議会に先立つ総選挙で「民党」つまり板垣の立憲自由党、大隈の立憲改進党が議席の過半数を制するほどに躍進し、藩閥勢力による議会運営に衝撃を与えたが、山県は一貫して民党に対し強硬な態度で臨んだ。伊藤博文が議会運営上政党の不可欠であることに気付き新党結成に移ろうとした時、最も強硬に反対し、政党圧迫を主張したのは山県であった。また、松方正義内閣が第二回帝国議会で民党と正面衝突を演じた末、これを解散した時（一八九一年十二月）松方宛て書簡でこの解散を「為国家大賀之至」といい、政党者流を「悔悟」させるには「猶引続二回之解散を決行する覚悟」を要すると激励したのも彼であった。さらに、伊藤が藩閥勢力が堅持してきた超然主義に新様式を拓き、民党との公然提携の関係を結び自由党と緊密な関係に突入した時（第二次伊藤内閣）、不満を表明したのも山県であった。彼にとって、政党政治は「至尊の大権」に基づく天皇親政という国体に抵触するのであった。一八八九年十二月に組閣後、地方官に発した訓令は政党排斥を命令したものであった。「……要するに行政権は至尊の大権なり、其執行の任に当る者は宜しく各種政党の外に立ち、引援比附の習を去り、専ら公正の方向を取り、以て職任の重に対うべきなり」

（証言④　山県有朋[4]）。

発生時こそ、時の特権勢力からの猛烈な反政党主義に直撃されたが、議会政治の基本ルールの定着、選挙権の拡大、組織政党化という過程を経て政党政治が定着した。そして、市民からの期待に対応して、機能を飛躍的に拡大し、市民生活に進入した。

新たなる懐疑論

だが、政党は、皮肉にも勝利の故に、多くの領域で批判の対象となっている。期待が大きいために生れた失望とそれを基礎にした非難である。伝統的な反政党主義が、政党の強さと力に対する既成特権階級の恐怖から生れたものであるとすれば、現代の反政党主義は政党の機能不全、無能に対する批判を基礎にしている。政党政治のモデルとまで評価されたイギリスで、「政党＝逆機能時代」論[5]や「伝統パターンの凋落」論[6]、「政党＝過渡期突入」論[7]が提出されていることが象徴的である。批判を浴びせているのは、特権階級ではない。政党政治の力の源泉、つまり、政党がその力を引き出すべき市民そのものである[8]。

政党は政治資源豊富な巨大組織にひたすら奉仕する新たな寡頭制論者ではないかという疑念がある。この種の懐疑論者にとって、政党政治の《民意対応力》とは、「諸利益間の安定した連合」を効率的に形成するための戦術と密接に結び付いている[9]。政党は継続的な「五〇％プラス一」ゲームで、安定した力を維持しようとするが、できるだけ少ない構成単位で勝利基準を達成しようとする。よほどの《包括政党》でも、異質度の高い複数利益で連合を形成しようとはしない。政策距離が拡大し、獲得資源の配分で深刻な対立を生むかもしれないからである。かくして、政党は巨大利益を「政党から」系列化しようとする。この戦略は巨大利益に潜む根強い保守性向と結び付く。巨大利益は膨大なメンバーを維持するためにも、有力政党に接近し、利益を実現しようとする。大「政党への」系列化は、巨大利益にとっては自然な論理帰結である。(社会的少数者や弱者を切捨てたまま) 大政党と巨大利益の連合が選挙・議会過程の支配権を掌握することは、《数の論理》が優位する選挙デモクラシーでは、自然な成行きということになる。

政党政治の強さは、〈大政党―巨大利益〉連合の形成から生ずる政治矛盾を、勝利連合が議会レベルで積極的に克服することにある。だが、選挙という競合ルールを基礎にして成立した勝利連合であるために、敵意を寛容に、《排除の論理》を《包摂の論理》に切替えることは容易ではない (社会的少数者や弱者にとっては二重の切捨て)。競合的デモクラシーには、有効な資源を持たぬために政治でしか救えない社会的少数者・弱者を放置したまま、資源に恵まれているために政治が敢えて手を差し延べる必要のない「選ばれた少数者」に貢献してしまう傾向がある。(10) 政党が、既成の巨大権力に対抗して誕生し、国家から敵視・無視された苦難の時代に持っていた開拓者精神、抵抗精神は色あせ、今ではそれ自体がシステムの備付け安全弁に変質してしまった。市民運動の活性化、マス・メディアの発達、世論調査の日常化、広告産業の技術革新に伴って、意思表明のチャネルが増殖した今、政党はワン・オブ・ゼムに過ぎない。意識レベルでの政党使い捨ては確実に進行している。だが、行動としての使い捨てが深化する前に、機能回復策を模索する必要がある。政党の無策と未熟 (自解) が、国民を悲劇に追込んでしまった記憶はそれほど古くはない[11]。

二　市民生活の中の政党

政治参加のチャネル＝政党

L・ミルブレイスは、政治関与のスタイルを、参加に伴う代償（時間とエネルギーによって換算される）の規模を基準にして序列化している。上位を占めるのは競技者的活動であり、⑴公職および党役職の保有、⑵公職候補者になる、⑶政治資金を懇請する、⑷党幹部会や戦略集会に参加する、⑸政党内での積極的な分子になる、⑹政治運動に直接参加する、などの活動が該当する。多くのエネルギーと時間を消費する覚悟が要求される。積極的な参加意欲がなければ踏み込めない活動領域である。中位を占めるのは移行的活動であり、⑺政治集会や大会に出席する、⑻党や候補者に政治資金をカンパする、⑼公職者や政治指導者に接触する、などの活動が入る。ヒエラルヒーの下位には傍観者的活動が位置を占め、⑽選挙用のバッジをつけたり、車にステッカーを貼ったりする、⑾特定の方法で他の人間に語りかけて投票を勧誘しようと努力する、⑿政治的会話を主導したり、⒀投票したり、⒁政治的刺激をうける、がこのカテゴリーに入る。傍観者的活動には特別なエネルギーも時間も、また、格別な気構えも必要ないであろう[12]。

競技者的活動から傍観者的活動にいたるまで、多くはそのまま政党活動であり、その他も政党を前提として可能になる活動である。「現代＝政党政治の時代」の一つの表現である。競合的システムでは多くの市民を組織内に巻込み、それを闘争エネルギーに置換しようとするので、市民の参加意欲を刺激しようとする。日常風景の中に溶け込み、さり気なく刺激を与えることから政党活動はスタートする。違和感なく入り込めれば、高次の参加に誘導することは困難ではない。「人間は政治に関与する度合を高めるにつれて、より広範囲にわたる政治行為に加わるようになり、より大きなエネルギーを必要とする行動へと、ヒエラルヒー内では上の方に進むようになる」からである。[13]

市民生活の中の政党

《参加デモクラシー》の到達度が高い国では、日常生活への政党の浸透度も高い。政党の活動ネットワークが市民生活のあらゆる領域に、時にはさり気なく、時には意図的に、食い込んでいる。両者の密着度は、政党の組織率、系列組織の規模、政党による非政治活動のネットワーク、などで測定できる。

スウェーデンや西ドイツの社民党は興味深い例である。例えば、スウェーデン社民党（一八八九年結党）は、巨大な自己組織を持つだけでなく、市民生活密着型組織を広範に系列化している。党組織は全国で二〇一八ある労働コミューンを基礎に党員数一一二万九〇〇〇人を誇っている。この他にも青年党員の組織である社民党青年同盟（一九一七年結成：七万二〇〇〇人）、女性党員を集めた社民党婦人同盟（一九二〇年結成：四万五〇〇〇人）、児童の組織である若鷲（一九三一年結成：八万三〇〇〇人）、キリスト教徒社民同盟（一九二九年結成：九〇〇〇人）。そして、この国最大・最強の組織である労働組合全国組織ＬＯ（一八九八年結成）が支持核集団として党を支えている。ＬＯは二五の産業別組合を統合した巨大なナショナル・センターであり、工業労働者のほぼ一〇〇％を組織している（二一一二万六七九三人)。この《社民―LO複合体 SAP–LO komplexet》が一九三二年以後の政治を指導してきた。この二つの権力担当組織を市民レベルで支えるのが市民生活の多様な必要に対応した系列組織ネットワークである。消費生活については生活協同組合KF（一八九九年結成：一七〇万人)。生協組織は全企業の中で、売上げ高で六位、雇用者数で七位、商業部門で一位の巨大企業である。また、ガソリン販売組織網としてOK（一九四五年創設）が全国でスタンドを経営している。保険会社としては一九二四年に創設された Folksam が、余暇生活用の旅行代理店としては Reso（一九三七年創設）がある。市民教育組織としては一九一二年に創設され、現在九万四七七コース、参加者数七七万六三三七人を誇る労働者教育連盟ABFが全国に根を張っている。住宅・建設部門では、スウェーデン全国建設 Riksbygden（一九四二年創設)、建設生産会社BPA（一九六七年創設)、賃借人預金連盟・建設連盟全国同盟HSB（一九二四年創設)、借家人全国同盟 Hyresgästernas rikdförbund（一九二三年創設：六二万四〇〇〇人）などの組織が、借家から住宅建設までのニーズに応えている。その他、年金生活者の生活向上・防衛組織としては年金生活者全国同盟PRP（一九四二年創設：三五万人）が、アルコール問題については禁酒主義者組織ヴェルダンディ（一万五〇〇〇人）が、系列組織として社民政治を市民レベルで支えている。社民党組織のネットワークは、市民生活のあらゆる領域にまで浸透しており、文字通り、政党が市民の生活風景の一部になっている(14)（メンバー数は一九七六年)。

マス・メディアと政党

政治は連続的なコミュニケーション過程と考えることができる(15)。市民の意見・利益が決定作成者に伝達され、決定後は、内容が市民に伝達される。代議政治では、政党、利益団体、行政機関が中心的な情報提供機能を演じているが、こうした情報機関を媒介にして、市民と政治家が相互接近し、情報が交換される。有権者と政治家との間には、直接接触の可能性もあるが、大規模デモクラシーにおいては、物理的制約もあって、例外的なケースに限られている。マス・メディアの位置は、このコミュニケーション過程である。利益団体、各種行政機関に並んで、新聞、テレビなどのメディアが政治システムに位置を占めている。

図2　マス・メディアの政治機能

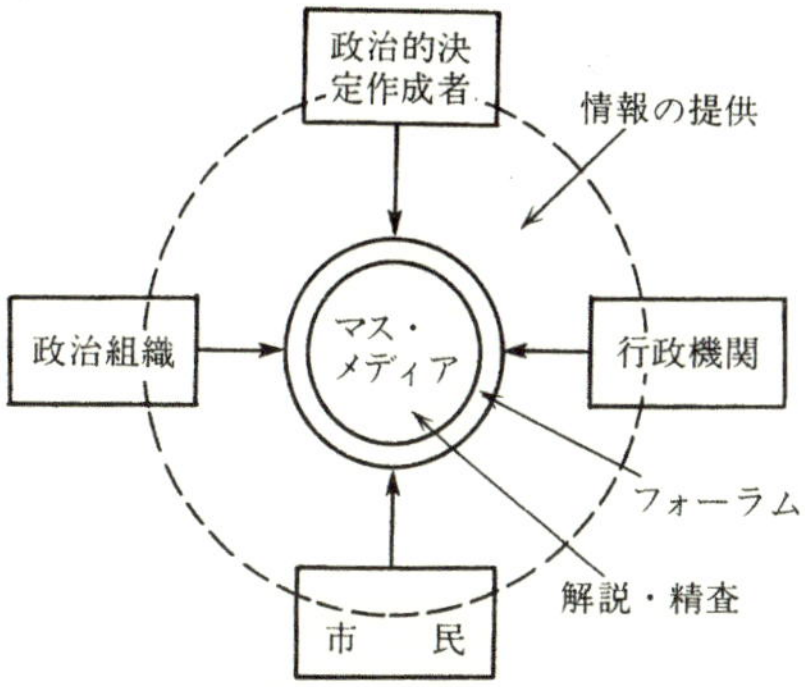

SOU 1975 : 78, s. 20.

マス・メディアの政治機能

マス・メディアの機能は、①政治問題に関する情報の提供・配布、②政治論争のフォーラム、③政治的事件の解説・精査、である[16]。メディア過程はメディアと行為者の交換過程であり、その意義は、(1)メディアがどのような情報を提供するか、(2)市民や集団がメディア情報をどのように利用するか、で決まる(図2)。

①情報提供機能とは、社会的諸問題に関するニュースを市民に配布し、政治の世界に市民を誘導する機能であり、基本機能である。これを通じて市民、利益団体、政治家は、内外での政治的出来事の発生に気付き、それに目を向けることができる。

問題を認識させ、戦略行動選択の手掛かりとなるという意味で、基礎情報と呼ぶことができる。マス・メディアが選択し、提供する情報は、（政党や行政機関の中で）過去に発生した事件、現在進行中の事件だけではない。さまざまなレベルで未来に発生するであろう事件についても最新のニュースを提供する。つまり、フィードバック、フィードウィズイン、フィードフォワードの全プロセスで情報提供機能を演じるのである。

基礎情報提供機能は、その内容から二つに分類できる。ⓐオピニオンに関する情報――さまざまなオピニオン集団や市民から政治的決定者に向けて表明される意見・要求に関する情報。ⓑ対社会情報――政治機関つまり政治的決定機関や各種の行政機関の内部で発生した出来事に関する情報。[17]デモクラシーは《民意への対応能力》を生命線とするが、「市民意思の自由な形成と表明」が前提となる。そのために先ず「下からの情報」と「上からの情報」が円滑に配布される必要がある。

②フォーラム機能とは、マス・メディアがヘゲモニーを取って、さまざまな意見を集め、政治問題について活発な議論の場を提供する機能である。選挙は、いかに頻繁に行われようと、たった一票にあらゆる政治問題に対する評価、政治観、世界観を託さねばならぬという制度的限界を持っている。単一争点選挙もないわけではないが、一般には、個別的な政策課題に対する意見は、選挙では表出され難い。マス・メディアは、投書・投稿欄の設置、部外者への寄稿依頼、視聴者参加番組や討論番組の設置、ルポルタージュ番組などを通じて、議会外議会としての機能を演じることがある。

③解説・精査機能は、マス・メディアの持つもう一つの顔である。機能①や機能②は、マス・メディ

アが文字通り、情報やオピニオンの媒体として機能する場である。だが、マス・メディアは、単なるメディアだけではない。自体が政治システムにおいて独立した存在・意見表明単位である。政治的決定の内容を分析・解説しながら、また政策問題に関する意見・態度を表明しながら、自己の評価システムを政治過程に表出する。国家や地方の行政機関の活動、政党や政治家の活動、利益団体や産業界の動向を自己の評価システムを基準に分析・評価して、コントロールする。《第三の権力》と称されるのはこの機能の故である。複数メディアが存在して、市民や政策決定者が、多様な意見・態度に接触できることが望ましい。マス・メディアの政治的社会化は、この三機能を通じて行われる。

マス・メディアの構造的矛盾

マス・メディアは、大衆社会における情報の生産・分配方式（大量生産と大量消費）を構造的特質とする。この構造からいくつかの矛盾が発生する。①貴重な情報ほど大量生産・消費に馴染まない。デモクラシーの拡大につれて、政治課題は、複雑・多岐化した。政治過程は膨大な情報を駆使して迅速に決定を下さなければならない。だが、重要な決定になるほど、決定作成者は情報の秘密度を高めようとする。論理的に整合した決定を効率的に下す必要性が、雑音排除行動に向かわせる。豊かな情報資源（情報を買うための資金、情報を収集・蓄積・分析・加工する優秀な人材、整備された情報機器）に恵まれた《情報エリート》は、秘密維持で影響力を保持しようとする。新聞や雑誌を購読したり、テレビのスイッチを入れる位の資源しか持たぬ《情報マス》は、最も情報を必要としていながら、情報エリートによって予め選別・加工され、「大量生産向き」と判別された二次情報にしか接触できない。最強の情報エリートである官僚機構や巨大利益組織は、秘密度を高めることによって情報の希少価値を保持し、優位を確保している。大衆のためのメディアがそうした巨大組織に接近し、希少情報を引き出し大量生産・分配過程に乗せるためには制度的工夫が必要である。官僚機構については、広範な情報公開制が、巨大利益については、情報が漏洩しても情報源を追及してはならない情報源守秘制度の徹底が必要であろう。

②情報市場の競合性がいくつかの問題を引き起こす。情報消費者は、移り気なマスであり、スポンサーは投資効果に無関心ではいられない冷徹な損益計算者である。そして、メディアは、情報を貨幣価値に変換し、社員の生活を防衛しなければならない産業である。広告収入に依存しなければならない限り、カネを稼ぐ番組・紙面が情報活動の中心になる。ここから、二つの問題が発生する。先ず、移り気な消費者がハードな政治情報を忌避し、楽に接触できる娯楽情報を望んでいるとスポンサーが判断すれば、政治情報は片隅に追いやられ、娯楽中心主義になる。しかも、競合に勝つためには、より強い刺激を求めるマスに波長を合せなければならない（センセーショナリズムのエスカレーション）。プライバシー侵害は時間の問題である。個人の尊厳を餌食にした競争主義は、勝てば官軍主義を助長する。これは、個人の尊厳とフェア・プレーを生命線とするデモクラシーの精神に馴染まない。人権の重要性を徹底的に教育するジャーナリスト育成コースの充実、プライバシー保護を任務とする独立機関（例：プレスオンブズマン制度）の設置、が急がれる。

さらに、メディア間競合は、単純な《資本の論理》に委ねられると、情報資源に恵まれた巨大メディアによるオピニオン市場の寡占を許すかもしれない。情報資源に恵まれぬ社会的少数者・弱者が、先ず意思表明チャネルを失うことになろう。資本の論理が支配している多くの分野で、「質が良いから勝ったのではなく、勝ったからヨイのだ」という経験を目撃している。デモクラシーはバランスの取れた世論を必要としている。カネが情報過程を買収すると、最終的には、少数意見が封殺され、機会均等の原則が崩壊する。巨大資本による情報過程の寡占は、それが自由競合の論理の結果であったにせよ、いや、《資本の論理》に従った結果であるからこそ、デモクラシーにとっては望ましくない。カネの力で政治過程を支配できるという考え方そのものが、デモクラシーの精神に挑戦する。世論の独占は、世論操作の可能性を増大させ、《市民意思の自由な形成・表明》を危うくする。社会的少数者にも機会均等の原則を保証できることこそ、デモクラシーの強さの源泉である。スウェーデンが実施しているマス・メディアへの公庫補助制度は、メディア活動の機会均等を目指す一つの方策である。

市民が政治的情報を獲得し政党イメージを描くのは、政党や政治家との直接接触からではなく、マス・メディアを介してである。上述した構造的矛盾は、ある程度、マス・メディアの自主的な努力によって克服できよう。責任の所在を明確にするために実名記事で論陣を張れる人材の育成、人権教育の徹底など。だが、その一方で、矛盾の多くは、それ自体が一つのオピニオン集団であるマス・メディアが積極的に政治過程に向けて要求しなければ克服できない矛盾である。政党、特に政権政党は、情報の秘密性を高めることによって支配を強化するのではなく、公開することによってデモクラシーを強化するという視点から、構造的矛盾の解消に努めるべきであろう。先ず、情報過程の開放が要求されよう。

市民の感性と政党の行動

デモクラシーは「選挙を基礎にしたポリアーキー」と表現することができる。その構成要素は、(1)オープンで競合的な（政権を担当する）少数者を継続的に生み出す手続き、(2)（政権を担当する）少数者の行動が「予想される反応のルール」によって導かれる手続き、である。つまり、「選挙市場での競合が、最終的に権力を人びとに帰属させるようなポリアーキーを作り出す手続き」である。換言すれば、権力の分散・制限・統制・交代、を命題とするデモクラシーを政党間競合によって実現しようとするシステムである。[18] 選挙デモクラシーの作動枠組はいよいよ拡大されよう。選挙権年齢の一八歳への引下げは既に世界的傾向であるし、在住外国人への選挙権付与に踏み出した国すらある。

選挙デモクラシーの人口膨脹それ自体は、デモクラシーにとって祝福すべき事態であるが、政界用語と市民言語、政界常識と市民常識のズレを、今以上に拡大し、ついには政党政治の世界が市民感覚では容易に理解できない世界にまで舞い上がってしまうかもしれない。政党政治の世界が「市民生活からの距離」を縮めるためには、市民の日常生活に馴染む風景を政党政治の世界で作り出す必要がある。「政界＝老人支配社会」「政界＝男性支配社会」という風景は、市民風景から逸脱しており、非日常的というよりは異常に近い。市民が政界をノーマルな感性では理解できない非日常的な世界と感じても不思議はない。日常生活では定年退職年齢に達していてもニューリーダーと表現される政界の異常さが印象的である。また、女性の社会活動を制限している国では、女性が政治資源に接近することは特に困難である。そのためにも、女性の社会参加を促進する制度を整備する必要がある。例えば、スウェーデンの諸制度は、男女の機会均等を推進し、市民の日常生活と政界風景を接近させる意欲的な実験例と言える。⑴幼児を持つ女性の労働時間選択制度、⑵出産・育児休暇制度、⑶長期の有給休暇制度と完全消化、⑷児童看護休暇制度・両親保険制度、⑸妊娠中の部署移動申告制度、⑹姓の継続・選択制度、⑺保育所の整備、⑻教育休暇制度、⑼労使共同決定法と労働権の保全制度、⑽労働環境整備要求権、⑾短い労働時間、⑿生涯教育制度、⒀余暇環境の整備。(19)

第二部　政治システムとしての政党

第七章　政党組織論——政治資源としての組織と数——

一　政治資源としての組織——「組織された大衆」民主主義の時代——

「組織の時代」の到来

組織という問題設定が分析的有意性を持ち、政治社会の中核的課題となったのは現代である。社会の革命的変動、つまり、農村文化から工業、テクノロジー、都市に基礎を置いた文化への基本的移行が、人間相互間の近接性と相互依存性を特徴とする生活スタイルを出現させた。社会構造の性格に関する不確実性が増大し、それと並行して、人間関係も不安定化した。また、人間間トラブル、可塑性の強い反社会的行動が頻発した。こうした要素は社会の調和的機能遂行にとっての新たなる脅威となり、文明の運命は、高度に複雑でデリケイトなバランスの上に辛うじて乗っている人間の協同関係の手に委ねられることになった。数的実勢以外に有効な政治資源に恵まれぬ者が組織を作り、社会的分裂力としての組織の威力を誇示することになった。産業革命、市民革命の精神をバネに、膨大な労働者が登場し、彼らが社会変革の主体としてそのパワーの根拠を量的実勢に求めた時、政治過程はE・バーカーのいう「集団の噴出」に直撃されることになった。

大衆組織政党の登場――「組織は力なり」――

近代的な組織政党が誕生したのは、こうした潮流が定着し、デモクラシーが「組織された大衆」民主主義へと変質する過程であった。つまり、デモクラシーの理論的優位の普遍化、普通選挙権の確立、政治過程に新規参入した大衆を獲得し、プールしておく必要性、および、指導にさいしての最高度の統一性と厳格をきわめた規律の発達、であった。名望家による支配と代議士による操縦は、近代政党の登場によってここに終わりを告げる。プロ政治家が、政治の運営をひきうけることになる。(1)

婦人参政権の実現、選挙権年齢の継続的な引下げ、選挙公職の爆発的増加が、組織の戦略的必要性を増大させ、組織信仰が政治過程を支配することになった。政党は有権者・支持者の組織化、非政治組織の系列化に大量のエネルギーを投下することになった。「五〇％プラス一」ゲームの勝者に議論の解釈権を委ねる多数決原理のメカニズムがこれを加速した。拡大された選挙デモクラシーにおいては、文字通り「組織は力なり」となった。

幹部政党と大衆組織政党

M・デュヴェルジェは、政党組織の歴史的変化（具体的には政党組織の基本的構成要素）に着目して、政党を分類している。(2) 彼は先ず、政党の基本的構成要素を四つに分類する。①幹部会（一九世紀の組織形態であり、今では時代遅れの単位）。②支部（ヨーロッパの社会主義政党が案出した基礎単位であり、これこそが近代的政党組織の形態）。③細胞（共産党が開発した単位）。④民兵（ナチス党が開発した特異な基礎組織。集権性と厳格な規律がその特徴）。この基本構成要素をベースにして、政党を(1)大衆政党、⑵中間政党、⑶幹部政党、に分類している。

⑴大衆政党方式は、もともと社会主義政党によって発明された組織技術であり、その後、共産党やファシスト党によって学習された。ⓐ社会主義政党タイプ、ⓑ共産主義政党タイプ、ⓒファシスト・タイプ、に細分される。

大衆政党は選挙デモクラシーの拡大（普選運動およびその実現）と並行して出現した。新しく政治の舞台に登場した膨大な市民がその法的権利を行使し、一定の基盤に立って政治問題に真に参加できるためには、貴族対ブルジョワという狭い抗争枠組に依拠した伝統的政党ではなく、市民教育に従事し、しかも自らの利益を代表する政党が何よりも要請された。その意味で、大衆政党は政治の社会基盤の拡大と密接な関係がある。院内グループと全国組織との関係という点では、原則として、党指導の重心は後者にある。膨大な党費納入党員を組織する党中央本部は、組織拡大につれて権限を中央執行委員会に集中させることになる。選挙運動の駆動力が議会外組織にある限り、院内グループは、中央委員会への服従を余儀なくされる。少数の議員を当選させるための「権力への乗物」ではなく、市民の利益を議会に投射し、そこで実現させるための手段である（「代議制デモクラシーの機関＝政党」）いう原則論もあって、この傾向は一層加速される（⑵中間政党方式については後述）。

⑶幹部政党方式は、今日の欧米の保守主義政党、自由主義政党の組織原型であり、一九世紀に確立された構造である。ⓕヨーロッパ型幹部政党、ⓖアメリカ型幹部政党、に細分される。基礎となる構造という点では、多くの党員を獲得することよりも名望家、有力者の結集を目指す（つまり、量よりも質）。

特権を持った者、名声をほしいままにしている人物、豊かな財力に恵まれている人物が求められ、選挙区別に地方委員会に組織化される。概して、このような委員会の内部組織は極めてインフォーマルなものであり、構成員の数も少なく、厳格な組織的構造を必要とせず、しかも相当の自己決定権を持ち、時には、党中央本部の決定を完全に無視することすらある。幹部政党にあっても中央本部への権限集中が著しいが、少数有力者が、時にはフォーマルな民主的手続きを省略して、大きな権限を行使できることに特徴がある。院内グループと院外組織との関係で言えば、真の党指導部はあくまでも院内グループである。有権者大衆の組織政党というより議員党であり、党活動は議員を中心に展開される。一般党員の間から議員の自治権批判が発生した時ですら、議員グループの指導性は不変である。

アメリカ型幹部政党は、ヨーロッパ型幹部政党とはかなり違った性格を持っている。おそらく、大衆組織政党との激しい競合を経験したことがないという歴史的事実が特異なものにしたのであろう。予備選挙制度も重要な影響を与えたものと思われる。二〇世紀初頭、予備選挙制度が次第に確立されていったが、それと共に一握りの有力者で構成される委員会の狭い枠組が打破され、ボスの支配力が弱体化していった。かくして、クローズド・プライマリー（予め共和党もしくは民主党として登録した有権者だけが投票用紙を受取り当該政党の候補者を指示する）の下で、ヨーロッパの大衆政党でいう党員とは全く異なった性格を持つ党員手続きが発達した（党費納入、機関紙購読、党集会への参加、機関決定への忠誠、という意味での党員はアメリカには存在しなくなった）。アメリカ型幹部政党の特徴は、地方分権、厳格な党規律の欠如、大衆のパーソナルな参加、にあると言えよう。

予備選挙制度は委員会の門戸を大衆有権者に対し開放することになったが、一方で選挙運動の必要性が高度に発達した恒常的党組織の形成を促した。組織化は基底レベルの小さい選挙区で出発した。地域が拡大するにつれ、組織は不明確になる。州から全国レベルに上昇するにつれ、党組織は弱体化し、消滅していく。全国レベルでは党規律など事実上存在しない。そもそも組織という語からはシステムとかパターンとか整然さといったものが連想されるし、シンボルとしてピラミッド、つまり権威の階序制がイメージされる。このようなイメージはアメリカの政党組織を理解する上ではかえって有害である。アメリカの政党組織を記述することは極度に困難な作業であると研究者が嘆息する理由もここにある。(3)

J・ウィルソンは、政党組織を「選挙によって補充される公職の候補者に影響を与えるために意識的に互いの活動を調整しようと努めている人びとの集合体」と規定した上で、アメリカ政党が、組織化、合理化、官僚化への道を着実に歩んでいる社会の一般的傾向に対する顕著な例外であると指摘している。組織としての政党は強くなるというよりはむしろ弱体化している。彼はその理由を、(1)今日の政党組織が官僚化への徴候を微塵も見せていないこと、(2)政党ラベルに対する投票者の忠誠は密度を増していないし、思想的基線に沿って合理化されてもいないこと、に求めている。さらに、(3)かつては都市や地方の生活の著しい特徴であった政治マシーンも今では比較的少ない場所にしか見受けられないし、(4)党首職も、概して今日では、指名官吏のフル・タイムの本業というよりはむしろ時間、金、恩顧、人気などといった特別の資源に対する権利を主張できる自発的篤志家のパート・タイムの副業に過ぎない。そして、何よりも、(5)絶対的な忠誠心をある特定の政党に誓う投票者の比率は一九四八年以降急降下している。[4] その意味で、アメリカの政党は「組織社会への反逆児」であり、組織としてよりもラベルとして重要である。[5]

アメリカの政党組織の特質は次のように要約できよう。①権力の分散――四年に一度争われる大統領選挙は別にしてアメリカには全国的規模で統一的に争われる選挙はない。逆に、連邦制度が州レベル、地方レベルに提供している選挙公職の数は膨大であり、これが誘因の一つとなって政党の権力は地方に分散化されている。②規律の欠如――①の結果、議員の政治生命を左右するのは党全国司令部というよりは地方の支持ということになる。実際、議員の主たる財政援助、政治的支持の源泉は地方レベルに在る。選挙区の支持を受けている限り、議員は最も強力な大統領にさえ戦いを挑むことができる。広く行き渡っている交差投票の慣行は、党規律の欠如を雄弁に物語っている。③活動の周期性――選挙公職の数という点でアメリカに匹敵する国はあまりないであろう。また、二年、四年あるいは六年の周期で整然と構造化されている国も珍しい。臨戦体制を整え、実際の選挙戦を遂行するにあたって信頼に足るタイムテーブルがあるようなものである。しかも、その時刻表は一定の周期を保ち決して変わることはない。政党は選挙間期に活動を停止または一時消滅させてしまう。活動に常時性が要求されないため、組織の精練化・巨大化が遅滞し、その脆弱な組織が活動を更に一層定期的・断続的なものにしている（解散制度の欠如がそれを常態化する）。アメリカ政治の特異な現象の一つは、政治の季節が訪れた時積極的な政治活動に従事するごく僅かの人びとが、選挙をまるで一種のゲームででもあるかのように考えて行動していることであり、ゲームの進展を見守ろうとする者にとっては単なる見るスポーツに過ぎないことである。また、有権者の約三分の一はゲームの進展を見ようとすらしない。思えば、フットボール、野球、バスケットボール、テニスなどがプロ・スポーツになっているこの時代に唯一のアマチュア・スポーツとしてアメリカに残っているのが政治とは、なんとも皮肉なことと言わねばならない。④党員の欠如[6]（既述）。

⑵中間政党方式は、幹部政党と大衆政党の組織技法を併せ持つ。この組織構造も二つに分類される。ⓓ間接政党、ⓔ開発途上国の政党。前者の典型例はイギリス労働党である。[7]一九〇〇年の結党時、党は一般党員を直接補充せず、労働組合、相互扶助協会、協同組合、知識人協会（フェビアン協会など）、を組織母体とした。有権者大衆は党に直接所属するのではなく、党の構成単位になっている組織に所属する。そこから間接政党という名称が与えられた。今日では、支持団体を媒介とした間接党員と有権者が直接入党する個人党員（直接党員）双方の補充パターンを採用している。労働党の組織技法は程度の差こそあれ、他の社会主義政党によって模倣・採用された。ⓔについての研究蓄積は少ない。

M・デュヴェルジェの組織分類モデルは、研究者の間で広く利用されてきた。F・ソーロフの名著『アメリカの政党』にせよ、西ヨーロッパの政党の比較研究を行ったL・エプスタインの『西ヨーロッパの政党』にせよ、組織分析の基本図式はM・デュヴェルジェの「幹部政党―大衆政党」二極対置図式である。なお、政党組織論の全体を見渡すには、W・ライトの『政党組織の比較研究』が好適である。[8]

二　政党組織の分析視角

組織とは二人以上の人びとの意識的に統括された活動や諸力の体系である[9]。一定の目的を実現するための手段であり、道具である。そのため、組織が生成するためには《共通の利害》と《二人以上の人間の協同》、および目的達成行為を支える《思想》が不可欠の三要素になる。政党組織が目的達成の方策として、量的実勢の拡大を指向した時、組織の三構成要素および基本的特性の解釈と内的均衡をめぐっていくつかの対抗関係（構造的矛盾）が発生する。政党組織の生成、作動（運営、維持、発展）、消滅（絶対的消滅、包摂・吸収・合併による半・消滅）にかかわる構造矛盾を要約すると次のようになる[10]。

［構造矛盾①］組織目的とサブ・システム目的との対立――組織拡大は多様な価値（H・ラスウェルの用語では、権力、開明、経済力、健康、技能、愛情、徳義、尊敬、自由、安全）を追求するメンバーを内部に持ち込む。そのため、組織は一種の価値抗争システムとなり、政党組織そのものが追求する目的とサブ・システムが追求する価値との緊張が組織を支配する。特に、組織拡大につれていくつかのインフォーマル組織が結成され、抗争体に成長すると、政党内競合の論理と党内統合の論理が激しく対立することになる。組織は拡大を求め、拡大は分裂力を組織に持ち込む。↓構造矛盾⑧へ。

［構造矛盾②］組織目的の解釈・選択をめぐる内部対立――政党組織の目的は政治権力の獲得・維持であるが、政党はこうした抽象的・観念的命題だけを基礎にして生成・発展するものではない。組織拡大につれて複数の操作的目的が設定されるし、具体的・日常的な課題の解決を通じて組織は拡大されるのである。体系的な理論や理念が操作的に定義される時、実際に追求すべき目標が決定されるが、ここで、その解釈と優先順位をめぐる緊張が発生する。原目的からの逸脱を回避し、一貫性・継続性を確保

しながら、その阻止要因となる組織拡大という目的を追求しなければならない。イデオロギー指向の強い政党の場合には「原理の腐蝕」という批判を回避する必要がある。環境圧力が小さく、剰余資源が大きい時には、複数の目標を同時追求でき、「目標の円滑な継承」も可能であるが、一般に、資源は有限なので、特定の目標の達成は他の目標を犠牲にして行われることになる。

［構造矛盾③］思想的純潔をめぐる内部抗争――組織拡大はクライアント（顧客）指向型構造を要求するが、新規参入者への教育・学習機能に限界がある限り、多孔性の強い構造は、不可避的に高レベルの雑多性を内部に持ち込むことになる。イデオロギー純度の低下は組織拡大に必然的に伴う必要経費である。プログラム指向の強い政党の中には、政権を目前にしても、党内論争を「政権への距離」論で集約できずに、好機を生かせない政党もある。

［構造矛盾④］戦術・戦略をめぐる抗争関係――操作的目標が複数あるだけでなく、目標達成に至る過程も複数ある。目的の解釈をめぐって激しい政党内抗争が誘発されるように、路線選択をめぐる内部抗争が、組織内に分派活動、セクト主義を台頭させ、組織分裂の導火線になる可能性がある。目標の設定、戦術・戦略の選択をめぐる内部競合は組織活性化の起爆剤であり、内部抗争の解消を通じた凝集力の向上は組織目標でもある。

［構造矛盾⑤］組織資源配分をめぐる内部競合――組織が存続を果たすためには二つのシステム均衡、つまり対内的均衡（組織内諸要素間の均衡）と対外的均衡（組織と外的環境との均衡）を維持する必要がある。基本的には組織の《有効性》と《能率》のバランスをとりながら、両者を同時に充足すること

が存続条件となる。だが、目的達成手段としての組織が目的合理的な機能遂行システムであったとしても、機能の実質的担い手である成員に「組織目標への貢献意欲」が存在しなければ、有効な作動は望めない。C・バーナードが組織成立の条件を、組織目標、貢献意欲、協同関係を可能にするコミュニケーション、の三つに求めた意義は大きい。組織は目標達成のためにメンバーに犠牲を強要し、見返りとして《誘因》を提供する。逆に、メンバーは《誘因》と交換に《貢献》を提供する。組織が適切な誘因の提供に失敗すれば、協同関係は破産し、目標変更を要求され、衰退の道を辿ることになる。だが、資源は有限であり、期待曲線が急上昇カーブを描くメンバーの要求を完全に充足することはできない。有効性と能率の達成に限りある資源を配分し、対内的均衡と対外的均衡の最適臨界点を模索しなければならない。組織が提供できる誘因は物質的・非物質的誘因、積極的・消極的誘因、自然発生的・人為的誘因、客観的・主観的誘因、特殊的・一般的誘因、などに分類できる。組織は、環境とメンバーの欲求内容の変化に即応し、現有資源を適切に配分しながら、他方で《新しい誘因》を造出する必要がある。それに失敗すれば組織の閉塞化・硬直化が進み、イキイキとした魅力を発揮できなくなる。

政党組織ではポストが重要な意味を持つ。政治人の組織では、あらゆる種類の誘因がポストによって集中的に表現されているからである。ポストは組織上昇につれて希少性を増すので、ポスト渇仰はそれだけ激烈になる。ポストが無限でない限り、メンバーの立身出世主義を沈静化する装置が必要である。不公平な配分はいずれ組織を巨大な疎外体に変質させ、不満分子を生み出す。疎外感を持つメンバーに、組織資源の有限性や「競合的協同」の精神を説き、組織への献身を要請しても、効果はない。継続的な冷遇措置は、反主流派活動を誘導し、それが爆発すれば反乱行動や組織離脱が発生する。反主流派に党を割る勇気がなくとも、挙党体制の崩壊は組織目標の追求を困難にする。メンバーが、資源の有限性を納得して、欲望を自発的に抑制し、崇高なる組織目標のために進んで自己犠牲してくれるような高次の組織論を備えた政党の場合はともかく、ポスト配分ルールの確立は重要な問題となる。いかに組織一途型パーソナリティの持主といえども、ポストから疎外され続ければ、心中穏やかではいられない。一般には、当選回数（議会滞在年数）を手掛かりにした年功序列制・先任者優先制が基本ルールとして採用されている。この方式は、ある意味で、デモクラシーの価値と一致する。政治的力量の測定基準を「有権者からの支持の大きさ（長さ）」に求めているからである。政治能力を判定する客観的基準など設定できそうもない以上、合理的で公平な配分ルールと言える。

だが、それは組織内論理の判断であり、政治的消費者の意見ではない。先ず、適材適所原則に違反する。無責任な院内委員会委員長や所管問題に関心のない大臣、問題処理能力を期待できそうもない無能大臣、また、ポストそのものの意味と権威を根底から問直す必要性を感じさせるようなトップ・リーダー、などを一方的に押し付けられるのは消費者である。不祥事を起こしても、次の選挙まで消費者は報復できない。第二に、政治改革を困難にする。年功序列制は組織への忠誠と力量を組織内滞在年数で判断しようとする制度なので、保守化傾向を備えている。大胆な抜擢主義はジェラシーを掻立てるので慎重に回避される。こうした制度の下では、当選回数を稼ぎ易い選挙地盤を持つ政治家がポストを獲得・独占する可能性がある。逆に、人口流動化が激しく、政治意識のブレが大きい都市型選挙区の政治家は不利になるかもしれない。その結果、政治エリートの同質性が高まり、特定の価値観が政治過程を支配する可能性がある。政治過程の重心が一方に傾いているため、国際環境からの挑戦に直撃されても、迅速な政策対応は困難となる。一本のザイルで結ばれた政治家親子が選挙区を世襲しながら当選回数を稼ぎ権力ピラミッドをよじ登る姿は、《機会均等》を重視するデモクラシーの風景としては異様である。さらに、政治家の個性を封殺する可能性もある。ポスト適齢期の議員は、政治的決断を要する事態に直面して、既得権を放棄できず、政治理念・身上をそのために犠牲にしなければならない。目前のポストを手放せなかったために、政治家としての魅力を低下させてしまった例は少なくない。↓構造矛盾⑦へ。

［構造矛盾⑥］組織—環境をめぐる対抗——すべての組織がそうであるように、政党組織もまた真空の中に存在しているのではない。社会システム、経済システム、国際エコ・システム、国際社会システムなどの中に存在する「境界線維持システム」である。環境から不断にエネルギーを導入し、環境に向けてアウトプットを送り出す「開かれたシステム」でなければ、政党組織は衰退・死滅する。ここに、組織の持つ動かし難い保守指向と環境の持つ常時変動性の対抗・矛盾関係という論点が発生する。組織は受容可能な行動指針をメンバーに提示し、確立された行動パターンからの逸脱を阻止する「ビルト・イン・スタビライザー」を持っており、環境からの挑戦に対してはその規制力を駆使して、抵抗しようとする。だが、環境からの挑戦に抵抗し、境界線を維持しうる強靱さを持つだけで十分ではない。環境変化に対応できる柔軟さを備えていなければならない。環境圧力への抵抗力を犠牲にして環境への適応力を強調すれば、組織に内在する拡大・肥大化傾向が助長され、活性化するが、組織の有効性と能率の

バランスが崩れ、規律・制裁力の維持が困難になり、崩壊の危機にさらされる。逆に、環境への適応力を犠牲にすれば、惰性が組織活動を支配し、役割の個人化が進み、組織は風化する。誘因、とりわけ、社会的威信、社会との結合、共同生活の満足、アイデンティティの確認、などの誘因を提供できなくなるからである（組織の閉塞化）。個人の社会的成熟を実現しない組織は死滅する以外にない。

条件適応理論は「適切な組織構造、リーダーシップ、人員配置・構成、計画、コントロールは、組織環境・課業の性質と相即不離の関係にある」と主張する。「雰囲気」「風土」との相即不離性を強調するこの学派は、組織による条件選択力を想定することによって、「組織は環境によって形成・創造される」という視点を、「逆に、組織は環境を規定し、形成しうる」という視点にまで拡大した。理論的洗練化は今後の課題であるが、環境に対するより広い視野が開かれることになろう。競合関係もしくは協力関係にある「他の組織」をもって「環境」と捉えがちな従来の把握・分析法から、より広大な環境内に生起する諸現象の認識・解明を踏まえ、基底要因としての社会的諸力を組織展開に投射する視座へと脱皮することになろう。換言すれば、政党内競合、政党間競合だけでなく社会システムの作動を規定する《抗争》《社会統合》をも包摂した視座への離脱である。

こうした視座への脱皮は特にイデオロギー指向の強い政党組織に求められる。この種の政党には、自ら掲げる理念・組織原理の正当化に全エネルギーを投入し、正当化すれば、自動的に理論・理念が実体化されると考える傾向がある。組織活動の停滞を、対抗組織の悪宣伝やメンバーの無自覚・無能のせいにして、社会過程・構造の変動に対する客観的・総体的分析を看過する姿勢は組織のドグマティックな唯我独尊主義を助長している（組織の自己神格化→無責任政党化）。一方、プラグマティズム指向の強い政党にも視座転換が要請される。この種の政党には、組織原理の確立・整備、メンバーによる原理の理解は不問にし、規模拡大に全エネルギーを投入しようとする傾向がある。環境への柔軟な対応力を誇示するあまり、社会変革主体としての認識を稀薄化してしまう（海図なき航海→無責任政党化）。メンバーの自己実現・解放を犠牲にして、組織生き残りが強調されるため、メンバーは文字通り、使い捨ての対象となる。また、こうした組織では、「目的の手段化」「手段の目的化」が平然と行われ、無責任性すら、時として懐の深さ論、寛容論で積極的に肯定されることがある。

［構造矛盾⑦］権力・権限の配分をめぐる内部競合——政党組織も《競合》《統合》という相対立する契機を抱えながら、目的達成の努力を行っている。能率的に目標を達成するためには、適切な資源の調達・配分を通じてメンバーの貢献を引き出すメカニズムが要請される。ここに、組織における《管理》と《参加》の均衡という問題が発生する。(11) 少なくとも、資源が有限である限り、管理効率を高めるには、規律強化、逸脱行動への制裁、厳格な権限ヒエラルヒーの構築が必要である（トップ・ダウンを基線にした一枚岩的管理体制への衝動）。だが、管理強化は、組織活動の実質的担い手であるメンバーの士気をそぐ。逆に、士気を高揚・維持するためには、《参加》を拡大し権限（人事権、政策策定権、財政運用権）を分散配分する必要がある（ボトム・アップを基線にした全員参加体制への希求）。だが、提供できる物質的誘因には限界があるし、無制限の《参加》や権限付与（分業と専門化）は管理効率を損なうであろう。

組織の本質のうちには、根深い少数者支配への傾向があることを指摘したのはR・ミヘルスである。彼は、組織それ自体の心理学（戦術的・技術的・機構的必要性）、個人の心理学（指導者の心理、大衆の心理）の側面から、デモクラシーは組織を必要としながら、組織が発展（大規模化）するにつれて反デモクラシー的な少数者支配の傾向を辿るという矛盾をドイツ社民党の内部分析を基礎に論証した。外に向けて民主主義を主張する政党が、実は、党内民主主義を放棄しなければならないという構造矛盾を、すべての巨大組織が辿らなければならない《寡頭制の鉄則》として定立したのである。(12)

肥大化を指向するすべての組織の必然的帰結点は寡頭制構造であるとするR・ミヘルスの見解に対抗して、S・エルダースヴェルドは《重層構造モデル》を提起した。彼は重層構造の一般的特徴を支配集団の増殖、権力特権・権力行使の拡散に求め、戦略と結び付いた組織生活の知恵がそれを要請していると主張している。肥大化は異質度の高い複合的組織構造を生み出すが、中央集権的な支配体制では、表出されるコンフリクトを臨機応変に処理できず（数的にも質的にも）、そのため頂上エリート層から基底メンバーまでのそれぞれのレベルで適宜コンフリクトを処理していく柔軟な分業体制を確立することが望ましいと論じている。また、組織外大衆、クライアントとの接点に位置する基底メンバーの自尊心を傷付けることなく、彼らに敬意を払うことは、究極的には、組織の発展に資すると述べている。組織拡大の可能性を犠牲にした管理効率向上論など意味を持たないので、組織拡大の尖兵たる基底メンバーの情熱と献身意欲を冷却させることほど拙劣な戦略はない。非能率、無関心、組織目標と個人目標のすり替え、に陥る可能性を持った彼らを組織規範に同調させ、しかも彼らの士気を高めるためには、ヒエラルヒーの中間層、基底層にも、自主権限・自治能力を付与する必要があると考えている。複数エリート層の共存（権力関係分散化）を突破口にR・ミヘルスに対する対抗モデルを提起したS・エルダースヴェルドが「参加と自治の革命」と無縁でないことには疑問の余地は無い。[13]

組織人の行動は、純個人的行動、インフォーマルな行動、フォーマルな行動、の三つから構成されている。一般的には、権限の大きさと純個人的行動の許容範囲は正比例関係にある。これは氷解点のない矛盾関係である。それ故、権限の分散を通じた純個人的行動範囲の拡大が人間的解放の一方策として意味を持つことは否定できないであろう。（ただし、民主的な組織原理がすべての組織にとって好ましいというわけではない。非民主的な指導を希求する組織風土も現に存在することを否定した組織論は有意性を持ち得ない。）

［構造矛盾⑧］インフォーマル組織の機能をめぐる対抗・矛盾関係——政党組織の内部には、フォーマルな構造図には表示されてはいないが、現に協同して活動している人びとのグループ（インフォーマル組織）が存在している。派閥、政策集団と呼ばれる政党内組織はメンバーの活動状況の中で、社会的必要（他の人びとと協同しなければならないという必要）に即応して自然に生起してくる。組織論では、永続的なインフォーマル組織の生成・存続を規定する決定素として次の四つが析出されてきた。⑴物理的・地理的位置の近接性（頻繁な面識的接触の存在）、⑵業務の同一性、⑶利益の共通性、⑷係争点・大義名分の共通性（解決後は解消され、自然なグループ形態に逆戻りすることが多い）。これを派閥というインフォーマル・グループに適用すれば、⑶の動機が特に強調される。つまり、ポストとカネを求

める子分と総裁公選での支持を期待する派閥ボスの間で結ばれた利益交換メカニズムと理解できる。中選挙区制度による同士討ちを回避するために、一般的には、同じ選挙区の議員は別の派閥に所属する傾向がある。特定の政策課題に対して派閥単位で態度を表明することもないわけではないが、そうした政策上の大義名分はグループ結束の主たる動機ではない。政策についてはせいぜいが派閥単位の情報交換機能、および派内大臣や有力者への陳情機能、に限られる。その意味で、派閥結成動機としての(4)は、総理・総裁候補の共通性に限られることが多い。政策派閥や政策集団は、少し複雑になる。特定地方の開発が政策課題になっている場合は、党や派閥の線を超えて(1)が重視されるし、それが(2)(3)(4)とも連動する。また、特定イデオロギーを基線にした法案が政策課題になっている場合は、(4)が強調され、それが(2)(3)に連動してくる。特定の思想傾向を基礎にした純政策集団の場合には、(1)はほとんど意味を持たない。[14]

インフォーマル組織の体系的論述は専ら新古典学派の手に委ねられているが、この学派の研究者によれば、組織管理の実践にはインフォーマル組織の特徴を理解することが重要になる。派閥のようなインフォーマル組織の特徴は次のように列挙できる。(1)独特の地位システムとコミュニケーション・システムを持っていること（通常は当選回数と経験済みポストを基準にした地位システム、デマや口コミ情報を基礎にしたコミュニケーション・システム）、(2)一定の行動規範に基礎を置いた雰囲気・文化を持っていること（必ずしも政策を基線にして形成されたわけではないが、それぞれの派閥は独特の風土を持つ。また、メンバーからの同調を要求するので一種の社会的コントロールの担い手として機能する。特にリーダーがメンバーに全人格的な忠誠を要求する派閥の場合には、無条件服従か派閥離脱しか選択肢はない）、(3)持続的な人間関係が存在していること（資源を継続的に調達できる限り、派閥は存続する。資源調達力が組織を肥大させ、団結を強化する。そのため、既得権放棄が困難となり、変化に対するインフォーマルな抵抗体になる可能性がある）、(4)インフォーマル・リーダーの生成母体になること。インフォーマル組織は、フォーマル組織が設定している価値・評価体系に抵触する行動規範を持ち込み、フォーマル組織の論理とは異なった前提を基礎にした人間関係を繁茂させ、フォーマル・リーダーに対抗するインフォーマル・リーダーを生む可能性を内包している。派閥のようなインフォーマル組織では、自分たちのボスをフォーマル・リーダーに昇進させたいという共通願望が組織結成・維持の契機になっている。インフォーマル・リーダーに対する忠誠のほうが、フォーマル・リーダーへのそれより大きいことがある。かくして、フォーマル・リーダーは、常に、反主流派、非主流派の行動を監視して、反乱行動の噴出を警戒しなければならない。政治資源としての〈党首ポスト〉の重要性は、イメージ時代の政党戦略という視点からも、強調し過ぎることはない。だが、組織内の資源配分過程におけるキー・パーソンという視点も重要である。党首ポストは政党にとって貴重な政治資源であるが、インフォーマル組織にとっては決定的な資源であり、究極の努力目標である。派閥の結成動機が「思想・信条の分有」よりも「有利な資源配分の思惑」であるという事実が、これを証明している。[15]

効率的管理を期待するフォーマル・リーダーは、インフォーマル組織の必然的存在性、その破壊不能性、および、フォーマルな政策過程に対する影響力行使の回避不能性、を前提に、それとの協同関係樹立の方策を模索する必要がある。こうした前提に立てば、インフォーマル・リーダーに敬意を払っても、決定過程への参加機会を与えても、また正確な情報を提供しても、フォーマル組織の脅威になるとは限らない。党内懐柔政策と判断するか、融和策と判断するか、主流派次第である。少なくとも、組織内フィードバック装置（次期リーダー選出母体、創造的批判の源泉）として、組織の官僚主義的風化の防波堤にはなり得る。逆に、一元的支配体制の貫徹を目指して、インフォーマル組織に敵対し、それとの協同を、人間を操作するための表相的虚構にまで退化させてしまうことだけは、避ける必要がある。非活性と閉塞化が進み、組織は決定的な風化過程に入ることになろう。

第八章　党内意思決定過程――政党と政策――

一　政党戦略と政党の位置選択

政党間競合の分界線――基本位置の決定――

S・リプセットとS・ロッカンは、政党間競合が展開される分界線とその政治的表現は二重の二元対置を交差させた二次元空間で整序できると述べている(1)（図3）。このモデルは、パーソンズの対置図式を基礎にしている。〈l－g〉軸は全国的な分界線構造の地域的次元であり、〈a－i〉軸は機能的次元を示している。〈l－g〉軸の先端〈l〉には、野望に燃えた全国エリートや支配的な全国エリートの侵略行為、および彼らの官僚機構に鉾先を向けた地方レベルでの抵抗がある。国家マシーンを集権化、標準化、合理化しようとする圧力を前にして、周辺地域住民、言語少数者、文化的に抑圧された住民は抵抗しようとする。〈g〉端には、トータル・システムの支配権、組織技法、目標設定、政策選択をめぐる抗争が存在する（システム内諸地域単位間抗争ではない）。中央権力をめぐって競合しているエリート間の闘争に過ぎぬかもしれない。〈a－i〉軸は逆に、地域単位を横断した抗争が展開される次元である。〈a〉端には、経済システムにかかわる資源、製品、利益の短期的・長期的配分（方法）をめ

図3　分界線抗争の展開軸

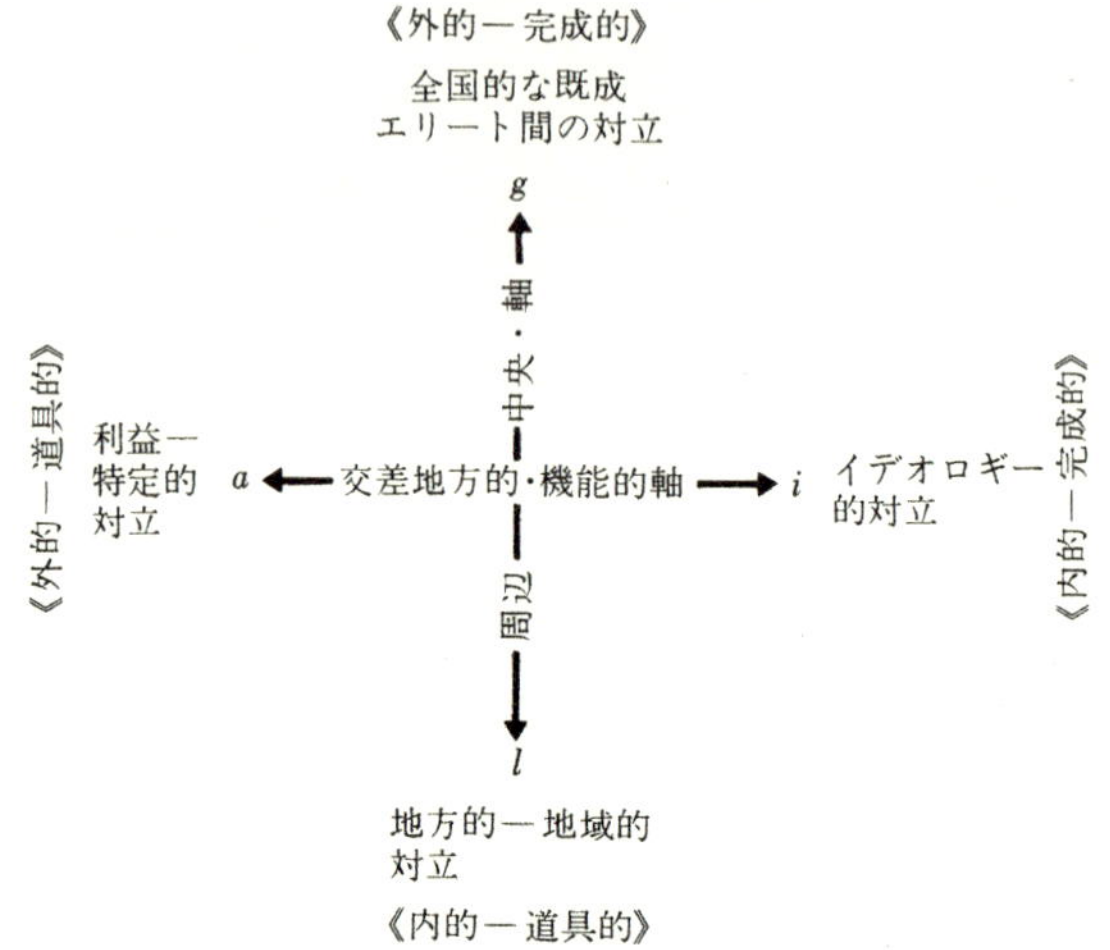

S. Lipset and S. Rokkan, 1967, p. 10.

ぐる抗争がある。生産者対消費者、労働者対使用者、債務者対債権者、小作人対土地所有者、税負担者対受益者、賃貸人対賃借人、などの利益別対立である。〈i〉端には、強固な結合を誇る宗教運動や思想運動間の対立がある。「われわれ集団」と「彼ら集団」の対立、つまり自集団と他集団を峻別する「友・敵関係的」抗争である。「歴史観」「真・善・美」をめぐる抗争であり、唯一絶対の真理を目指すものである限り、他集団との重複加入は認められない。思想純度こそ生命線である(2)。

　二つの革命、つまり市民革命と産業革命がいくつかの分界線を鮮明に浮かび上らせることになった。四つの分界線が政治的意味を持つことになった。市民革命の所産として、次の二つの抗争次元が鮮明化した。①「中心的な（国家建設）文化もしくは支配的文化」対「地方や周辺地域の臣民文化」――後者は人種的、言語的、宗教的に独自の個性を持つ臣民の抵抗。②「国家」対「教会」――前者は、集権化、標準化、流動化をその特徴とし、後者は歴史的に確立された特権を死守しようとする。産業革命の所産として次の二つの分界線が鮮明化した。③「地主（地方の第一次生産者）」対「産業企業家（都市の商人や経営者）」（土地エリート対産業エリートとも表現できる）――後者は、新たに登場した階級。④「土地所有者」「使用者」対「小作人」「労働者」[3]。一九世紀初頭以来のヨーロッパの歴史は、二つの革命が生み出した諸要素間相互作用を基礎に説明することができる。

一九二〇年代までに、西欧分界線抗争は一応決着し、以来、大きな変動を経験していないと指摘する研究者が多いが、第二次大戦はその傾向をさらに固定した。直接的な〈友・敵的対立〉が次第に幕間に消え、イデオロギー的緊張がいくぶん緩和されていった。この間の変化を引き起したファクターはいくつもある。先ず第一に、戦時中の国際協力の経験。第二に、五〇年代以後の生活水準の向上。第三に、伝統的な労働者階級とブルジョワジーの間に存在したギャップを架橋する〈新中産階級〉の急速な成長。第四に、そしてこれが最も重要な要因だが、地方レベル、全国レベルでの政治構造の真直中に労働者階級の政党が侵攻し、次いで当該システムの内部に確固たる地歩を築いたこと[4]。この一般的動向を考慮すれば、A・ダウンズの大胆な切捨て作業もかなりの説得力を持つように思える。彼の『デモクラシーの経済理論』は「今世紀に書かれた政治理論の中でも最も刺激的な試みの一つであり、数少ない創造的試みの一つである」と評価されている[5]。彼は、政党間競合を素朴な単一次元モデルで描き出そうとしているが、その際、「政府による経済システムの統制度」を唯一の指標に選択している。極端な賞賛者は別にして、「過度の単純化」との批判は免れ得ないであろう。よしんば、経済的問題の持つ支配的地位を認めたにせよ、それだけが分界線抗争の次元であるとの考えは経験的事実からも、是認できそうもない。

そのため、ダウンズの後継者たちは、より大きな説明力を獲得しようとして、理論の修正・発展に努め、多次元抗争モデルの構築に研究エネルギーを投入している。特定国家の政党政治の変動を時間的推移の中で考察しようとする者にとっても、政党政治システムの国際比較をしようとする者にとっても、以下の分界線は無視できぬ重要性を持つであろう。

《分界線①》経済的対立――ⓐ経済的意思決定への政府の参加と、政府による経済的意思決定のコントロールをめぐる意見の不一致。ⓑ政府による富の再配分と、平等化の促進をめぐる意見の不一致。ⓒ産業国有化の必要性と望ましさをめぐる意見の不一致。ⓓ市民福祉に対する政府の責任をめぐる意見の不一致。(6)

A・ダウンズは単一分界線、しかもⓐを採用し、「完全な国家統制」を左端点に、完全な自由市場を右端点に位置付け、その間での分布を考察している。また、G・フェブロンは、ⓑ「所得標準化」を独立分界線と考え、それを実現するのに必要な政策手段を一切講じない政党を右端点に、賃金政策への完全な国家介入を左端点に位置付けている。しかし、〈左の党〉が極度に革命指向的である時には、〈右寄りの党〉の主張する漸進的所得標準化政策を実現するための部分的国家介入に反対するかもしれない。(7)いずれにせよ、《分界線①》は「二〇世紀の西欧のすべての議会にあてはまるファクターであり、主要政党を識別する重要な要素である」(8)(L・ドッド)が、どれか一つだけを単独・独立変数として採用し、その他を無視すれば、例外の発見が容易であるため、説明能力を低下させてしまうであろう。

《分界線②》国家―教会関係――ⓐ国教制に対する評価をめぐる意見不一致。ⓑ宗教に対する政府の一般的態度のあり方をめぐる意見不一致。

西ヨーロッパのいくつかの議会では国家―教会関係の適切なあり方をめぐって政党間競合が展開されてきた。オーストリア、ベルギー、フランス、西ドイツ、イタリア、ルクセンブルグ、オランダ、で特に重要な政策領域となった。[9]

《分界線③》体制の基本ルールをめぐる意見不一致――ⓐ代議政治の正当性に対する評価をめぐる意見不一致。ⓑ市民的自由に対する評価をめぐる意見不一致。

フランス、ワイマール・ドイツ、イタリアでは、現存する議院内閣制の正当性をめぐって政党間競合が激しく展開されたことがある。[10]政党システムの分極度測定で使用される「反体制」政党の存・否、その規模、「反体制」度、については〈左の党〉だけでなく、〈右の党〉も考察しなければならない。また、反動政党は、一般に〈右の党〉と考えられているが、現体制の変革・打破を主張している程度は〈左の党〉以上であるかもしれない。

《その他の分界線④》――ⓐ言語的対立。ⓑ地方主義。ⓒ外交政策。

特に比較研究を行う時に留意すべき点は、先ず第一に、「小党を発生させる母体となり得ても、主要政党を識別する上では役に立たない分界線」と「真の分界線」を区別すること、第二に、特定国家に著しい分界線が存在すれば、「比較の便宜」を優先させず、それをも考察の対象にすること、である。例えば、ⓐについてはフィンランド、ⓑについてはカナダ、ⓒについてはスウェーデン、などで政党間競合が展開されたことがある。[11]

政党の戦略的位置

戦略的位置の選択は得票率極大化を目指す政党にとって重要な意義を持つ。単一次元〈左―右〉スケールについては批判がないわけではないが、有権者の意見分布、党姿勢（政策・リーダー選択）との関係で各党の相対的位置を示す基本スケールとして採用する。

ある決定的な分界線問題（例えば、経済活動への政府介入度）を基礎に〈左―右〉スケールを描き、有権者のオピニオン分布、各党の位置（執行部の見解で決定）をその連続線上に求めた結果が図4であったとしよう。[12] 各党の相対的位置がこのような形状を描いておれば、政党Rが勝利を得るであろう。「有権者は自己のオピニオンに最も近い政党に投票する」と仮定すれば、連続線上の極右点（100：完全な自由放任主義）と政党Rの位置（50）との間にあるすべての有権者は政党Rに票を投じるであろう。逆に、極左点（0：完全な社会主義的管理）と政党Lの位置（25）との間にある有権者（ここでは頻度線を用いて、支持者が少ないと仮定している）は政党Lに票を投じるであろう。さらに、二党間に位置する有権者も自己のオピニオンに近い政党に投票するであろうから、中間点（M）から政党R（50）までの有権者は政党Rに、中間点から政党L（25）までの有権者は政党Lに投票するであろう。かくして、政党Rが勝つ。[13]

この政党配置図からは、二つの事態の発生が予測される。政策やリーダーを選択するという行動は、敗者にのみ問題を持ち込むだけではない、勝者にも新しい課題をもたらす。位置変更が重要な意味を持つのはそのためである。先ず第一に、政党の位置変更である。政党Lは得票率極大化を最優先戦略目標として選択する限り、〈右〉に向けて移動する必要がある。逆に、政党Rは、勝つことだけが目標であれば、〈左〉に向けての位置変更を必要としない。むしろ、この例では、「過大規模勝利」を手にすることによって、皮肉にも党内結束を乱し、分派活動を誘発する可能性があるので、〈右〉に向けて移動する必要すら感じるであろう。政党Rにとっては、この点に注意を払う必要がある。政党Rの〈右〉に新党が登場する可能性があるからである。これが、予測される第二の事態である。政党Rは極右点周辺の有権者にとっては、「左に寄り過ぎる」とか「譲歩過剰の軟弱執行部」との印象を与えるかもしれない。

図4　政党位置と有権者のオピニオン(仮説例)

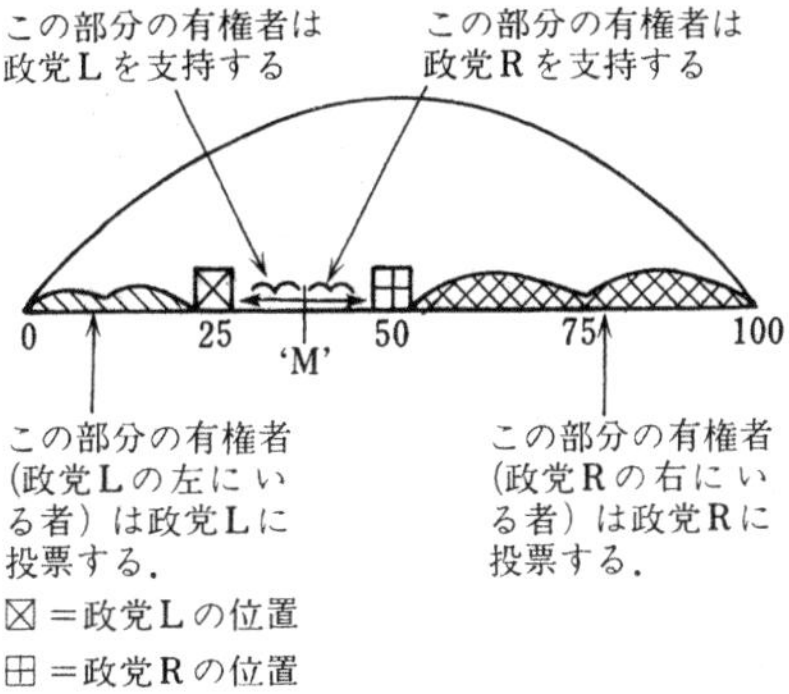
この部分の有権者は政党Lを支持する
この部分の有権者は政党Rを支持する
0
25
50
75
100
'M'
この部分の有権者(政党Lの左にいる者)は政党Lに投票する.
この部分の有権者(政党Rの右にいる者)は政党Rに投票する.
☒＝政党Lの位置
⊞＝政党Rの位置

D. Robertson, 1976, p. 28.

逆に、政党Lの〈左〉に新党が発生する可能性もある。政党Lが得票率極大化を狙って〈右〉に寄るほど、極左点周辺の有権者には「右傾化」「日和見」「裏切り」との印象を与えるからである。一般に、次の三仮説は、政党間競合の経験公理として認められている。

①スペクトラムの中間に接近するほど、妥協指向、プラグマティズム指向になる。「中間」は「右」と「左」が揃って初めて成立する位置であり、その意味で独自の発光体ではない。柔軟な対応力、左右へのブレこそ生命線であり、位置固定はその活力を殺ぐだけでなく、存在価値そのものをも軽減させる。

②中間政党に比べ、両極政党の方が思想や原理への忠誠心が強く、プログラム指向になる。政策やリーダーの選択に際して中間に向けて求心的ドライブをかければ、「原点に戻れ」論を背景にした「右バネ」「左バネ」が作動する。[14]

③両極政党の中では、〈右〉の党より〈左〉の党の方がプログラム指向が強い。体系理論の欠如、理論による決着よりも力による解決を優先させる性向が〈右の党〉にはある。

政党位置の研究が、選挙結果の事後説明力だけでなく政党政治の予測能力をも獲得するためには、上述したように、戦略的位置変更、新党発生の可能性、を視野に収める必要がある。以下では、主に、「変更―固定」を中心に政党位置について考察する。その際、次の仮説に基礎を置く。《仮説1》競合的政党制の下では、政党は自由に位置変更できる。《仮説2》どの党も、それが政党である限り、政党戦略の目標の第一優先順位を得票率極大化に置く。《仮説3》有権者は自己のオピニオンに最も近い政党に投票する。《仮説4》党（執行部）、党員、支持者はスケール上の位置について同じオピニオンを持っている。《仮説5》位置変更は、最終的には党大会での綱領修正を通じて行われるが、個別的な政策・リーダー選択状況の中でも実行される。

「有権者には合理的判断能力が欠如している」[15]との見解の説得力を是認する限り、仮説3、4には経験的事実による検証に耐える力が仮説1、2、5ほど備わっていない。そこで、政党イメージ、係争点の性格、から若干説明しておきたい。

政党イメージ

政党イメージは、《左―右》連続線上の政党位置について、また、その連続線上の政党配置図（配列順序、政党間距離）について、有権者が抱いている考えによって構成される。[16] おそらく、後者の方が大きな要因となっているであろう。例えば、選挙キャンペーンで各党から提出されるさまざまな見解（政策選択肢、リーダー選択肢）を有権者が等級づけようとする時、スケール上の配列順序に関する有権者の考えがその行動を規制するであろう。また、市民が政党とそのアウトプットを結び付けて考えようとする時にも、政党イメージが大きな役割を演じる。その結果、さまざまな見解の内容はそれを発表する政党を基礎にして分類されることになる。つまり、〈左〉の政党によって採択されると〈左〉の見解、〈右〉の政党によって採択されると〈右〉の見解として分類されるようになる。さらに、有権者は政策問題に対する各党のオピニオンが判然としない時に、《左―右》連続線上の配列順序を手掛かりとして活用できる。その際には、既知の情報が判定補助手段となる。かくして、政党イメージは、有権者の情報空間に生じた空白を埋めることができるのである。[17] 政党イメージの演じるこの情報提供（補完）機能は、有権者が特定政党の見解について情報を現に欠如している時だけでなく、各党が特定政策領域について公式見解を表明していない時にも、あてはまる（準拠集団機能）。しかし、政党イメージは、この機能のゆえに政党の態度変更、位置変更を、逆に、制限・阻止する原因ともなりうる。[18]

例えば、党の信頼イメージは得票率極大化戦略の基本要素であるが、「想定された連続線上の位置に反する」と市民が解釈するような見解を政党が採択したと考えてみる。この場合、その党は継続性を破棄したことになるので支持者の期待を踏みにじることになる。有権者は継続性を党自身がホゴにしてしまったと考え、執行部への疑惑を募らせるかもしれない[19]。党員や有権者の執行部離れや政党離れは、それが合理的判断にではなく、漠然としたイメージに基礎を置くものであるほど、彼らを説得し阻止するのに膨大な宣伝費用が必要となる。その意味で、政党イメージは態度・位置変更を制限する変数となりうる。だが、《継続性》を重視するあまり、態度・位置変更に繋がる意見を一切差し控えるわけではない。情宣経費を投入して態度変更（の正当性）を有権者や党員にアピールし、得票率極大化を狙わなければ、政党は硬直化・自己閉塞化してしまう。

係争点の性格

政策課題の中には《左—右》連続線上に順位付けして政党を配列することができるものもあるが、それに馴染まぬ問題もある。しかも、かような係争点が政党間論争・交渉の焦点になり、有権者の態度決定に大きな影響を与えるかもしれない。政治問題は有権者、党員の基本的評価基準のみならず現状認識に従ってさまざまな解釈を与えられるからである。現状認識は以前の状況との比較の対象としての現状に関する評価、特定の問題領域に生じるさまざまな事象間の因果関係の認識、から構成されるが、《左—右》連続線上の相対的位置関係で表現できるとは限らない。例えば、ある政治手段実施の適・否、政治的決定・実施の時期、リーダーおよびその候補者の適・否、特定政策領域問題に対する責任の所在、などは同じ政党に所属する政治家の間でも意見が分岐する問題であり、これらをめぐる抗争はある特定の状況がそれ自体好ましいものであるかどうかにはあまり関係がない。評価に相違はあっても、これらの問題が政党位置を決定的に左右するものではないことについては、合意が存在している。この種の問題は政党位置を微調整する機能を持っているが、政党配置図の決定素とは言えないので、《状況問題》ないしは《微調整問題》と分類できる。[20] 実際の政党間競合では、このタイプの問題をめぐって激しい論争が展開されており、政権交代頻度が高いシステムや成熟したデモクラシーでは、与・野党間の相違はこの種の問題の周辺で生じていると言っても過言ではない。

一方、前述した《分界線》は政党システムの恒久的な抗争次元であり、基本的な《位置問題》に係わってくる。その国で支配的な分界線上の位置が政党の存立基線であり、政党配置の基本形はこれで決定される。分界線問題をめぐるオピニオンは、それが潜在的なものであれ顕在的なものであれ、現状認識にのみ基礎を置くのではなく、究極的には基本的な《価値システム》に基礎を置いている。政党間競合の分界線が社会的利益の「亀裂」と表現されているのが印象的である。B・モリーンは、政治化された問題について複数の選択肢が提出された時、政党の選択行動は、党の価値システムに合致する決定を行いたいという欲求と、政治権力を獲得・維持したいという欲求との関数であると述べている。後者の欲求は《人気》のある選択肢を優先させよと命じる。前者は政策の《継続性》・一貫性を強調する。状況問題・微調整問題なら選択に時間はかからない。だが、位置問題については選択は容易でない。位置問題の内実は《体制選択》を含むからである。各党は一定の《分界線》を基礎にした世界観（価値体系）を持ち、その世界観を支持する《核集団》を資源調達源として系列化している。核集団にとって、政党の価値システムは、継続的支持の大義名分であり、逸脱は裏切りである。[21]

状況問題・微調整問題と位置問題・体制選択問題を類別することは必ずしも容易ではない。政党間競合は基本的評価システムの実際的適用や追求すべき状況に関してと言うよりはむしろ具体的な政治方策や当面の政治責任について展開されるからである。基本的評価について議会内にコンセンサスが行き渡っているほど政党間競合が《状況問題》《微調整問題》に集中する傾向がある。そのため、《位置問題》とその外延に存在する問題を区別すること、および、その問題と《微調整問題》を区別することは困難になる。政党が有権者に向けて意思伝達しようとする場合、(1)政党からのメッセージに気付かせることも困難なら、(2)政党からのメッセージに耳を傾ける時間を割かせることも困難であろう。その上、(3)政治的知識・情報を比較的僅かしか持っていない有権者に関連問題を詳細に説明することなどさらに困難であろう。《位置問題》と《状況問題》を峻別することは、その意味では、実際的意義を持たぬかもしれない。そこで、政党は簡単なコピーによる「イデオロギー表明」策に出る。「デモクラシーかファシズムか」「自由か隷属か」といった自・他区別の簡明なスローガンが活用される。このイデオロギー表明によって党は《位置問題》に関するさまざまな見解を縫合する。この策は市民の政党イメージに符合するスタイルで提出されるので、情報コストを大幅に削減することになる。しかし、その一方で、個々の政策課題の相対的重要度は不鮮明になる。ここに、政党戦略の重要な側面がある。

政党は分界線上の問題をいつ、どのような形で政治化するかを決定しなければならない。これとの関連で、《顕在的分界線》と《潜在的分界線》を区別する必要がある。前者は、一定の時点で政治論争の対象となる分界線で、後者は潜在的には政治化される可能性を持つがその時点では現実性を持たぬ分界線である。(例えば、党綱領には王制廃止とか憲法改正を明記して明確な体制選択をしておきながら、実際にはこの種の分界線抗争を慎重に回避・棚上げしている政党。）主に、政治スタイルと関係する《状況問題》はその性格として、より一時的な性質を持つ。党は、《位置問題》《体制選択問題》と《状況問題》をどのような比率で政治化・非政治化するか、を決定しなければならない。両者のバランスを操作することによって、分界線に新しい内容を加えることができる。一般に、有権者のオピニオンの構造化レベルは位置問題に比べ状況問題の方が低い。そこで、（状況問題の方が投票行動を左右するかもしれないので）、コミュニケーション対象の性格（一般有権者か、忠実な党員か、優柔不断な支持者か、敵対者か）によって両問題の比率を変えたり、異質の問題を使いわけたり、コミュニケーション量の配分を調合したりして、政党イメージを操作・変更することができる。この点については、政党に選択の自由が存在すると言えるが、その一方で、有権者・党員にとっては、正確に政党像を描けなくなる恐れがある。ある有権者には左指向と思える政党が別の有権者には右指向に見えるということがある。特に、中間政党が複数ある場合には、有権者の位置イメージと政党が表現しようと思っている位置イメージが交差する可能性がある。

多次元競合空間の試み

単一次元《左―右》スケールは、次のような視角から問題点を指摘されている。

［問題点①］政党や有権者の行動が一つの分界線問題をめぐって展開されるものでない限り、どんなに一般的な基準線を設定しようと試みても、経験的検証に耐える完全な力はない。例外が存在するであろうし、そのため、補助基準が必要となろう。こうした欠陥を回避するためには、《位置問題》《状況問

題》の相対的比重を考慮に入れ、多次元抗争空間の中で表現することが望ましい。

［問題点②］政党間競合が展開される分界線は時間的経過の中で、その重要性、顕著さを増・減するので、単一の分界線がたとえ一時的には決定的意味を持ったにしても、それを中心に政党間競合が構造化されると考えることは非現実的である。論争点は急速に変化する可能性がある。逆に、分界線が凍結されてしまい、単なるスタイル問題をめぐる論争が政党間抗争を支配することもある。そのため、複数の分界線（とその系として発生する諸問題）の相対的重要性を時間の流れの中で測定することが望ましい。

［問題点③］《左—右》スケールは政党や有権者の位置を連続線上に順位付けできるという考えに基礎を置いているが、すべての政治的係争点がこの性格を持つとは限らない。《位置問題》《体制選択問題》だけでなく、《状況問題》《スタイル問題》が論争を支配することがある。しかも、経験的には、政治宣伝の重要な部分は連続線上に順位付けることが難しいスタイル問題に関するものである。そのため、コミュニケーションに占める二タイプの問題の相対量を測定しなければならない。そして、スタイル問題については順位付け不可能との理由で看過するという態度を差し控える必要がある。イメージこそ、政党間関係、有権者関係、政党—有権者関係を理解する上で重要な要素である。

［問題点④］《左—右》スケールは政党、有権者が共通の照準枠組で空間を解釈しているという仮説を基礎にしているが、有権者間の情報分布が不均質であること、有権者の認識空間は数的には有権者の数だけあっても不思議でないことから、非現実的になる可能性がある。[22] しかし、一般には、政党は有権者

のオピニオンを《左―右》スケールで大雑把ないくつかのグループに編成しているので、無限分化という事態は発生しないのが普通である。逆に、有権者にしても、それぞれ異なった抗争次元での政党位置を複合的に組み合せて一般的な政党イメージを形成しているのでこの懸念はある程度軽減される。

以上のような問題点を克服し、政党間距離を正確に測定しようとする試みがいくつかある。例えば、単一競合空間論の過剰単純化を回避して、いくつかの問題領域での意見不一致を表現しようとする試みもその一つである。P・コンヴァースは二つの抗争次元を使用するだけでも、政党間の競合空間・距離を記述する上で（単一次元に比べ）はるかに広大な視野を確保できると主張している。[23] G・サルトーリは、こうした考えを基礎に、「左―右」「独裁的―民主的」「世俗的―宗教的」「単一人種的―統合的」の四次元を使用して、多次元競合空間モデルを提出している。[24] 彼は、この四次元に加え、「地方―都市」「近代性―伝統性」を基礎に分界線抗争空間を構築できると考えている。四―六の分界線をそれぞれの国、その歴史的推移、競合状況の中で相対的重要性を考慮しながら政党間競合を説明しようとする。[25] 今日では、政党間競合理論の研究者は暗黙裡に多次元競合空間モデルを念頭に置いている。過去の政党間抗争を因果関係的に説明し、抗争パターンの類型を探り当てること以上に研究関心が進めば、とりわけ未来に向けて政党戦略論を展開しようとすれば、《左―右》次元を主軸にその他の分界線を《左―右》次元に可能な限り還元する必要があろう。政党戦略は主に政党位置の《左―右》変更に係わってくるからである。さまざまな政策上の軌道修正は最終的には左―右スケール上の位置変更との関係で行われる。少なくとも、有権者の目にはそう映るし、この共通尺度しか地球規模の流通性を未だ獲得していない。

二　政党の位置変更戦略

政党配置の基本パターン

以下の図では、横軸↓《左―右》スケール、縦軸↓支持者の数（議席占有率、得票率）、カーブ上の一点と横軸を結んだ実線↓党の現在位置（執行部、支持者のオピニオン位置）、カーブ上の一点と横軸を結んだ破線↓各党の得票率の限界点（位置変更極限点）を示す。[26]

［パターン①］《通常型》（図5－a）――このパターンは位置変更促進型と表現できる。政党A、Cは得票率極大化を狙って政党Bに向けて移動できる。政策選択を伴う位置変更であれ、リーダー選択を伴う変更であれ、リスクは小さい。それを妨げる唯一の要素は、党内不平派が生れ脱党行動が生じる危険性である。特に政党Aは、〈左〉の政党の通例として教義への忠誠が強いので、その可能性がある。政党AがB点に向けて移動するにつれ、左端点とA点の間に新党が生れる可能性がそれだけ大きくなる。支持核集団内の純正派は、右への移動を「裏切り」「堕落」と批判するであろう。政党Cは、〈右〉の政党の一般的傾向として原則より権力を指向する風潮が強いので、その危険は比較的小さい。支持基盤新規開発意欲が位置変更を促進する。ただし、（B・C／2）点を超えると、右端点とC点の間に極右政党が誕生するかもしれない。逆に、政党A、Cが両極（AA点、CC点）に向けて移動することは、得票率極大化の点から見ても得策ではないので、想像し難い。いかに政党イメージの維持や政策の一貫性・継続性を強調するリーダーであっても、政党Bに領土拡張のチャンスを与える必要はない。リーダ

図 5 - a　パターン①《通常型》

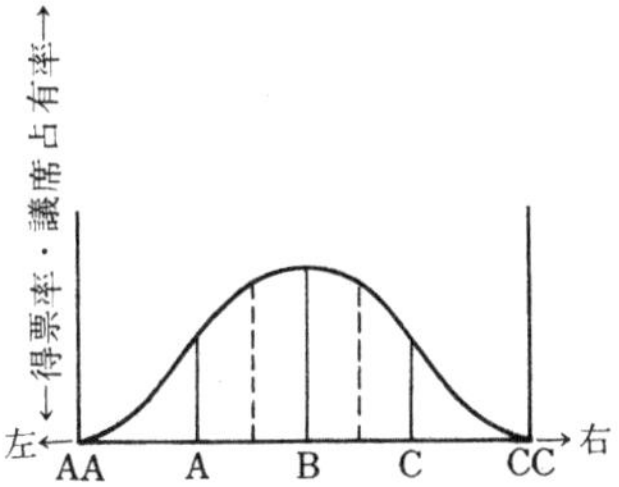

図 5 - b　パターン②《硬直型》

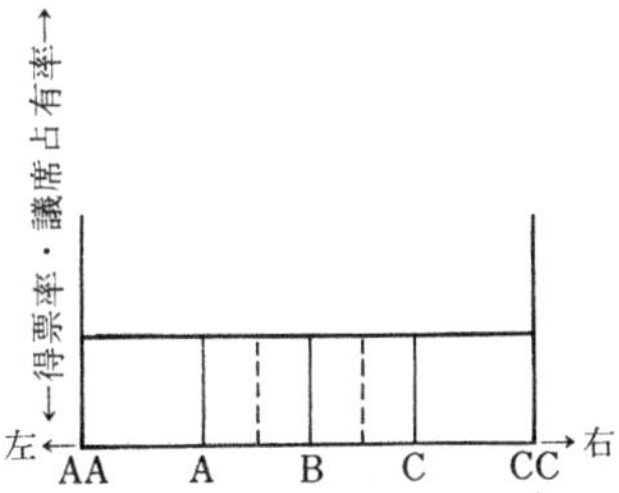

図 5 - c　二大政党制下の〈硬直〉パターン

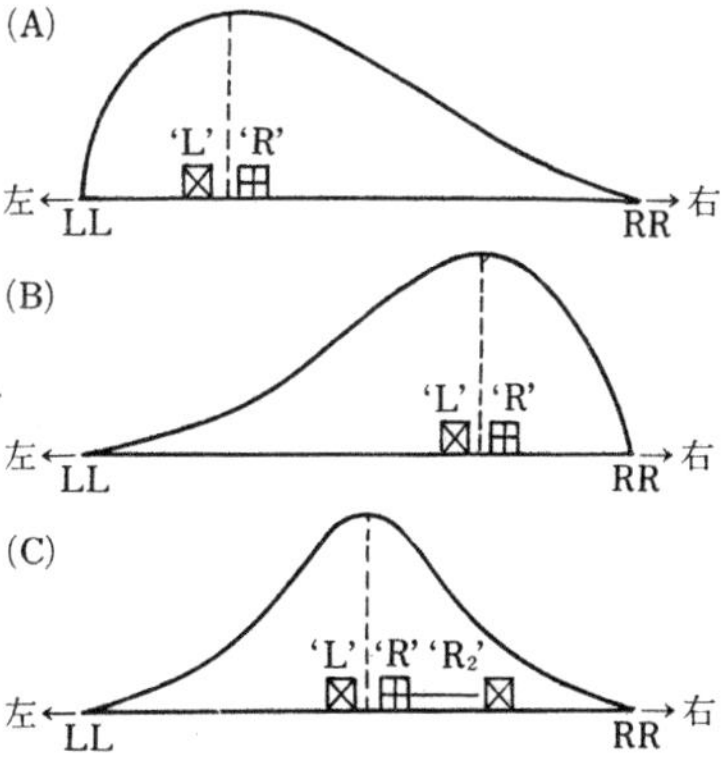

図 5 - d　パターン③《流動型》

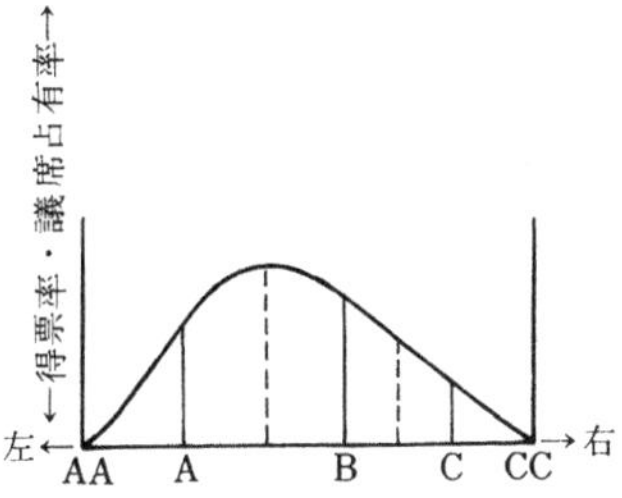

図 5 - e　パターン④《ディセンサス流動的連合型》

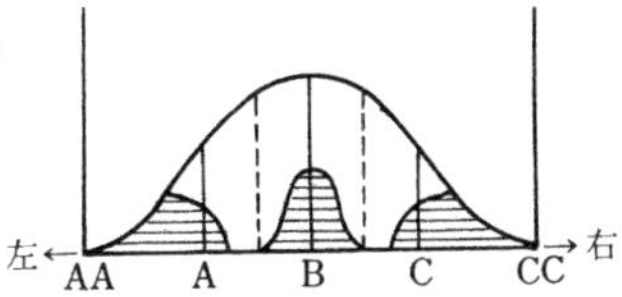

図 5 - f　パターン⑤《コンセンサス流動的連合型》

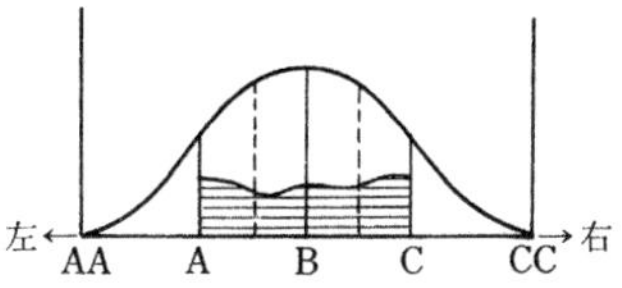

図 5 - g　パターン⑥《固定的連合型》

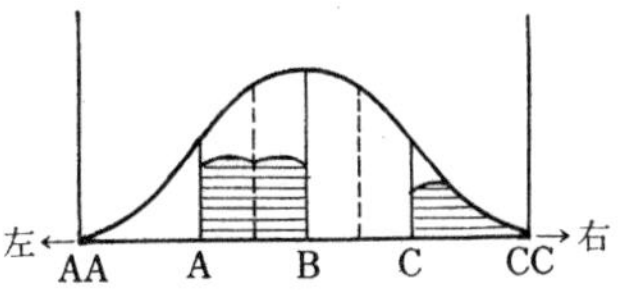

S. Sjöblom, 1968, pp. 160-65.

ーの臆病さはむしろ無能に近い。だが、A・B間、B・C間に「政権への距離」を主張する政党が発生した場合は、AA点、CC点に向けて押し込まれ、「政権からの距離」を唱え教義に固執するプログラム政党への転換を余儀なくされるかもしれない。政党Bはどちらに移動しても位置変更で得票率を伸ばすことはできない。(A・B／2)点を超えれば、B・C間の有権者は政党Cに、(B・C／2)点を超えれば、A・B間の有権者は政党Aにスイッチする危険がある。いずれの場合も、失うものの方が勝ち取るものより大きい。そこで、政党Bの当面の戦略は最大限(A・B／2)点まで移動して政党Aと連合し(中道左派連合)、政党Cを孤立させるか、(B・C／2)点まで移動して政党Cと連合し(中道右派連合)、政党Aを孤立させるか、である。政党A・Cの連合は、政党間距離の大きさからも、懸念する必要はない。

［パターン②］《硬直型》(図5-b)——支持者、有権者のオピニオンがスケール上を公平に広がっており、各党の基本位置がパターン①と同じである時には、位置変更は予想されない。政策選択でもリーダー選択でも、柔軟な変化対応力を発揮できない。このような事態(各党の議席占有率、支持率が三三・三%)は実際にはありそうもない。政党A、Cが自党の位置を有利だと考えている限り、政党Bにとっては得票率極大化を狙って位置変更する理由はない。政党A、CはB点に向けて移動する可能性がある。しかし、それぞれの側面(A・AA間、C・CC間)で新党が発生する確率はパターン①に比べはるかに大きい。各党の位置は既に平均的支持者から遠く隔たっているからである。例えば、政党Aが(A・B／2)点に移動すれば、政党AはAA点から(A・B／2)点までの広大なオピニオンを収容

しなければならないが、プログラムに忠実な層は、党執行部を「展望無き譲歩」と批判し、脱党→新党結成の挙に出るであろう（新党の位置はAA・A間）。逆に、現状の長期固定化に不満を抱き、「政権への距離」を強調する新党がA・（A・B／2）間またはA・B間に発生すれば、政党Aは新党を「階級の敵」「エセ革新」と批判し、自らは「権力からの距離」を力説するプログラム政党に方向転換する。いずれにせよ、パターン②という事態の下では、どの党も進んで位置変更しようとはしない。だが、このような事態は現実にはあり得ないし、よしあったとしても二党制下の「硬直」よりは流動性が強い[27]。

図5－cは二大政党制の基本型である。(A)は、選挙権拡大、青年有権者の急膨脹などによって「左の風」が吹いている時、(B)は、「右の風」が吹いている時の抗争パターンである。(C)は実際には存在しそうもないモデルであるが、中間固定型と言える（政党L、政党Rともに、得票率極大化の最適位置を占めている）。(A)の政党RはR点からRR点までの広大な有権者を、(B)の政党LはL点からLL点までの広大な有権者の支持を収容しているので、RR点またはLL点の近くで新党が発生する可能性がないわけではないが、選挙制度（小選挙区制）や伝統などの助けをかりて、新党発生を憂える必要はそれほどない。(A)の政党Rはもっと右に、(B)の政党Lはもっと左に向けて移動することができるが、その分だけ反対党に票を奪われる可能性が大きくなるので、最適位置を離れる積極的理由はない。(C)の政党Rがよしんば、R_2に移動してもR_2・RR間の有権者には変化はない。しかし、（L・R／2）・R_2間の有権者のある部分にとっては政党Rより政党Lの方が「近い政党」になるであろうから、スイッチする者も出てこよう。かくして、二大政党制の下では、いずれの過程を経ようと、両党ともいずれ最適位置を発見し

そこに定着する。選挙毎に党派移動する選挙区の数は少なくなり、接戦選挙区だけが真の選挙を経験することになる。

［パターン③］《流動型》（図５‐ｄ）——これはすべての政党が位置変更する可能性を持つ政党配置である。ただし、選挙が定和ゲームである以上、すべての政党が得票率を伸ばせるわけではない。政党Ｃは〈左〉に向けて移動するかなり大きな理由を持っている。Ｃ・ＣＣ間の有権者にとっては政党ＣがＢ点に向けて移動しても政党Ｃ以外に選択肢がないし、彼らの数も比較的少ないからである。この支持層の薄い領域に新党が発生する可能性は少ない。もし新党が発生すれば、極端な過激政党であろうが、政党Ｃと共倒れになる可能性がある。政党Ａの場合、若干様相が異なる。〈右〉に向けて移動する理由がある。ただし、（Ａ・Ｂ／２）点に接近する程、〈左〉側に新党が発生する可能性がそれだけ大きくなる。Ａ・ＡＡ間にはかなりの有権者がいるからである。政党Ｂは〈左〉に向けて移動するであろう。〈左〉への位置変更によって獲得できる得票率増は〈右〉側で失うモノより大きいと予測できるからである。しかし、政党Ｂが〈左〉に向けて移動すると同時に政党Ａが〈右〉に向けて移動すれば、Ａ・Ｂ間の有権者を奪い合うことになる。この場合、政党Ａ、政党Ｂの移動距離が同じであれば、Ａ・Ｂ間の有権者を分ち合うことになる。そして、政党Ｃに〈右〉側の有権者を奪われる危険に直面する。政党Ｂにとっては〈左〉への移動戦略を中途半端に遂行すると政党Ａ、政党Ｃに両側の支持者を一挙に奪われるかもしれない。また、政党Ｂが移動せぬまま、政党Ａが〈右〉に向けて移動すると、政党Ｂは政党Ｃからの攻撃は防げるが、〈左〉側の有権者は失うことになろう。いずれにせよ、政党Ａ、政党Ｃはそれ

ぞれA・AA間、C・CC間に破片政党が生じる危険がない限り、B点に向けて移動することができる気楽な位置にいるが、政党Bは大飛躍の可能性も大敗北に直面する危険もあるので、決断の位置にいるということになる。

［パターン④］《ディセンサス流動的連合型》（図5－e）

［パターン⑤］《コンセンサス流動的連合型》（図5－f）

この二つのパターンでは、有権者の政党支持は同じであるが、党員のオピニオン（斜線部）にはパターン間で相違がある。パターン④では各党とも党員間にかなり明確な意見分裂がある（ディセンサス型）。そのため、政党A、政党Cが中央に向けて移動しようとすると挙党体制に微妙な影響を与える。政党Bが連合パートナーとして選択した政党と政党Bは互いの方向に向けて接近するが、連合二党内には大量ではないが必ず不満分子が生れるであろう。政党A、政党C共に党内に過激論者を含んでいるからである。特に、政党Aの内部では、中間勢力との接近を「原点に戻れ」論や「無批判の権力指向」論で拒否したがる臆病な教条主義者からの反発が予想される。政策基本線は、イデオロギー政党にとっては生命線であり、譲歩の余地はほとんどないからである。合意内容（政策協定、統一リーダーの選定）をスリ合せる過程で、不満分子が脱党→新党結成に走るかどうかは、政党Bが連合パートナーに要求する譲歩幅の大きさに左右されよう。A・B間、B・C間に新党が発生する可能性は皆無に近い。あるとすれば、このパターンが長期化し、しかも連合形成の組合せが固定化した時である。この場合、「政権への距離」を主張する現実派が万年野党の地位に飽き足らず、（A・B／2）・A間、（B・C／2）・C

間で新党を結成するであろう。

パターン⑤では、各党の党員間にオピニオン重複があるので、政党Bがどの党を連合パートナーに選択しても、連合二党内に党分裂の動きは生じない（コンセンサス型）。しかし、連合形成の組合せが長期固定化すれば、システム変化を要請する起爆剤が発生するかもしれない。変化を主導するのは「政権から疎外された」政党であろう。万年野党の中でも、特に「政権への距離」を強調するプラグマティズム政党の内部で、執行部批判が噴出するであろう。思想純度を強調する「非連合派」と権力への接近を強調する「連合派」が党内の政策作成過程で衝突する。いずれか一方が党内野党宣言するまで論争を継続するか、結論の出ないまま論争を果てしなく継続するか。他党に向けるべきエネルギーを党内論争に集中する光景は、有権者には「野党ズレ」と映る。いずれにせよ、挙党体制は困難になり、政権は一層遠のく。また、パターン④、パターン⑤とも、政党Bは他の二党のいずれか一方を連合パートナーとして自由に選択できるが、野党になった政党が政党Bと野党の間の票を奪い去ってしまう危険は覚悟せねばならない。スウェーデンの中央党が経験した苦悩である（勝者は勝利の栄光と同時に勝利ゆえの苦悩を覚悟しなければならない）。

［パターン⑥］《固定的連合型》（図5-g）——有権者の政策選好だけでなく、挙党体制の確立・維持を考慮に入れると、政党の位置変更戦略が極端に制限されてしまうことがある。パターン⑥は、政党Bだけが、しかもたった一つの選択肢を持っている事態である。政党Bは単独・少数党政権を選択するか、政党Aとの連合を選択するかの二者択一に直面している。今日の議会政治の基本ルールでは、前者

の選択肢は実際的有意性を持っていない。その意味でも、スウェーデンの事例は興味深い(28)。政党B、Aの連携・連合には、政策距離から言っても、問題はない。しかし、政党Bが政党Cに接近すれば、事態は一変する。政党Bは内部分裂の危機に直撃される。少なくとも、激しい党内論争を引き起こす。おそらく、政党Cでも同じ現象が見られるであろう。理論的には、CC点周辺のプログラム指向層は、政党Bとの連合を「権力への迎合」と批判し、党内野党宣言をすることになる。だが、実際には、〈右〉の政党は、〈左〉の政党ほど権力に禁欲的ではない。現実と理論に食違いがあれば、理論の方を現実に適合させようとする。だが、いかに政策距離を縫合しようとも、案件毎に亀裂が浮上し、閣内不統一は時間の問題となる。政党Bと政党Cの連合で、政党Aは漁夫の利を得るであろう。政党Aは、広大な位置変更領域を手にすることになるからである。

政党の位置変更戦略

複数政党システムでは、各党はオピニオンが類似した政党と議会レベルで簡単に連携・連合できる。しかし、選挙レベルでは、潜在的パートナー同士が比較的接近した支持基盤を持っていることを意味する。つまり、議会レベルで共同戦線を張る政党が選挙レベルでは得票率極大化を狙って激しく争うのである。政党は困難に直面することになる。各党は議会レベルの政策と選挙レベルでの政策提案が一致しているというイメージを有権者に与えながら、議会では他党と共闘し、選挙ではその党と対立しなければならないからである。「政党は二枚舌」イメージは、信頼感を突き崩してしまうかもしれない。そこで、各党は選挙後の政党間交渉・合意形成の対象になると予測される政策課題については有権者への明確な情報の提供を差し控えようとする（争点隠し）。政策の《継続性》を保持するための必要戦略である。その一方で、隣接政党に支持者を奪われないために、自党と他党との評価システムの相違を強調して票の流出対策を講じねばならない。そこで、政党と支持者の《一体化》を確保するためにも他党とは違った内容を持つ具体的政策を提出することになる。また、他党との相違点を強調しながら、「合意形成↓連合」の可能性を開放しておくために主要政策の優先順位を流動的にしておく必要もある。[29] 政党が得票率極大化を狙って位置変更しようとする時に採用する戦略は以下の通りである。[30]

［戦略①］政治化—非政治化策——顕在的分界線を非政治化したり、潜在的分界線を政治化することによって、有権者の抱く政党イメージを変えることができる（例えば、防衛論争でタカ派イメージが濃厚になり、支持が低下すると、福祉政策を政治化し、それに世論を集中させる）。論争問題を非政治化したとしても従来から党がその問題に対して表明していた態度・見解は有権者の政党イメージに残像として部分的に生き続けるであろうから、急激な変身はかえって「変節漢」「世論迎合者」との印象を与える。そこで、《スタイル問題》《状況問題》によって政党位置を微調整し、その成・否を見届けてから《位置問題》《体制選択問題》の政治化—非政治化に進むことになろう。

［戦略②-a］自陣集合・接近策——集合とは、政党が有権者向け宣伝で二つないしそれ以上の政党を統合することである（例えば、「政党AとBは、この問題については同じ穴のムジナである」「派閥CとDは後継総裁問題では共同歩調を取っている」）。自陣集合とは、その統合勢力の一員として自党を含める策である（例えば、「わが党と政党Aは、この問題については同じ立場を取る予定である」「わが派

と派閥Cは、後継者指名問題では連携を保持するつもりである」)。接近とは、妥協や連合を推進するために、譲歩を覚悟して他党に近付くことである。接近対象政党に近い見解を採用することになる。連合を形成するつもりなら、接近対象政党も接近行動をとる必要がある。そこで、［戦略②-a］とは、意識的・積極的に他党のオピニオンに接近し、有権者向け宣伝でこれを強調する戦略である。「政権への距離」をアピールする政党や派閥は、議会内・党内影響力を誇示するためにこの戦略に訴える。また、弱小政党も一つまたはそれ以上の政党との密接な協力関係を誇示し、決定内容に影響を与える政治力を有権者に示すことによって、「有力政党」のイメージを確立しようとする時（また、非主流派から主流派へ転身しようとする時）、これを採用する。数の論理が支配する政党政治では、「自陣を中心にした《五〇％プラス一》ブロックの形成」が重要であるため、位置変更戦略の基礎と言える。

［戦略②-b］自陣集合・離反策――離反とは、接近とは逆に、特定の政党の見解に遠い見解を採用・表明する行動である。この戦略は、連合の解消を希望する時、自党の性格を明確にしたい時、採用される。度重なる妥協を繰り返している政党や、早い段階で連合に加入した政党は、党内からは党主体性・独自性確立の要求、党外からは態度鮮明化の要求にいずれ出会うことになる。また、第三勢力（第三政党や第三派閥）に政権を渡さないことでは合意しているが、その当初目的が達成された時、どちらが（先に）政権を担当するかについては合意ができていない場合にも、この戦略が採用される。他を排除するために自陣集合しながら、二者の一方しか政権担当できぬため、連合パートナー間の違いを、自陣集合策と並行して、外に向けて表明しなければならない。この場合、第三勢力は、後者に注目して

「候補者一本化」を要求しながら、どちらか一方に接近し、連合を崩壊させようと努力する。「戦略②－b」は、このことからも推測されるように、「戦略②－a」が有効で、しかも他党からの接近行動がある時を除けば、非現実的な戦略である。

「戦略③－a」敵陣集合・接近策——敵陣集合とは有権者向け宣伝で二つないしそれ以上の政党を統合し、自党をその一員に含めないことである。つまり、絶縁したいと考えている対立党に向けて行われる宣伝である。自・他の相違を強調する一方で、連合諸党内の相違は有権者を欺く見せ掛けに過ぎず、彼らは共犯関係にあるなどと宣伝する（例えば、「政党Aは増税政策を画策している。沈黙を保っている政党B、Cのうち政党Bも実は増税案を是認している」「派閥A、B、Cは、程度に違いこそあれ、すべて金権体質を持っている」）。二党が議会で共闘しながら、選挙では競合している場合に採用されることが多い。将来の連合パートナーと考えている政党以外の党を共犯関係で一括する戦略である。

「戦略③－b」敵陣集合・離反策——自党の主体性・独自性を誇示しようとする時にこの戦略が採用される。つまり、以前には自党の近くに位置していた政党との距離を大きくし、それを強調したい時には、その党を他党と集合させようとする（例えば、「政党Aは強力に増税政策を推進しようとしている。沈黙を保っている政党B、Cのうち政党Bも実は増税案を是認している。友党と信じていた政党Cも追従するかもしれない。純粋に反対しているのはわが党だけである」）。継続的に採用すると「政界の孤児」化する危険がある。

「戦略④－a」自陣離散・接近策——離散とは、集合とは逆に、有権者向け宣伝で諸政党間の相違点を前面に押し出す行動である。自陣離散とは、かような選択的活動で自党を含む場合である。つまり、政党がその宣伝活動で自党を他党から切り離し、自らの政策位置を鮮明にする策である。離散は、連合や政党間協力を解消しようとする時に採用される。また、第三党との共犯関係を対立政党から指摘されて逆境に立った時、自党とその第三党との政策態度の相違点を明確にし、批判を回避しようとする際にも採用される。［戦略④－a］は、現に協力関係にある政党（・派閥）と手を切り、新たに他党（・他派）との連携を画策する時の戦略である。先ず、協力関係にある党とは自陣離散して関係を清算し、第三の政党（派閥）に接近する。接近の対象となる政党（派閥）がフォーマルな自陣離散を通過儀礼として要求することが多い。さもなければ、（今まで敵対していた政党・派閥が突然に接近するわけであるから）、密室の取引・談合とのマイナス・イメージを有権者に与えるからである。自陣離散の対象となった政党（派閥）は、当然、離縁行動を非難する。特に長期にわたって連携していた場合は、近親憎悪に似た反発が予想される。

［戦略④－b］自陣離散・離反策──新しい政党イメージを確立するために、以前協力関係にあった政党と自党との政策位置の基本的相違を強調しながらその党と手を切り（自陣離散）、かつ、それを有権者向け宣伝で誇示する戦略である。しかも、他党との長期的連携で定着してしまった政党イメージを完全に払拭してしまうまでは、どの党にも接近しない。この戦略が長期化すれば、「局外中立」党のイメージが定着するが、それが許されるのは小規模の中間政党くらいであろう。政局の主導権を掌握しようとする大規模政党は、長期にわたって「局外中立者」たりえない。執行部は、無力と無責任を批判さ

れよう。

［戦略⑤－a］敵陣離散・接近策――敵陣離散とは、政策選択に際して、自党と対立関係にある政党連合を分断し、その協力関係の不当性を有権者にアピールするような政策位置を選択する策である。敵陣離散策は主に野党が、政権を担当している連合諸党の足並の乱れを指摘し、閣内不統一に追い込んだり、連合に対する有権者の信頼を突き崩そうとする時に採用される。党内レベルでは、対立関係にある派閥連合を突き崩す時に採用される。［戦略⑤－a］は、政党Aが、対立関係にある政党B・C間の連合を崩し、それと同時に、政党Bに接近し、政党A・B間の連合を新たに構築しようとする時の戦略である（例えば、「政党BとCは連合を組んでいるが、政策的に政党Bに近いのは政党Cではなく、むしろわが党であり、政党B・C間の連合は有権者を欺くものである」）。有権者向け宣伝で、政党B、Cを敵陣離散し、その一方で、政党Bに接近する。複数の派閥が過半数形成を目指して激しく争う政党内競合では、それぞれの派が、主流派連合を突き崩し、しかも自派を中心とした新主流派を形成する必要があるので、ごく一般的な戦略となっている。

［戦略⑤－b］敵陣離散・離反策――政党が政策選択に際して、他党との距離を拡大しながら、他党間の協力関係を解消させるような政策位置を選択する行動である。他党への接近を計画せず、ひたすら敵陣を離散させる行動であるから、建設的行動ではない。分極的多党制では、存在を誇示しようとして、合意形成に繋がりそうもない意見を撒き散らす無責任政党が発生する可能性がある。[31] 柔軟さしか誇示できない小党なら、どの政策位置をも、ウケだけを狙って選択できよう。だが、基本線からの大幅逸脱を

回避する必要がある責任政党にとっては、多数派形成に繋がらないという点からも、この戦略は非現実的である。[32]

第九章　政党財政——政党政治とカネ——

一　政治資源としてのカネの二つの性格

政党政治の世界には、権力への野望にとりつかれた政治家と彼らに接近して巨額の利益を獲得しようとする企業家の織りなすパワー・ゲームという側面が常に付纏う。政界の醜悪な深層が定期的に露呈する。「疑獄」「腐敗」「汚職」「収賄」というフレーズは、政党政治の一部であるかのようである。権力の魅力にとりつかれた野心家は野望を達成するために買収し、盗み、人びとを威圧し、裏切り、時には大量殺人まで犯す。(1) 彼らにとって、権力は麻薬である。禁断症状を恐れる常習者は、手段を尽くして、手に入れようとする。一定の成熟レベルに達した選挙デモクラシーでは、そのためにも、先ず、選挙に勝たねばならない。ポリティカル・マネーが求められるのはそのためである。また、「政治資源としてのカネ」という論点が有効であるのもそのためである。選挙過程を支配する要素としては、争点の性格、組織、候補者のパーソナリティや経歴、党首のリーダーシップ、政策選択と政党イメージ、情報技術や選挙技術、なども重要である。だが、ポリティカル・マネーの政治力は圧倒的である。確かに、「最終的には、カネではなく人びとが票を投じる」としても、《ポケットブック・アドヴァンテージ pocketbook advantage》（資金優位）は決して小さくはない。(2)

ポリティカル・マネー論の分析焦点は、「誰が、なぜ、誰に、どれ位、献金するか」である。これは、ポリティカル・マネーの二つの基本的性格を明らかにする作業を通じて、明確になる。ポリティカル・マネーの第一の性格は「デモクラシーの必要経費」「選挙運動の血液」「政治活動の燃料」「政治参加の手段」という性格である。「マネーは政治を活性化するための燃料である」というフレーズは、マネーが社会生活そのものの活性剤であるだけに、否定できない説得力を持っている。(3) 選挙デモクラシーの基盤拡大につれて、膨大な有権者に向けて、政党・候補者が名前、経歴、実績、抱負、政策、主義・主張を明らかにする必要が生じ、ポリティカル・マネーが決定的意義を持つことになった。デモクラシーの基本価値は「市民意思の自由な形成・表明」と「市民意思の実現」であるが、政党・候補者が市民の意思・利益を集約し、決定作成メカニズムに伝達し、かつそれを実現しようとして、積極的に日常活動を展開するほど、膨大な資金が必要となる。その意味で、ポリティカル・マネーは代議政治に生命と活力を吹込む燃料である。また、市民参加を可能にする手段でもある。共同体の決定に参加する市民は旺盛な市民意識の持主と評価され、支持政党や候補者のために運動する市民は公共精神の持主と評価される。能力や時間を持たぬ市民に残された参加方法は献金である。社会内で最も一般的な交換手段であるマネーで、選挙運動に必要なエネルギーに代替させるわけである。

第二の性格は、デモクラシーの「諸悪の根源」という性格である。これは政治資源としてのマネーの属性による。H・ブレトンはポリティカル・マネー論のスタンダードとも言うべき『カネの力』で、

「政府と政治の中枢に通じる最も信頼できる直接的な手段である」この資源の特徴を次のように要約している。[4] ①大きな流動性と移動性（全国を瞬時に駆巡る。ロッキード事件では太平洋を簡単に飛び越えた）、②高い秘密性（キャッシュはほとんど跡を残さない。チェックなら仲介人を通じて洗濯できる）、③大きな代替価値（ほとんどの非経済的政治資源をも買える）。実際、潤沢な資金があれば、熟練の参謀、優秀な運動員、宣伝マン、調査員を買うことができる。候補者に知性を買い与えることはできないが、候補者のために働く優秀な頭脳を購入することはできる。また、候補者の顔や声を変えることまではできないが、一流のメイキャップ・マン、発声法コーチ、巧妙なフィルム編集者、写真家を買い与えることはできる。マネーは、他の市民が直接与える資源のほとんどを買うことができる。そのため、候補者はポリティカル・マネーを獲得しようとして、腐敗に通じる道へすら踏み込もうとする。この性格を強調する者は、第一の性格を認めながらも、また、カネではなく市民が票を投じるのだと分りながらも、政治資金の悪弊に満ちた膨脹がデモクラシーの土台を腐蝕していると指摘する。先に、マネーは選挙キャンペーンに必要なエネルギーに転換できる交換物であると述べたが、逆に、他のエネルギーもマネーに転換できる。真の経済的目標を達成するための単なる手段とポリティカル・マネーを捉えるのが、大口献金者の心情であり、見返りを期待しない献金などあり得ない。

公職への任命、公共事業請負契約、特定立法（時には精神的満足感）、有利な政治的決定、が見返りの対象となる。「体制維持・変革のためのおつきあい料」論は、イザという場合に備えた保険契約に似ている。だが、少額の掛金も継続すれば、大きな発言力の基盤になることを熟知した上での公共利益促進型献金論であるに過ぎない。政府・議会・政党の重要ポスト、つまり公的資金の配分過程で大きな発言権を持つポストを狙うモノほしげな政治家と、報償を求める貪欲な献金者との間の密かな取引が代議政治の舞台裏で繰り返され、政策決定過程から《市民の意思》が放逐される。「諸悪の根源」論者によれば、ポリティカル・マネーは、選挙過程を不平等にし、政治家の道徳的破産を招く。それは、やがて、政治腐敗の温床となり、最終的には、有権者の政治不信を拡散させてしまう。実際のところ、政党政治史の屋根裏部屋は不快なポリティカル・マネーの物語で充満しており、放たれる悪臭のために、多くの市民は既に、政党政治に背を向けてしまっている。

だが、ポリティカル・マネーに諸悪の根源を求めようとするのは、「善からは善のみが、悪からは悪のみが生じうるということは真実ではなく、むしろ、しばしばその反対である。このことを見抜かぬ者は政治的には一個の子供である」というM・ウェーバーの警告を曲解し、豊富な資金力だけを武器に自らの野心と功名心を正当化しようとする政治家に劣らず未熟である。それは、選挙費用高騰の理由を整理する作業を通じて、明らかになろう。理由の多くは、個人としての政治家のコントロール範囲を超えている。つまり、民主的な政党政治の発達が、いずれ金権政治への道を辿る運命にあることが暗示されている。

二　選挙費用高騰理由

多くの市民は、選挙運動費の急膨脹は無思慮な政治家の貪欲が生み出した不幸な結果であると信じている。腐敗が露呈するたびに、政治家自身が「カネのかかる選挙」に諸悪の根源を求めるのは、勝手な自己弁明に過ぎないと考えている。この見解に従えば、カネをかけずに当選する議員が一人でもいる限り、他の候補もそれに学べばよいということになる。しかし、これは有権者の無責任である。ポリティカル・マネーの問題を考察するに当っては、次の二点を銘記しておく必要がある。先ず、「カネをかけずに当選できる」能力は政治家の重要な資格要件であっても、それだけが政治家としての資質と能力を決定するものではないということ。優秀な政治家がヤス上がりに当選できることは望ましいが、ヤス上がりに当選できたからといってそれが政治家として優秀であることの証明にはならない。選挙デモクラシーは、クリーンな政治家を必要とするが、クリーンだけの政治家はかえって高くつくかもしれない。政治課題は、政治家のプリミティブな倫理観だけでは解決できないほど複雑になっている。第二は、「できるだけカネを使わずに当選したい」と願わない候補者はいないということ。政治家としての力量や抱負がなくともカネさえあれば当選できるという風潮は排除しなければならないが、それよりも重要なことは、優秀な候補者ならカネがなくても当選できる制度を構築することである。「政治家の自分勝手な貪欲」以外のファクターが選挙費用高騰の理由になっていることを想起する必要がある。しかも、そのほとんどは、個人としての政治家の制御範囲を超えている。ここで、選挙費用高騰理由を列挙するが、その多くが、皮肉にも、デモクラシーの拡大、政党政治の定着に起因することが明らかになる。莫大なマネーを必要とする制度を強要しながら、莫大過ぎるという理由でそれを批判するのでは、あまりにも単純で無責任な対応と言えよう。

《理由①：選挙デモクラシーの拡大》

「ポリティカル・マネーと政治」という論点は、選挙デモクラシーの定着・大規模化とともに浮上した論点である。(5) ごく少数の指定席を与えられた人びとだけが「アッパー・クラスの消耗ゲーム」として、権力政治を司祭していた時代には、ポリティカル・マネーの適正運用という視点は問題とはならなかった。また、タウン・ミーティング・レベルの小規模デモクラシーでは、争点も限られ、有権者と候補者は互いに知っており、かつ直接的な相互接近も容易であったので、ポリティカル・ファイナンスの問題はほとんど意義を持っていなかった。(以下、Rは「理由」の略。)

［R－1］政治的補充手段としての選挙の定着——《競争市場》の論理登場。君主による任命、実力者による互選・談合、先任者による後継者指名、世襲を基礎にした補充ならカネはかからないであろう。「すべての政治的公職は、普通・平等・直接・秘密選挙で補充されることが望ましい」との信仰箇条が定着することによって、《競争市場》の論理が登場することになった。しかも、この市場はフリー・エントリーを原則にしているので、伝統的な名望家に加えて、野望とカネだけを武器にする政治企業家の参入を刺激する。

［R－2］有権者の増大——《競争市場》の拡大。デモクラシーの発達は、《参加》枠の拡大という形で進んだ。参加革命は、デモクラシー理念の習熟・定着よりもはるかに速いスピードで進行した。具体的には、資格制限の撤廃、選挙権年齢の引下げが、民主化の指標となった。今日では、数ではなく量で有権者を捉える時代である。

［R－3］選挙公職の増加――《競争市場》の拡散。デモクラシーには選挙公職（選挙によって補充される公職）を増やそうとする衝動がある。一度開放されたら増大一途。

［R－4］複数候補者の競合・激戦選挙区の増加――《競争市場》の激化。価値観の多様化に伴う選択行動の流動化が、新規参入政党の増殖と既成政党の停滞を誘い、激戦選挙区を増大させる傾向がある。少数激戦であれ、多数乱戦であれ、非競合選挙が増えるよりは望ましい。無投票当選ならカネは不要だし、無風選挙区ならあまりで必要ない。だが、選挙デモクラシーは、非競合を望ましくないと判定している。市民参加の機会を奪い、民意の流通を阻止するからである。

《理由②：政党政治の定着と構造強化》

政党は、三つのフィード・プロセス（フィードバック、フィードウィズイン、フィードフォワード）のセンサーとして、発信装置、中継回路として、そして、時には受信装置として機能しながら、政治過程を作動させる。[6] 選挙権拡大を契機に、選挙過程の駆動機関として近代政党が登場し、政党政治システムが構造強化された時、つまり、政党が競争市場の独占的売手として定着した時、インフレ競合に拍車がかけられることになった。政党政治とマネーについては、政党間競合と政党内競合のレベルで考察する必要がある。

(a)〈政党間競合〉のレベル

政党は政治権力の獲得・維持を目指して、膨大な資源を選挙に投入する。[7]「選挙に勝つこと」は、ポスト追求者にとっても利益追求者にとっても至上の戦略である。影響力拡大を狙う議員は、当選を果たし当選回数を重ねるためにスカイ・ロケットのように上昇し続ける選挙費用をなんとか捻出しようとする。利権を追い、財界を回り、資金集めパーティを開き、職権をフルに活用して公共財産に目をつけようとする。また、派閥ボスからは援助を仰ぎ、党内ポスト、政府要職の資格基準当選回数に到達しようと全力を投入する。

［R－5］有権者の増大とそれに伴うメディア・コストの急膨脹。情報社会における選挙では情報処理に膨大な資金を投入できる政党が圧倒的な優位に立つ。パンフレット、ビラ、チラシ、後援会報などの印刷・郵送料金は人口増加に従って上昇する。政党間競合のレベルでは、広大な消費市場に商品（政策、候補者）を売り込まなければならないが、商品の性格、販売スタイル、消費性向、市場構造からして、大量のマネーを必要とする。政策や候補者は、消費者が手にとって吟味できる商品ではないため、政党はあらゆる機会を活用して、抱負・主張、経歴、実績を宣伝しなければならない。市場規模からして、販売スタイルはカタログ販売が主流になるが、そのため、膨大なカネを使ってセールス・キャンペーンを実施しなければならない。冠婚葬祭までが拡販の場になる。

消費者について言えば、その特質は規模の大きさとアマチュアリズムにある。商品選択権を持つ消費者は成年に達した全市民であるが、時間さえたてばいずれそのハードルをクリアするという意味では、未成年者も潜在的消費者である。「消費者は王様」とささやきながら、カタログ販売で市民に接近し、財布（票）を強奪しようとするのであるから、多額の営業費がかかっても当然である。しかも、消費者は詳細な商品知識を持たぬ、ポリティカル・アマチュアであり、合理的判断力を期待されながらも、イメージとフィーリングで商品選択をする受身の消費者である。テレビや新聞、家族や友人から流れてくる際限無き政治シグナルの流れを自己の認知地図に照らして、合理的に類別しようとしても、爆発的な情報量を前にしては、どうしても限界がある。(8)衝動買いになってしまうのも、無理からぬことである。既に述べたように、〈選挙投票〉は与えられているが、〈決定投票〉は与えられていないからである。選挙投票は全体量から見れば、無限小に近い極微量であり、それゆえ、多くの消費者にとっては、投票という行為や投票マナーは、周辺的な問題でしかない。彼らが選択した候補者が当選し、支持政党が勝利したとしても、シンボリックな満足しか感じられない。(9)カタログ販売の要諦が情報の大量投下による「不良品を売らない優良企業」イメージの確立であることは言うまでもない。

［R－6］選挙戦術のハイテク化。選挙区有権者の詳細な個人データを基礎にした選挙戦術が通常化した。選挙プロの確保、時にはコンピュータ処理専門家の採用。ラジオ、テレビ、世論調査の活用。経済市場の消費者は、商品との高頻度接触が可能で、望めば毎日でも商品や企業を選択できるという意味で、日常的消費者である。だが、政治市場の消費者は定期的消費者に過ぎない。消費者として大切に扱われるのは、何年かに一度投票場に足を運ぶ時だけである。近年では、競合激化につれて、政党が商品情報（政策情報、候補者情報）を大量に配布し、消費者の商品接触機会を増やそうと努力している。また、大規模な市場調査を実施して、消費者のニーズを探知しようとすらしている。「キメ細かな取扱いを受けたがる」消費者の自尊心を満足させるためにも、また、政党がフィード・プロセスのセンサーとして機能を遂行するためにも必要な作業である。これにかかる費用は、それが公職の値段をツリ上げる

結果を生んだとしても、市場維持の必要経費である。

［R-7］組織化の必要。党組織の脆弱性と個人後援会による補完も費用膨張の原因になっている。クライアントの組織化は、市場占有率の安定化・拡大を狙う上で、効率的な企業戦略である。政党にとって、党員の組織化は、党財政の近代化（党費による自主的な党財政の確立）、政策の近代化（特定利益に過剰荷担しない政策の作成）へと連動する「党近代化」の絶対条件である。しかし、政治組織加入忌避衝動が強い国では、組織の近代化が遅れる傾向にある。その場合、個人後援会組織で補完しようとする。これは、政策指向の組織ではなく、義理や人情、商取引上の付合いや恐怖心、を契機にして形成されるパーソナルな組織である。後援さるべき政治家がメンバーに向けて絶えずサービスを提供して、辛うじて維持されているカネ食い組織である。移り気な消費者を繋ぎ留めておくためには、膨大な培養費が必要になる。確かに、個人後援会は全国的な視野を持ちにくい。しかし、少なくとも、当該選挙区に関連する争点については、フィード・プロセスの中継回路としての役割を演じることもある。大衆政党論を組織原理にする社会主義政党が発達しなかったアメリカで、H・アレクサンダー、A・ハード、D・アダマニーを中心に、ポリティカル・マネー論が繁茂しているという事実が象徴的である。(10)

［R-8］公認候補決定過程における当選第一主義。政党の候補者指名過程では、政治的力量や主義・主張よりも実績と当選可能性が重視されるため、精力的な事前運動が必要である。政党市場では、競合が激しくなるほど、「当選の確率」が候補者判別の基準になる。「良い商品だから売れる」のではなく「売れるから良い商品」なのである。特に、思想純度よりも議席占有率を優先するプラグマティズム

政党の場合はそうである。党綱領の理解力や政策能力、政治的判断力よりも、人寄せ能力や集票能力を誇示しなければ候補者判別フィルターを通過できない。実績の少ない候補は、膨大な資金を投入して、事前運動を展開し、当選能力を証明しなければならない。当選第一主義は、現職優先主義となるからである。アメリカ大統領選挙における候補者指名過程は、文字通り、当選可能性を党員に向けて誇示する競争であり、そのため、膨大な事前運動費が必要となる。[11] イギリスやスウェーデンのように、候補者指名過程が整然と組織化されている国では、マネーよりも政策能力、党員歴、党への忠誠心で「良き候補」であることを証明しなければならない。[12]

[R－9] 優位候補（二世議員、官僚出身議員）の大量発生。先代が膨大な政治資源を注いで培養・構築した安定無類の選挙地盤と資金ルートをファミリー・ネームで世襲する二世議員。豊富な許・認可権を背景に、全国に張りめぐらされた官僚機構の集票ネットワークと独自の資金パイプに恵まれる官僚出身議員。確実に勝ち星計算ができる議員の大量発生によって、対立候補とりわけ新人候補はインフレ競争に荷担せざるを得ない。当選第一主義という点では、官僚出身者や二世候補ほど確実な商品はない。親子二代で築かれた地盤を切り崩したり、国費で構築された集票網に対抗するのは容易でない。この種のハンディキャップ・レースを阻止できるのは、個人の倫理観と高潔な自制心しかない。消費者のブランド指向を克服するには、膨大な資金を使った気の長いセールス活動が必要であろう。

[R－10] 選挙区のサイズと法定選挙運動日数のアンバランス。政党間競合の枠組は、有権者の規模という点から見ても、合理的判断を仰がねばならない争点の数という点から見ても、拡大を続けており、

フォーマルな運動期間では収容できそうにない。インフォーマルな事前運動が、暗黙に奨励されているようなものである。運動の通年化が常態となっており、公示された時にはもはや終盤戦というのが現状である。選挙結果を左右するのは長期にわたるインフォーマルな事前運動の到達度ということになる。しかも、インフォーマルな事前運動については、無制限のインフレ競争が繰り広げられている。選挙運動の定義、法定選挙運動期間の長さ、を再考する必要があるかもしれない。大規模選挙区では、スーパーマン的体力でも無い限り、有権者との接触は不可能である。そこで、有権者好みの「ペット・フレーズ pet phrases」（R・ゴールドマン[13]）をマスコミを通じて巧妙に撒き散らす「政治言語管理戦略」が重要な意味を持つ。それには膨大な経費がかかる。

［R－11］市民の未成熟、タカリとネダリの構造。選挙区サービスを強要する風潮と低劣な政治家の迎合が膨大な資金を吸収する。職権を利用してまで選挙区サービスに努めた政治家は、全国的批判を受けようと次回選挙では最高点当選のチャンスに恵まれる。政党市場の消費者が拡販特別セールを強要し、ダンピング合戦を奨励することが賢明な消費者行動であるかどうかは疑わしい。政党はいずれ、どこかで帳尻を合せるであろうから、長期的には質の悪い商品を高値でつかまされる結果になる。市民の未成熟と有権者の義務放棄が、マネー急膨脹の理由になっていることは何度でも強調しておく必要があろう。選挙過程ほど有権者に合理的判断能力が要請される領域はない。ほとんどの市民にとって、選挙はそのまま唯一の政治参加チャネルである。有権者には、(1)候補者によって論争されている問題についてあらゆる立場からの主張に注意深く耳を傾けること、(2)候補者と係争点についてできる限り多くの情報を集

めること、(3)選挙戦中に提供される証拠となるべき情報を検討すること、(4)獲得した情報を基礎に思慮深い合理的選択を行うこと、が要請されている[14]。

だが実際には、明白な政策要求や政策期待を持ち、それを伝達する手段を熟知している有権者は少ないし、合理的な政策選択力を備えた有権者も多くない。数多くの調査が繰返し証明しているのは、有権者の非情報指向と無知である[15]。選挙キャンペーンの力点が政策論争よりも争点隠し、そして、イメージ戦略に移行したとしても当然である。しっとりと落ち着いた政策論争よりも華美な色彩競争、音響合戦がエスカレートする。消費者の未成熟、市民の趣味と好みが、カネのかかるキャンペーン・スタイルを拡散させている。情報産業としての政党は、市場の風土を熟知した上で対応しているからである。

［R－12］一般社会のインフレ。政党市場は一般社会の経済動向に影響される。選挙戦は、物価スライド型構造になっている。とりわけ、選挙事務所開設費と人件費（熟練の選挙事務長、街頭運動員、作戦スタッフ、政策ブレーン、ウグイス嬢、事務アルバイト、接待係り炊事班、講師陣）は、ボランティア活動の伝統が稀薄な国では、社会のインフレに直撃される。また、印刷費、郵便料金、交通費、事務用品などのコストも着実に上昇する。

(b)〈政党内競合〉のレベル

政党の内部では、重要ポストの配分交渉を有利に導こうとして、また、利益の開発・配分過程の主導権を掌握しようとして、さまざまな潮流（派閥、思想集団、政策集団、族議員、地域別・当選回数別グループ、趣味・スポーツの同好議員、性別・議院別議員グループ）が競合する。特に、政権指向の強い政党や現に政権を担当している政党の内部では、〈政党内競合〉が活発になる。総理・総裁への野望を抱く実力者は、派閥を作り、総裁レースへの参加資格を獲得しようとする。そのために、膨大な資金を調達して、子分には盆暮れの手当を分配し、選挙資金の援助をしなければならない。財界と繋がり、恒常的な献金パイプを確保することは総理のポストを狙う政治家の必須条件となっている。

〈政党内競合〉を支配するのは、既述したように、ポリティカル・プロフェッショナリズムの論理である。参加者の規模は小さく、しかも全員がプロかセミ・プロの政治家である。抽象的な公約は必要ではない。もともと口約束など信用しない。確実な手形決済を要求する。過程よりも結果を重視する。ポストと利益が合理的に（自己に有利に）配分されたら、「面子を保つ」とか「言行一致」といった、深刻で曲芸的な精神的問題に苦悩する必要はない[16]。政党人は〈選挙投票〉だけでなく〈決定投票〉も自由にできるので、競合の結果は、単なるシンボリックなものではない。主流派を形成できるか、反主流派に追い込まれてこれからの数年間を無為に過ごすか、それとも、非主流派という立場を選択して主流派の温情に未来を委ねるか。具体的で即時的な報酬、キャリアに関係してくる。党内主導権争いには、彼らの政治的運命がかかっている。しかも、〈政党内競合〉は〈見えざる政治〉の世界で展開されるので、〈見える政治〉に慣れたアマチュアには、想像できぬような超絶的策謀が交錯する[17]。その上、政党内政治では、法令がほとんど行動規制力を発揮できぬため、陰謀やインフレ競争の限り無きエスカレーションに歯止めをかけることができない。モラル論に、欲望規制効果を期待することは無理である。

［R－13］党内公選による党首選出制度。幹部政党的体質を持つ保守政党の場合には、議会外党員組

織が脆弱で、議会内政党の影響力が大きい。党首の選出についても、院内政党は最終的決定権を手離そうとはしない。そのため、主義・主張よりも頭数が優先され勝ちである。〈数の論理〉が支配するため、派閥は積極的に人材を発掘し強引に当選させようとする。公認候補指名を有利に導くために、事前運動が活発になり、物量合戦が展開される。また、本番選挙でも、政策距離の近い候補者が乱立し選挙市場がますます加熱する。

[R－14] 党規律の欠如。近代的な大衆組織政党では、公党としての責任を果たすために、統一的な組織行動を促進し、思想純度を維持する手段として、厳格な規律をルール化している。規律からの逸脱は、除名をも含む制裁の対象となる。だが、幹部政党、議員政党の体質が濃厚な保守政党の場合には、党規律に行動規制力はほとんどない。議員が恐れるのは党中央からの制裁ではなく、選挙区有権者からの制裁である。こうした政党では、公認候補者決定過程で「公認モレ」になった候補者も派閥の後援を受けて、無所属で立候補するため、選挙競合が激化する。この競合は政策距離がほとんどない候補者の同士討ちであるため、政策論争の入り込む余地は少ない。近親憎悪に政策論争など不要であるとも言える。しかも、こうした候補者が公認候補を破って当選すると、(無責任にも) 当選後追加公認し公認料をも支払う。規律無き党運営のため派閥選挙が拡散する。派閥は、独自の選対本部を設置し、臨戦体制を整備して、選挙資金を調達する。党員が無所属議員を応援しても除名すらできぬ体質であるため、カネのかかる「党―派閥」二重選挙が加速される。

[R－15] 財界・企業の投資指向。党財政の近代化が遅れた政党 (定期的な党費収入による財政運営

を期待できる整備された全国組織を持たぬ政党）は、選挙資金流入パイプを別の方法で確保する必要がある。政治家も、党本部に依存できない限り、自己資金調達能力を備えたごく少数の例外を除けば、同じ状況にある。政権を狙う実力者や派閥リーダーにしても、同じである。政党、派閥、政治家は、資金源を熱心に探索する。その過程で、利回りの良い投資先を探している企業家に出会う。大義名分がどうであれ「今日ではもはや、支配者がマネーを探し求めるのではなく、マネーが支配者を探し求める」[18]からである。単価収益率が高い投資先を探すのは企業家の本能であり、財テクの基本である。実際のところ、政党や派閥が政治献金を拒否したら、困るのは財界、企業である。彼らが時おり表明する、政治献金抑制論や献金限度額設定・縮小論は、投資先を選択するための口実でしかないし、恩を売りながら投資効率を高めるための手段に過ぎない。政治家の野望と企業家の投資熱が消滅でもしない限り、ポリティカル・マネーは膨脹を続ける。政党政治が、金権体質を払拭できないのは、そのためである。

三　政党政治と政治腐敗

政治腐敗＝インフォーマルな政治システム

政治腐敗、つまり私的利益や地位の獲得のために公職のフォーマルな職務規定を逸脱する行為、の基本的パターンは、富と、公的決定に対する影響力、権威的ポスト、名誉に満ちた地位の相互交換である。J・スコットは、「腐敗は暴力と同様に、ほとんどの政治システムの定期的、反復的、不可避的一部分として理解されなければならない」と述べ、政治腐敗こそインフォーマルな政治システムであると指摘している。[19] この指摘の正しさ・説得力の大きさは経験的事実によって証明されているようである。政党政治の歴史には、政治腐敗、疑獄、汚職という活字が氾濫している。[20]

政治腐敗の破壊力

国民の間で広大な市民権を与えられた軍隊が存在していたら、「政界浄化」を錦の御旗にしたクー・デタが発生していたかもしれないと思わせる事態を何度も潜り抜けてきた。私たちは、政治家と政党の無力と堕落が政党政治の息を止め、軍国政治への道を歩まざるを得なかったあまり遠くない昔の歴史的経験を想起する必要がある。[21]

現代デモクラシーは、一方で、国際政治・経済システムからの挑戦（経済危機、エネルギー危機、貿易摩擦、通貨危機、地域紛争の恒常化、東西軍事対立、南北経済格差）と国際エコ・システムからの挑戦（人口爆発、生活環境の悪化）に対して、また、そこから生じる社会・文化変動に対して民主的な社会が適応する能力を持っているかどうかを問われている。デモクラシーの未来は、実務政治家が政治システムの既存メカニズムを、新しく困難な環境からの挑戦に、適応させる技術を学習できる能力にかかっていると言える（統治能力）。その一方で、常態化・構造化された政治エリートの腐敗行為に端を発する国民の政治不信を克服できる能力を持っているかどうかを問われている。スキャンダルが露見するたびに、政治への憤怒は頂点に達し、「政治離れ」は着実に蓄積される。感情的な「悪人さがしゲーム」に始まって、「リーダー＝聖人君主論」で終止符を打つだけでは、「政党政治離れ」を食止めることはできそうにない。デモクラシーの未来は、自浄能力を獲得し市民の政治不信を克服する方法を学習できるかどうかにかかっている（自己浄化能力）。自浄能力の重要性はいくら強調されても過ぎるということはない。有権者は、一般に、政治的ミスや政治家の優柔不断、無能・無策には比較的寛容な態度を装うことができる。だが、スキャンダルには極めて鋭敏な拒否反応を起こす傾向がある。才気溢れる有能な政治家がスキャンダルでつまずき、集団ヒステリーに直撃されて政界の表舞台から引退を余儀なくされた例は少なくない。逆に、必ずしも有能と思えないのに、スキャンダルが少ないという理由だけで高く評価された政治家の例もある。デモクラシーの消費者には、「ハイ・リスク＝ハイ・リターン」策に賭けるほどの冒険心は備わっていない。こうした有権者の心情を無視して、統治能力を強化することなどできない。論理整合性の高い有意な政策であっても、それが「ウサン臭い」政治家によって提出されたという事実だけで、前審議段階で葬り去られてしまうからである。市民の政治不信をほぐし、それを積極的支持に転換できる能力こそ、政党政府による統治能力の基礎である。

突破口を求めて

ポリティカル・マネー問題に苦悩する国でのアプローチは六つ。①政党支出額の制限・規制、②献金額の制限（上限設定）、③公務員の献金禁止・制限、④献金者・献金額の公開、⑤メディア費用の平等化、⑥選挙公営。改革案の背景にあるのは、政党や候補者の自力更生能力への期待である。だが、市民が政治家や政党に自己浄化能力を期待して、道義論やモラル論を繰り返しても、それだけでダーティな政治をクリーニングできるわけではない。弁論技術を武器にするプロの政治家なら、形ばかりの反省劇を演出し、「綱紀粛正」論を繰広げることなど簡単であろう。厳粛さを装って、頭を低くした後は、時が移り、星が流れるのをひたすら待てばよい。「政界刷新」論が吹き荒れている間に、「腐敗の技術革新」を図ればよい。[22] 特に日本では、単なる憤激だけで政治腐敗を一掃し、政界を浄化することはできないであろう。[23] 公正観やフェア・プレーの精神が稀薄であるという事情はともかくとして、政党政治の定着度の低さと政治腐敗の根深さ、それに、政権交代を欠いた政党政治システムの継続という特殊状況がその原因である。[24]

また、一党優位状況の継続が政界浄化を一層困難にしている。政権党は、政権喪失の恐怖から解放されているために、肥大化した補助金を自在に配分するメカニズムを構築し、それを巧妙に活用して支持基盤を拡大してきた。[25] このメカニズムは、ポリティカル・マネーを媒介とした政権党と経済界の相互接近を加速し、構造化を促進した。政権党は、万年与党である地位を失わない限り、それだけで大きな威嚇効果を期待できる。無言で挨拶するだけでも自動的にある程度の「おツキアイ」料は調達できる。資金提供者にすれば、少額のツキアイ料でも度重なれば、反対給付を期待するようになる。そして、反対給付を確実にするために、選挙では政権党に組織的支持を与えるであろう。かくして、政権党と資金提供者の関係は、相互接近から癒着、そして構造化へと進展する。野党は、具体的な反対給付をにおわせることすら出来ないので、また、大義名分だけでは威嚇力を行使できないので、毛細血管のような資金ルートしか確保できない。資金提供者にとっても、一党優位政党システムは、簡便で、分り易い。献金対象に思い悩む必要はない。反対給付を期待できる万年与党に献金の重点を置き、野党には万一の事態を想定して、名刺代わりのアイサツ料を払い込むだけで済む。

一党優位状況では、政権党に自己浄化力を期待しても無駄であろう。政党政治システムの作動メカニズムそのものが、一極集中型の献金ネットワークを生み出すからである。そのような事態に直面して、政治家の道義心が説かれたり、倫理綱領や党紀委員会がいくら作られても、人心一新や粛党の決意が何度表明されても、政治改革の途は開けない。「積年の病弊を根絶するため積極的かつ具体的措置をとることが、私に与えられた国家国民に対する義務であると考える……」（佐藤栄作首相答弁、一九六六年十月二日衆議院予算委員会席上）という発言は、政治家の使用する「遺憾の意」と同じ位真実味に欠ける形式表現である。その背後で、「運の悪い奴」論や「犠牲者」論で逮捕者や被嫌疑者に同情する。単なる心情論による改革案では政治腐敗による逮捕者にも、アクセルの吹かし過ぎで捕まった交通違反者と同じセリフしか吐かせないであろう。「皆やっている、捕まった自分は不運だし、ネズミ捕りの方法も陰険だ」。ポストとカネを媒介とした、陰湿な、悪臭横溢した超欲望社会の住人にモラル論だけで対抗するのは楽観的過ぎる。特に、ポスト渇仰者が群棲する政権党の場合、モラル論には精神的歯止め効果すら期待できそうもない。反省と自己改革の機会は既に数知れぬ程あったハズである。政界浄化の真の突破口は、定期的に腐敗を生み出してきた政党政治の一貫した問題である「権力とマネー」を根底的に洗い直す作業に求める以外にはないようである。そして、その作業を起点に、発想を転換し、新しい制度改革を模索すべきであろう。だが、この論点は、政党論が繁茂した時期にも、理論的研究の「接近不能領域」もしくは「取扱い注意領域」とされた。政治資金研究には常に「そんなに少ないレンガで、しかも材質の悪いレンガで一体何を作ろうというのか」という疑惑が浴びせられる。[26]そのため、今もなお、理論的な政党研究の真空地帯となっている。今後に研究業績の蓄積が期待される。

政治資金問題を通じて政党政治を研究しようとするに当っては、それがX線を通じて人体を研究するのと同じ利点と限界を有していることを銘記しておく必要がある。確かに、X線は肉眼だけでは見ることのできなかった数多くの事実を明らかにしてくれる。だが、透視はあくまでも部分的であり、全体像の掌握は困難である。政治資金をめぐる人間関係は重要であるが、個人や集団が政治と係り合う非常に多くの方法の一つに過ぎない。X線以外の方法で病気を発見し、病気の原因と治療方法を追求しなければならない場合も多い。次いで、政治資金も、病気の徴候と同様に、それ自体では中立である。マネーが政治的な意味を持つのはその使用方法と使用目的を通じてである。そこで、政治資金をめぐる問題は、常に①政治資金提供者の動機と行動、②受領者の動機と行動、③政治資金そのものの意義、を考察する必要がある。その時こそ、投票行動に次ぐ研究価値を持つと称される政治資金研究が政治研究の一部としての有効性と最大の意義を持つのである。(27)

選挙公営論

政党政治の行為主体が最終的には市民である以上、市民の政治教育を徹底し、健全な政治意識を高揚させることが、政界浄化の究極策になる。選挙公営拡大論は、政党活動の焦点が選挙に集中し、それゆえに、選挙過程が膨大な資金が飛交う場になっていることに着目した解決案である。政党が悪弊に満ちた大口献金者との依存関係に入るのは、そこにしか選挙戦遂行の燃料補給庫を見出せないからである。選挙に必要な資金を公的な金庫から補給すれば、選挙過程に充満している金権の香りが稀薄になるとい

う発想である。(28)

選挙公営は、その性格上、公示後のフォーマルな選挙運動に対象が制限される。指名過程や日常的キャンペーン過程は枠外に放置される。競合激化につれて、政党の選挙活動と日常活動を区別することが困難になり、後者の比重が大きくなっている現在、その有意性が問われている。フォーマルな制度を背景に、選挙を実質的に企画・演出する政党に対して冷淡であるかもしれない。政党現象の日常化、選挙の常時戦場化が定着した現在、選挙公営の新たなる方向を模索すべき時代が到来したと判断してよい。

選挙公営論から政党への公庫補助論へ

政治資金、選挙資金の急膨張が報告されるたびに、また、政治腐敗が発覚するたびに、政党財政の健全化を求めるヒステリックな声が大きくなる。「政党の凋落」と無能がしばし語られた後で、いくつかの改革案とモラル強化宣言が提出される。政治腐敗と改革案提出の反復の中で、政治不信だけは着実に蓄積され、議会政治は破綻への道を歩む。政党無用論の台頭を阻止しているのは、市民の忘却能力だけであるように思えることがある。

従来の改革案が真の改革力を発揮できなかったのは、政治資金規正法にせよ、公職選挙法にせよ、規制と制限だけで問題を解決しようとしているからである。おそらくこれは、政治悪の原因をすべて政治家のモラルに求め、いずれは腐敗を脱しデモクラシーが確立されるのではないかと期待する楽観的で無責任なムードが支配しているからであろう。展望なき改革案が繰返され、絶望を何度経験しても、なおかつ政党の自浄能力にすべてを託すとすれば、楽観的ではなく滑稽という語が相応しい。〈規制〉と〈制限〉の内容を決定する権限が〈規制〉と〈制限〉の対象者にある限り、法の目をかいくぐる巧妙な技術と刑務所の塀の上を歩いても外にしか落ちない技術を開発させるだけであろう。そして、腐敗の露呈→「ポリティカル・マネー＝諸悪の根源」論→規制と制限のさらなる強化要求→新たなる集金技術の開発、という恒常的サイクルを反復するだけである。〈自発的参加〉精神を基軸にした積極的〈補助〉という観点から政党財政問題に接近する時代かもしれない。

政党への公庫補助

スウェーデンが一九六五年に導入した政党に対する包括的な公庫補助制度は改革案の基礎となりうるかもしれない。公庫補助制度は、今日では、一〇に及ぶ国が一部導入ないしは実験的導入を実現・検討している。(29) 公庫補助制度の論理的根拠は二つである。

①政党・候補者の機会均等。ほとんどのデモクラシーにおいて、市民は政治資金の私的調達に由来する醜悪な結果と、政治的道義・高潔さに対する巨大な破壊力を認識しており、選挙資金の急上昇と政治資金捻出技術の異常発達にマユをひそめている。政治家としてのモラルを抵当に入れてまで公職を追求する野心家だけが議席獲得競争において有利な地位を占める選挙制度の上には《市民意思の実現》と《公正》を本旨とする選挙デモクラシーの理念は開花するはずがない。

②市民による政党財政の危機克服。ポリティカル・マネーは、政党政治の必要経費であり、その膨脹を引き起している理由の多くは、政党や候補者の統御範域を超えている。政党の努力だけで問題解決できそうもない。とすれば、富裕献金団体に党財政の不如意を任せ、市民はひたすら政治家批判を繰返す

だけで良いかという疑問が生じる。悪弊に満ちた政党―大口献金者間の資金パイプを市民の手で切断する必要がある。政党に対する公庫補助はその意味で、超過保護政策と映るかもしれない。「血税の浪費」論や「泡末候補乱立」論も予測されよう。だが、政治資金の影響力を最終的にチェックするのは、ジャーナリズムでも市民運動でも、野党でもなく、一人一人の有権者の権威（過去へ向けた制裁権）であるという認識の欠如が政治腐敗の構造化を許した。派閥解消論、団体献金禁止→個人献金と党費による党財政運用論、届出制厳格化論、選挙違反連座制強化論、選挙公営拡大論、公認制合理化論、自民党総裁公選制度改革論、党紀引締め論……はては政界浄化に名を借りた小選挙区制強行論に至るまで、多くの改革案は、頭上の嵐が過ぎ去るまでの一時的なその場凌ぎ策であったり、党利優先の擬似改革案でしかなかった（一般社会では、麻薬と解毒剤を一緒に飲む者はいないのに）。そしてその間にモラル強化論の大合唱。政党組織加入忌避の心情が市民間に拡幅し沈潜する。それが一層、党費による党財政確立を困難にする。だとすれば、市民からの積極的な働きかけ、一種の投資行動を通じた監督権、監督意欲の高揚・強化に突破口を求める以外に打開策はない。すなわち、政・財癒着の生命線を断ち、それに代わる生命維持パイプを市民―政党間に敷設する以外に方法はない。

公庫補助制度は自立能力と自浄能力を欠きがちな政党と市民の間で結ばれた全員加入の国民政治保険である。国民は投票行動を通じて各党への補助総額を決定する。この政治保険は、政党と有権者との継続的接触の新しい可能性を開き、政党・候補者の機会均等を実現し、特定勢力との癒着・依存関係樹立による汚職の構造化を阻止する一つの有効な方策となりうる。統治能力と政治責任を担保にいれようとしない政党に保険金を払う国民はいないであろうし、契約会社の監視・査察を怠る程不用心な保険加入者もいないであろう。制度導入を決定するのは金権政治の病理克服のためにどれくらいの代価を支払う用意があるかである。タダでデモクラシーの自然成長力を期待するのは楽観的過ぎよう。

スウェーデンでは一九六〇年代に党財政問題が浮上した。そして、社民党、左共産党、中央党による過半数の賛成で一九六五年に国庫補助制度を導入した。発足当時の補助金受領資格は二つであった。①議会内に少なくとも一議席有していること。②前回の第二院（当時は二院制議会）選挙で総投票数の少なくとも二％（全国計）獲得していること。資格充足した党には、一議席当り年間六万クローネの補助金が与えられた（総額約二三〇〇万クローネ）。一九六五年議会では、議会内政党の事務局への事務局補助も満場一致で制度化された（総額で約一五〇万クローネ）[30]。

補助金の使用目的は一切指定されず、党の自由裁量に任された。社民党は補助金の七五―八〇％を系列新聞の運営に使い、ブルジョワ政党は党中央機構スタッフの充実、組織強化、選挙活動にあてている。使用目的を指定しないことがこの制度の特徴になっている。また、使用目的を限定しなかったことが、法案決定過程で合意を形成できた理由でもあった。当時、社民党は財政難に苦吟する系列新聞をかかえその建直しを希望していた。野党は党の財政力と組織力を拡大・強化して巨大な政権党に対する有効な対抗勢力に成長したいと考えていた。ブルジョワ政党、とりわけ穏健統一党と国民党にとっては、その系列紙の経営が比較的順調であったため、新聞への補助金は必要ではなかったし、望んでもいなかった。新聞業界といえども資本の論理の例外領域であるべきではないとの原則論で、憲法委員会で反対論を主張した。国民党、穏健統一党を代表するそれぞれ三人の委員が原則論を唱えても、彼ら自身が熟知していたように、大勢は既に決着していた。[31] 一九六九年には地方党組織に対する県レベル、コミューン・レベルでの公庫補助制度も導入された。同年の議会で、地方議会に議席を持つ政党に対して経済的援助をする権限をコミューン、県コミューンに与えたからである。

公庫補助制度が政党財政に与えた衝撃は大きかった。制度導入年度の各党の党収入に占める国庫補助金の割合は、穏健統一党三八・三%、中央党八〇・五%、国民党六一・三%、社民党五八・七%、左共産党四四・九%、であった。中央党は党基金を一気に四一三・七%も増やした。国民党は一六〇・一%、社民党は一四二・一%、左共産党は八一・六%、穏健統一党は六二・一%財政規模を拡大することができた。補助額はその後、二院制から一院制への転換（一九七〇年）、社会の一般的インフレに即応して、改訂・増額されている（社会変化への迅速な対応、素早い政治改革はスウェーデン政党政治の特質である）。

そして、一九七二年の「政党への国庫補助法」で現行の枠組が確立された。内容は以下の通り。①議会選挙に参加した政党への国庫補助は、政党補助と事務局補助の二種類とする。②政党補助は議員補助とする（一議席当り年間七万クローネから八万五〇〇〇クローネに増額）。補助金額は最近の通常選挙の結果を基準にして毎年決定する。③基準不到達政党への暫定補助として、前回の選挙で議席を獲得できなかったが全国計で二・五%の得票を獲得した政党には一議席当り補助と同額（八万五〇〇〇クローネ）を与える。④事務局補助を二種類に分類する。先ず、基礎補助として前回選挙で四%以上の得票率を獲得した政党にそれぞれ年間一五〇万クローネを与える。そして、追加補助として、議席数に応じた補助金を与える。補助金額は従来と同じで、政権党の場合には一議席当り三五〇〇クローネ、野党の場合には一議席当り五二五〇クローネ。⑤ある議会選挙で四％（全国計）の得票率を獲得しながら、その後の選挙で後退し、四％の壁を破れなかった政党については、その後の三年間は基準不到達基礎補助金を与える。(32)

その後もインフレに即応した増額が行われている。一九七五年、一九七七年に続き一九八一年にも改正された。議員補助が一七万三〇〇〇クローネ、事務局補助（基礎補助）が三〇二万五〇〇〇クローネ、事務局補助（追加補助）が政権党の場合一議席当り八四五〇クローネ、野党の場合一万二六五〇クローネ、に増額された（総額七九五〇万クローネ）。(33)超過保護策と考えるか、デモクラシー強化の必要経費と考えるか。いずれにせよ今日では、穏健統一党を除いて、財界から献金を受けている党はないし、受けている場合もリスクを痛感している。(34)

第三部　国際政治システムと政党

第十章　相互依存体制と政党の国際的連帯

一　政党と国際政治システム——国際政治システムからの挑戦——

政党政治の統治能力は国際化の進展につれて、新しい挑戦に直面することになった。国際政治システムからの挑戦である。政治課題が国際化した現代では、外政に連動しない内政問題などほとんどない。生産・流通技術、情報テクノロジーの発展と並行して、エネルギー交換規模が全地球的に拡大し、交換速度が飛躍的にスピードアップした。経済の領域でも技術や、学術・研究・情報の領域でもエネルギーは流動性を増大し国境を簡単に超えて交換されている（国際交流の濃密化）。国際政治、軍縮論議、食糧政策、国際財政、コミュニケーション、私たちが議論する問題はすべて、世界が人口過密で、地球規模の相互依存が支配しているという事実に直面することになる。(1)

現象としての国際化は、ヒト、モノ、カネの国境線を超えた相互交流と考えることができようが、そこで要求されているのは異なった要素（異文化）へのシステム開放とその積極的包摂である。国際化が究極的に思念するのは、国家間相互依存の認識と、複数国家間の共通ルールの確立もしくは《常識の共有》を通じた共生であるからである。

企業の国際化（資本、労働力、原料、消費市場の国外調達）および多国籍化、労働市場の国際化（移民労働者の吸収、外国人労働者の流入）、資本の国際化、生産拠点の国外移転、技術や資源の共同開発・利用、情報の相互交換と国際情報ネットワークの整備、地域内生産分業体制の確立、などヒト、モノ、カネの交流は拡大を続けるであろう。

国境線を超えるのは、それだけではない。公害や病気も国境を簡単に超える。酸性雨による森林破壊、チェルノブイリ事件やエイズはその汚染速度の早さから、国際化時代のシンボルと言えるかもしれない。犯罪や緊急事態もまた国際化している。ハイジャックや金融機関襲撃事件、書物やビデオまたコンピューター・ソフトの著作権違反、密輸、領空・領海侵犯、麻薬不法所持、不法就労、武器もしくは重要産業部品の不正輸出問題、多国籍企業の脱税、など、複数国家にまたがる犯罪が急増している。

ヒト、モノ、カネ、情報の国家間交流・交換は更に一層濃密化するであろう。そして、交換され蓄積されるエネルギーの規模が拡大するにつれ、相互依存が拡幅されよう。国家間相互依存の濃密化は内政と外政の壁を稀薄化させる。例えば、かつてなら純国内問題と考えられていた農業政策や漁業問題も今では、外政の性格が強くなっている。農産物市場開放政策にしても、自国の農業政策の基本線や食糧自給率だけでなく、他国の労働市場、経済状況、食糧生産政策、トータルな貿易収支バランス、外貨保有高、それに国際世論までも考慮しなければならない。漁業政策にしても、自国の領海内操業ならいざしらず、遠洋漁業の場合には特に、他国の漁業政策、貿易収支、労働市場、経済状況をも考慮する必要がある。捕鯨禁止を求める国際世論を前にして自国の漁業政策と商業捕鯨の伝統を力説しても徒労に終わる時代である。

政党が直面するシステム外要因は、当面、①政党政府が加盟している国際機構、超国家機構の性格、②地球規模の政治的・戦略的状況（国際安全保障が中心）、③国際的な社会的・経済的発展である。(2) 政治問題の国際化につれて、外に向けてはノッペラボウであった政党も二つの対応を要請されることになるであろう。一つは、政党組織の改編である。国内動向だけでなく国際情勢・動向に関する情報をリアル・タイムに収集し、分析・分解・蓄積する情報機構を整備しなければならない。意思決定の遅滞や誤報を基礎にした判断違いが、党の威信を低下させ、ひいては、国益を損なうことに繋がるかもしれない。特に政権党は、フィードフォワードのチャネルを整備する必要がある。国際世論から孤立しないためにも、全地球的視点で意思決定しなければならないからである。機関誌やニュースレットを複数の外国語で発行したり、国際交流課を設置して世界と常識を共有する努力は最低の必要経費である。

もう一つは政党の国際的連帯である。国際化は政治課題の共通化を促進する。過疎・過密、失業、開発と公害、通貨不安定、貿易不均衡、貧富格差、狭域防衛体制の無能化。政党形成の核である《利益》が国際化（超国家化）し、共通の問題を解決するために、複数の国家がその英知を集中しなければならなくなった。多国籍企業は天然資源、安い労働力、新しい市場を求めて活動を地球規模で拡大しようとする。成長経済欲望が環境破壊や社会的緊張を増幅させ、政治課題を増加させる。企業の多国籍化にも似て、政党の多国籍化でこうした問題に対処しなければならない。(3) 共通の利益、世界観をベースにした政党運動の国際化が、こうした問題の解決に貢献できるかもしれない。（正式国交のない国との間で発生した問題については、その国の支配政党と友好なパイプを持つ政党が、政府に代わって解決策を模索できるかもしれない。）

二　政党の国際化――国境線を超えた政党運動・連帯――

政党インターナショナルは新しい段階を迎えている。政党の国際的連帯としては、社会主義インターや共産党インターナショナルが長い伝統を持っている。政党インターナショナルは、政治課題の国際化と価値観・世界観の多様化に伴って、新しい局面を迎えるかもしれない。従来の政党インターは《階級的利益》の共通性を基軸にして結成され、階級を基礎にした国際的連帯が栄光と挫折と再生を共有してきた。対抗勢力としての保守主義政党、自由主義政党も近年になって、相互交流の密度を増している。

ヨーロッパ一六ヵ国を対象に政党政治の比較分析を行ったスウェーデン・ウメオ大学のJ-E・レーンとS・O・エールソンは、現在のヨーロッパの政党制を支配する社会的分界線は、依然として、宗教、人種、階級、地域であると指摘し、それぞれの国の政党をこうした分界線に沿って巧妙に分類している（最終的には約一二〇もの政党を発見した）(4)。宗教政党は一四ヵ国に二三政党（例：西ドイツのキリスト教民主・社会同盟、イタリアのキリスト教民主党）。人種政党は六ヵ国に一三政党（例：フィンランドのスウェーデン国民党、イギリスのスコットランド国民党）。地方政党は五ヵ国に五政党（例：ノルウェーとスウェーデンの中央党）。階級を基盤に結成された政党としては、先ず社会主義政党が一六ヵ国に一八政党（例：西ドイツ社民党、イギリス労働党、イタリア社会党）。共産主義政党が一六ヵ国に一六政党（例：フランス共産党、イタリア共産党、スウェーデン左共産党）。左派社会党が六ヵ国に八政党（例：デンマーク社会国民党、ノルウェー社会左党）。自由主義政党が一五ヵ国に二三政党（例：イギリス自由党、西ドイツ自由民主党）。保守政党が八ヵ国に一〇政党（例：イギリス保守党、スウェーデン穏健統一党）。極右政党が六ヵ国に八政党（例：イタリア社会運動）。こうした政党はいわば伝統的な分界線に沿って結成された政党である。

J・E・レーンとS・O・エールソンは、これに加えて「不満政党」と「環境政党」を列挙している。前者は、ある具体的争点を中心に結成され、人びとの不満をチャネル化する政党である。カリスマ性の強い人物をヘッドにして結成された個人政党であったり、単一争点主義政党であったりするが、政党としての有意性（他党への威嚇力）は制限されている（八ヵ国に一〇政党）。

伝統的な分界線に沿った政党は、その核となる利益・思想の共通性を基礎に世界的なネットワークを結成している。(5)

(1)社会主義インター――今日の社会主義インターは、一九五一年に結成されたものであるが、その系譜は第一インター（一八六四―七六年）や第二インター（一八八九年にパリで結成）にまで遡ることができる。一九一四年の第一次大戦の勃発で深刻な打撃を受けた第二インターはボルシェヴィキ革命の成功（一九一七年）に続く共産主義インター（コミンテルン／第三インター）の結成（一九一九年）に伴って修復不能の分裂を経験した。四年後（一九二三年）、ソヴィエト型革命モデルを拒否する社会主義政党が労働・社会主義インターを結成したが、ドイツのベルギー侵攻（一九四〇年）を契機に自壊してしまった。第二次大戦後、民主社会主義政党の世界組織を再建しようとする努力が払われた結果、一九五一年にフランクフルトで開催された世界大会で現在のインターが結成されることになった。W・ブラントをリーダーにロンドンに本部を持つ。最高機関は二年毎に開催される世界党大会で、中間期には全メンバー政党が代表権を持つビューローで政策が決定される。正式メンバー政党は四二ヵ国四七政党（一九八〇年代中期）。西ドイツ社民党、イギリス労働党、スウェーデン社民党など政権担当経験を持つ政党が多い。

(2)アジア―太平洋社会党組織（APSO）――社会主義インターの地域組織として一九七〇年に結成。日本社会党、民社党など五ヵ国六政党が加盟。

(3)キリスト教民主党世界連盟――一九六一年七月にサンチャゴで開催された大会で結成。正式メンバー政党は西ドイツのキリスト教民主・社会同盟、イタリアのキリスト教民主党など四二ヵ国四五政党。

(4)ヨーロッパ・キリスト教民主党連盟――一九六五年十二月にシシリーで開催された大会で結成。ヨーロッパ統合を促進するために一九四七年五月に結成された新国際共同体 New International Community の後身。メンバー政党は西ドイツのキリスト教民主・社会同盟、イタリアのキリスト教民主党など一四ヵ国一七政党。

(5)リベラル・インターナショナル――一九四七年四月にオックスフォードで開催された大会で結成。年次大会を開き、各メンバー政党の代表から構成される執行委員会を持つ。メンバー政党はイギリス自由党、スウェーデン国民党など一六ヵ国二二政党。

(6)ヨーロッパ民主党連盟（ＥＤＵ）――一九七八年四月にザルツブルグで開催された大会で保守・中道政党を結集する組織として結成。名称はヨーロッパであるが、その他の地域の保守・中道政党も友好メンバーとして加入している。正式メンバー政党はイギリス保守党、西ドイツ・キリスト教民主・社会同盟、スウェーデン穏健統一党など一〇ヵ国一一政党。常任オブザーバーがスイス・キリスト教民主党など九ヵ国九政党。友好メンバーが日本自由民主党など三ヵ国四政党。

こうした地球規模の政党組織とは別に、近年では欧州議会を基礎にした国際政党組織が誕生している。(6)

(7)欧州共同体社会主義政党連盟――一九七四年四月結成。一九五七年一月にルクセンブルグで開催された欧州共同体社会主義政党第一回会議で結成された連絡事務局を発展的に解消して誕生した。目的は意見調整と共同行動の促進。メンバーは共同体加盟国の社会主義政党。

(8)ヨーロッパ人民党（ＥＰＰ）・欧州共同体キリスト教民主党連盟――一九七六年七月に欧州議会第一回直接選挙で共同歩調を取ることを主たる目的にしてルクセンブルグで開催された結成大会で誕生。欧州統合の積極的促進を掲げている。メンバーは七ヵ国九政党。

(9)欧州共同体自由・民主党連盟（ＥＬＤ）――一九七六年十一月にデン・ハーグで開催された大会で結成。一九七九年六月に行われた欧州議会直接選挙では、ＥＬＤだけが統一の共同宣言を掲げて選挙キャンペーンを行った。メンバー政党はイギリス自由党など八ヵ国一一政党。

欧州議会の誕生は政党の国際化を促進した。友好・交流の場から具体的課題について共同歩調を策定するフォーラムへと脱皮する契機となった。欧州議会については次項で言及したい。

政党の国際的連帯という視点から無視できない現象が今一つある。階級以外の結成動機を持つ（階級横断的利益で結節した）環境保護政党―緑の党である。地球市民の連帯を強調する抵抗運動から政党へ変身したこの政治集団は、その掲げる目的から《国際政党》化を宿命付けられた政党であると言える。J－E・レーンとS・エールソンは現在のヨーロッパでは九ヵ国一〇政党が環境党に類別されると分析している。(7) 一九八六年までに、環境政党はいくつかの国で国政レベルの議会に進出を果たしている（ベルギー、フィンランド、スイス、西ドイツ）。一九八四年の欧州議会でもベルギー、オランダ、ルクセンブルク、西ドイツで当選者を出した。エコロジストが掲げるのは、脱物質主義イデオロギーである。高度工業社会の構造的矛盾を是正し、経済成長や物質的繁栄以外にも追求すべき価値があることを確認しようとする運動である。目標は工業社会と違う論理による未来社会、いわば《工業軍縮 industrial disarmament》である。(8) 先進工業国家に共通する課題であると同時に、解決するためには一国の枠組を超えた連帯が必要である。ここに緑の党運動は国際政党たる宿命があると言える。一九七二年ストックホルムで開催された国連人間環境会議、ローマ・クラブが発表した『成長の限界』、E・F・シューマッハーの『スモール・イズ・ビューティフル』、イギリスで発表された『生残りのための青写真』などが環境保護への関心を刺激した。ヨーロッパ工業国家やカナダ、アメリカにおける運動の発展・現状については、F・カプラとC・スプレトナクの『グリーン・ポリティクス』に詳しい。(9)

一九八三年の西ドイツ連邦議会選挙での緑の党の躍進が世界的な関心を集めた。この選挙で緑の党は二二〇万票獲得し、五％条項の厚い壁を破り（得票率五・六％）、二七名の議員を送ることになった。この勝利は欧州議会選挙で一層強化された。一九八四年六月の直接選挙で二〇〇万票（得票率八・九％）集め、欧州議会に七議席獲得した。欧州議会に対する関心の低さ（新思潮の安易な受容）、選挙制度（全国単一名簿で可）が躍進を可能にしたと言えなくもない。[10] だが、この上昇傾向はエコロジストの正当性を世界に告知できた。エコロジーの英知と社会的責任、グラスルーツのデモクラシー、性の平等、非暴力、を訴え、「右でも左でもない、私たちはフロントだ」と主張した抵抗運動が、政党として定着した。[11] 欧州議会に進出した緑の党は、環境保護政党を結集して《レインボー・グループＡＲＣ》を結成することになった。

三　欧州議会の政党制

単一の国家では解決できそうもない問題が噴出し、国家単位での限りある資源ではそれに対応できそうもないという認識が第二次大戦後のヨーロッパを支配した。統合論が急速に欧州世論を吸収した。欧州共同体（ＥＣ）が強化され、欧州議会（ＥＰ）、そして、国際政党が誕生することになった。[12]

欧州石炭鉄鋼共同体（ＣＥＣＡ）、欧州経済共同体（ＥＥＣ）、欧州原子力共同体（ＥＵＲＡＴＯＭ）の三共同体に共通する単一の議会を開設すること、その議員を直接選挙で選出することは、欧州統合へ向けた長年の懸案であった。[13] 一九七六年九月二十日、加盟九ヵ国がブリュッセルで、欧州議会直接選挙に関する条約に署名した。任期五年四一〇名の議員が加盟国を選挙区にして選出されることになった。（一九八四年選挙ではギリシャの二四名を加え四三四名、次回選挙からはポルトガルの二四名、スペインの六〇名を加え合計五一八議席が直接選挙で選出される。）従来の方式では、加盟国がそれぞれの議会から欧州議会議員を選任していた。新制度導入は政党政治に新しい側面を付加えることになった。五一八議席は共同体総人口に占める各加盟国人口の比率を基礎に配分されており、西ドイツ、イギリス、イタリア、フランスが各八一議席、スペイン六〇議席、オランダ二五議席、ベルギー、ギリシャ、ポルトガルが二四議席、デンマーク一六議席、アイルランド一五議席、ルクセンブルク六議席。

欧州議会そのものの政治的意義を問いながら国境線を超えた新しい政党運動を分析しようとする知的試みが提出されている。政治学研究者、特に政党研究者にとっては、欧州議会は、発生過程から詳細に観察・分析できる絶好の実験室であり、理論と実証を同時進行的に積み重ねることができる臨床例である。統計資料が整備された国がメンバー国家になっているだけに、実り多い業績の生産拠点の一つとなるであろう。例えば、S・ヘニグの『欧州共同体の政党』[14]やS・バートリーニらの『現代西ヨーロッパの政党政治』[15]、欧州議会の第一回直接選挙を分析した『ヨーロッパ一〇ヵ国の選挙』[16]や『欧州議会選挙とイギリス政治』も比較政党研究の充実に向けた業績である。[17]また、欧州議会議員を年齢、性、職業背景、政治経歴、議会内活動から詳細に分析したE・キルチナーの『欧州議会』[18]（一九八四年）も極めて情報提供的である。

加盟国は欧州議会議員をそれぞれ独自の方法で選出できるが、一九七九年選挙、一九八四年選挙で比例代表制度を採用しなかったのはイギリスだけである。

欧州議会で最も重要な政治的事実は議員が国家の代表としてではなく、国際政党のメンバーとして議席に付いていることである。現在、議会内には次の政党グループが存在する[19]（議席数は一九八四年選挙時）。①社会党 Soc：一三〇議席、②ヨーロッパ人民党（EPP：キリスト教民主党連盟、前項参照）：一一〇議席、③欧州民主党グループ（ED：保守党）：五〇議席、④共産党グループ Comm：四一議席、⑤自由・民主連盟LD：三一議席、⑥欧州民主連盟（RDE：ゴーリスト及びフィナン・フェイル）：二九議席、⑦レインボー・グループ（ARC：環境保護政党／緑の党）：二〇議席、⑧欧州右党（DR：極右）：一六議席、⑨無所属NI：七議席。

議会は欧州委員会の行動を監視し、それに対して不信任決議を下す権利を持ち、共同体の予算をある程度コントロールする権限を持っているが、基本的には依然として諮問機関の域を出ない。共同体立法過程への参加権でも、欧州委員会が提出する法案について閣僚理事会に対して意見や見解を表明するのが実質的な守備範囲であり、この際、提出法案に修正を盛込むのが通常のパターンである（ただし、この修正案を理事会が採択するよう要求する権限はない）。立法過程への参加権であっても、立法部ではない。議会は共同体の政策を発議することはできない。議会の意思に反して共同体が政策を採択することも、理論的には、可能なのである[20]。

国境線を超えた政党運動が欧州議会によってシンボリックな連帯から実態的な《競合的協同》体になった。従来の国別政党はその資源と関心を国境線内の諸課題に集中する傾向があるが、欧州議会を基礎にした国際政党はその力と関心を国際問題に集めることによって政党政治の新たなる地平線を開拓する可能性を持っている。欧州統合も国際政党の誕生によって加速されるかもしれない。現在の欧州議会には、それを《統治》議会にするのに必要な真正の決定作成権が欠如しているし、法体系も市民秩序も、基本的にはナショナル優位である。物理的力の独占もない[21]。だが、直接選挙が定着し、政党制が欧州市民からの信頼を獲得すれば、共通通貨や共通放送番組、モノ、カネ、ヒト、情報の無制限往来・交流が促進され、欧州共同体税が導入されて、ヨーロッパ合衆国に向けて着実な一歩を踏み出すであろう。そうなれば、欧州憲法の制定、欧州大統領選挙という事態も具体的日程に上ってこよう。

最後に、政党の国際化に即応して、政党政治は地球市民選挙権の実現を急ぐ必要がある。具体的にはスウェーデンが導入した在住外国人への選挙権・被選挙権の付与（現時点では地方選挙）という考え方が地球規模で普及することが望まれる[22]。

注

序章　政党空間と政党政治の分析視点

(1)　Tom Bottomore, *Political Sociology*, London: Hutchinson, 1979, pp. 48-49.

(2)　Jeff Fishel, *Parties and Elections in an Anti-Party Age*, Indiana University Press, 1978.

(3)　Kenneth Janda, *Political Parties: a Cross-National Survey*, New York: The Free Press, 1980.

(4)　Alan J. Day and Henry W. Degenhardt, eds., *Political Parties of the World*, Essex: Longman, 1980.

(5)　Gerald M. Pomper, *Party Renewal in America: Theory and Practice*, New York: Praeger, 1980.

(6)　Martin P. Wattenberg, *The Decline of American Political Parties 1952-1984*, Harvard University Press, 1986.

(7)　Richard L. Kolbe, *American Political Parties: an Uncertain Future*, New York: Harper & Row, 1985.

(8)　Klasus von Beyme, *Political Parties in Western Democracies*, Aldershot: Gower, 1985.

(9)　比較政党ブームは当然のことながら，西ヨーロッパの枠を超えた。Alan Ware, ed., *Political Parties*, Oxford: Basil Blackwell, 1987.

(10)　Richard S. Katz, ed., *Party Government: European and American Experiences*, Berlin: Walter de Gruyter, 1987.

(11)　例えば，イタリア政党政治では，Paolo Farneti, *The Italian Party System*, London: Frances Pinter, 1985; Geoffrey Pridham, *The Nature of the Italian Party System*, London: Croom Helm, 1981. オーストリアについては，Melanie A. Sully, *Political Parties and Elections in Austria*, London: C. Hurst, 1981. アイルランドについては，Peter Mair, *The Changing Irish Party System*, London: Frances Pinter, 1987. イギリスについては，Keith Ewing, *The Funding of Political Parties in Britain*, Cambridge University Press, 1987. 本書はスウェーデンから多くのヒントを得て，政党資金論の視点からイギリス政党を分析した秀逸な研究である。また，Stephen Ingle, *The British Party System*, Oxford: Basil Blackwell, 1987; Alan R. Ball, *British Political Parties*, second ed., London: Macmillan, 1987; S. E. Finer, *The Changing British Party System, 1945-*

1979, Washington: American Enterprise Institute for Public Policy Research, 1980. 西ドイツについては，Sabine Lessmann, *Budgetary Politics and Elections: an Investigation of Public Expenditures in West Germany*, Berlin: Walter de Gruyter, 1987.

(12)　政党論の変数については，Kenneth Janda, *A Conceptual Framework for the Comparative Analysis of Political Parties*, Beverly Hills: Sage, 1970; Kenneth Janda, 1980, *op. cit*.

(13)　R. T. McKenzie, *British Political Parties*, London: Heinemann, 1963（早川崇・三沢潤生訳『英国の政党』有斐閣）; M. Ostrogorski, *Democracy and the Organization of Political Parties*, Chicago: Quadrangle, 1964 は既に古典。また，横越英一『近代政党史研究』勁草書房，一九六〇年，円藤真一『政党の理論』勁草書房，一九六七年。

(14)　猪口孝『ただ乗りと一国繁栄主義をこえて』東洋経済新報社，一九八七年。最近の興味深い研究としては，Panayiotis Ifestos, *European Political Cooperation: towards a Framework of Supranational Diplomacy?*, Adershot: Avebury, 1987.

(15)　Eva Kolinsky, ed., *Opposition in Western Europe*, London: Croom Helm, 1987.

(16)　R. E. M. Irving, *The Christian Democratic Parties of Western Europe*, London: George Allen & Unwin, 1979.

(17)　William E. Paterson and Alastair H. Thomas, eds., *The Future of Social Democracy*, Oxford: Clarendon, 1986.

(18)　Peter H. Merkl, ed., *Western European Party Systems*, London: The Free Press, 1980.

(19)　Hans Daalder and Peter Mair, eds., *Western European Party Systems*, Beverly Hills: Sage, 1983.

(20)　Hans Daalder, ed., *Party Systems in Denmark, Austria, Switzerland, The Netherlands, and Belgium*, London: Frances Pinter, 1987.

(21)　Geoffrey Pridham, ed., *Coalitional Behaviour in Theory and Practice: an Inductive Model for Western Europe*, Cambridge University Press, 1986.

(22)　Eric C. Browne and John Dreijmanis, eds., *Government Coalitions in Western Democracies*, London: Longman, 1982.

(23)　Geoffrey Hand, Jacques Georgel, and Christoph Sasse, *European Electoral Systems Handbook*, London:

Butterworths, 1979.

(24) Andrew McLaren Carstairs, *A Short History of Electoral Systems in Western Europe*, London: George Allen & Unwin, 1980.

第1章　現代デモクラシーと政党

(1) Martin P. Wattenberg, *The Decline of American Political Parties 1952-1984*, Harvard University Press, 1986, pp. 1-2.

(2) Ernest Barker, *Reflections on Government*, Oxford University Press, 1942, p. 39.（足立忠夫訳『現代政治の考察』勁草書房、一九六八年、三六頁。）

(3) William N. Coxall, *Parties and Pressure Groups*, Essex: Longman, 1980, p. 9.

(4) Samuel Eldersveld, *Political Parties: a Behavioral Analysis*, Chicago: Rand McNally, 1964, pp. 1-23.

(5) 政治的補充の比較研究としては、Heinz Eulau and Moshe M. Czudnowski, eds., *Elite Recruitement in Democratic Polities*, New York: Sage, 1976.

(6) Frank Sorauf, *Political Parties in the American System*, Boston: Little, Brown, 1964, p. 2.

(7) 西ドイツ政党の組織行動については、山本佐門「地域組織からみたドイツ社会民主党」『北大法学論集』三六巻一―二号（一九八五年）。同「ヴァイマル共和国期におけるドイツ社会民主党の日常活動」『北海学園大学法学部二〇周年記念論文集』一九八七年。

(8) Gunnar Sjöblom, *Party Strategies in a Multiparty System*, Lund: Studentlitteratur, 1968.

(9) *Ibid.*; Anthony Downs, *An Economic Theory of Democracy*, New York: Harper & Row, 1957.（吉田精司監訳『民主主義の経済理論』成文堂、一九八〇年。）

(10) サッチャー登場までのイギリス保守党が経験した内部抗争と挙党体制実現までの貴重な代価については、以下が興味深い。Philip Norton, *Conservative Dissidents*, London: Temple Smith, 1978.

(11) Eugene J. Kolb, *A Framework for Political Analysis*, Englewood Cliffs: Prentice-Hall, 1978.

(12) Wliam Schneider, "Styles of Electoral Competition," in Richard Rose, ed., *Electoral Participation: a Comparative Analysis*, Beverly Hills: Sage, 1980, pp. 75-76.

(13) David Truman, *The Governmental Process*, New York: Knopf, 1951. 権力への接近可能性というコンセプトを中心とした研究としては、Robert A. Dahl, *Who*

Governs? Democracy and Power in an American City, New Haven: Yale University Press, 1961.

(14)　Myron Weiner, "Political Participation: Crisis of the Political Process," in *Crises and Sequences in Political Development* (Leonard Binder et al.), Princeton University Press, 1971, p. 196.

(15)　Kolb, *op. cit.*, pp. 39-49.

(16)　アメリカにおける少数人種集団が個別的に行動しても、連帯して行動しても、全国的な政治勢力として浮上できない実状については、Harlan Hahn and R. William Holland, *American Government: Minority Rights versus Majority Rule*, New York: John Willey and Sons, 1976, pp. 27-28.

第二章　政党システム

(1)　E. E. Schattschneider, *Party Government*, Holt, Rinehart and Winston, 1942, pp. 35-37.（間登志夫訳『政党政治論』法律文化社、一九六二年。）

(2)　Fred Riggs, "Comparative Politics and the Study of Political Parties: a Structural Approach," in William Crotty, ed., *Approaches to the Study of Party Organization*, Allyn and Bacon, 1968.

(3)　G・サルトーリ（岡沢・川野訳）『現代政党学』早稲田大学出版部、一九八〇年、二一一頁。

(4)　Gunnar Sjöblom, *Party Strategies in a Multiparty System*, Lund: Studentlitteratur, 1968, p. 174.

(5)　H. J. Eysenck, *The Psychology of Politics*, London: Routledge & Kegan Paul, 1954; G. Garvey, "The Theory of Party Equilibrium," in *APSR*, Vol. 60 (1966), pp. 29-38; L・ドッド（岡沢訳）『連合政権考証』政治広報センター、一九七七年、二二〇—二三八頁。

(6)　Giovanni Sartori, "Politics, Ideology, and Belief System", in *APSR*, Vol. 63 (1969), pp. 404-05.

(7)　Robert Dahl, *Political Oppositions in Western Democracies*, Yale University Press, 1966, p. 336.

(8)　プログラム政党、プラグマティズム政党の概念については、Giovanni Sartori, *op. cit.*, pp. 398-411.

(9)　G・サルトーリ、前掲訳書、二〇五—三五八頁。

(10)　同右、三七七頁。

(11)　インドについては、Norman D. Palmer, *Elections and Political Development: The South Asian Experience*, London: C. Hurst, 1975; James Warner Bjorkman, "India: Party, Personality and Dynasty," in Alan Ware, ed., *Political Parties*, Oxford: Basil Blackwell, 1987, pp. 51-71.

(12) A. Banks and A. Textor, *A Cross Polity Survey*, Boston: MIT Press, 1963; Robert Dahl, *op. cit.*; Jean Blondel, *An Introduction to Comparative Government*, New York: Praeger, 1969.

(13) Richard Rose, *The Problem of Party Government*, Penguin Books, 1976, pp. 8-9.

(14) Gerald John Fresia, *There Comes a Time: a Challenge to the Two Party System*, New York: Praeger, 1986 は二党制の構造・問題点を純理論的に再考した密度の高い研究である。

(15) Sabine Lessmann, *Budgetary Politics and Elections: an Investigation of Public Expenditures in West Germany*, Berlin: Walter de Gruyter, 1987; 加藤秀治郎『戦後ドイツの政党制』学陽書房、一九八五年。

(16) Paolo Farneti, *The Italian Party System*, London: Frances Pinter, 1985; Geoffrey Pridham, *The Nature of the Italian Party System*, London: Croom Helm, 1981 参照。

(17) Giovanni Sartori, "European Political Parties: The Case of Polarized Pluralism," in J. LaPalombara and M. Weiner, eds., *Political Parties and Political Development*, Princeton University Press, 1966; Giovanni Sartori, "The Typology of Party Systems—Proposals for Improvement, in Erik Allardt and Stein Rokkan, eds., *Mass Politics*, New York: Free Press, 1970; Giovanni Sartori, *Parties and Party Systems*.

(18) 多党制の理論化を試みる優れた研究としては、Manfred J. Holler, ed., *The Logic of Multiparty Systems*, Dordrecht: Kluwer Academic, 1987.

(19) L・ドッド、前掲訳書。

(20) イギリス小選挙区制の小党封殺・阻止効果の餌食となった政党運動のリストについては、F. S. Craig, ed., *Minor Parties at British Parliamentary Elections 1885-1974*, London: Macmillan, 1975. 無念の声が聞こえる。

(21) 政府の行動が投票者の過半数によって支持されている証拠をイギリスの選挙制度が与えていないことを証明し、現行制度の不適切さを排除して、「国民のための議会」を確立するために選挙制度の改革（比例代表制の導入）を主張するE・レイクマンやJ・ロガリーらの思い入れ激しい研究は注目に値する。Enid Lakeman, *Power to Elect*, London: Heineman, 1982; Joe Rogaly, *Parliament for the People*, London: Temple

Smith, 1976.

第三章　政党と権力

（1）Kay Lawson, *Political Parties and Democracy in the United States*, New York: Charles Scribner's Sons, 1968, p. 17.

（2）G・サルトーリ（岡沢・川野訳）『現代政党学』早稲田大学出版部、一九八〇年、一六九—七一頁、二四八—五〇頁。

（3）Richard Rose, *The Problem of Party Government*, Penguin Books, 1976, p. 375.

（4）Walter Dean Burnham, "American Politics in the 1970s: Beyond Party?," in Louis Maisel and Paul M. Sacks, eds., *The Future of Political Parties*, Beverly Hills: Sage, 1975, pp. 238-77.

（5）*Ibid.*

（6）Richard Rose, *op. cit.*, p. 371.

（7）*Ibid.*, pp. 372-75.

（8）Frank Sorauf, *Political Parties in American System*, Boston: Little, Brown, 1964, p. vii.

（9）G・サルトーリ、前掲訳書、三六七頁。

（10）同右、三七五—七六頁。

（11）Arthur S. Banks, ed., *Political Handbook of the World: 1977*, New York: McGraw-Hill, 1977, p. 316.

（12）*Worldmark Encyclopedia of the Nations: Europe*, New York: John Wiley & Sons, 1976, p. 218.

（13）G・サルトーリ、前掲訳書、三八三頁。

（14）メキシコについては、P・G・カサノバ（賀川・石井・小林訳）『現代メキシコの政治』敬文堂、一九八〇年、を参照されたい。

（15）Arthur S. Banks, ed., *op. cit.*, p. 261.

（16）*Worldmark Encyclopedia of the Nations: Americas*, New York: John Wiley & Sons, 1976, p. 192; Arthur S. Banks, ed., *op. cit.*, pp. 260-61.

（17）Gary K. Bertsch, Robert P. Clark, and David M. Wood, *Comparing Political Systems: Power and Policy in Three Worlds*, New York: John Wiley & Sons, 1978, pp. 75-76.

（18）D・バトラー（飯坂・岡沢・福岡・川野訳）『イギリス連合政治への潮流』東京大学出版会、一九八〇年、二一三頁。

（19）証拠については、同右、二一八—一九頁。

（20）Ivor Jennings, *Cabinet Government*, 3rd ed., Cambridge University Press, 1969, p. 265.

(21) H. M. Drucker, ed., *Multi-Party Britain*, London: Macmillan, 1979, p. 1.

(22) G・サルトーリ、前掲訳書、三二八頁。

(23) 詳しくは、篠原一編『連合政治』岩波書店、一九八四年の「スウェーデンの連合政治」の章参照。

(24) D・バトラー、前掲訳書、一九三頁。

(25) 同右、一九二頁。

(26) 比較連合政権論の中で優れた業績は、Geoffrey Pridham, ed., *Coalitional Behaviour in Theory and Practice: an Inductive Model for Western Europe*, Cambridge University Press, 1986; Eric C. Browne and John Dreijmanis, eds., *Government Coalitions in Western Democracies*, New York: Longman, 1982; Sven Groennings, E. W. Kelley, and Michael Leiserson, eds., *The Study of Coalition Behavior: Theoretical Perspectives and Cases from Four Continents*, New York: Holt, Rinehart and Winston, 1970.《連合》ゲームそのものの考え方に関する入門書としては、Barbara Hinckley, *Coalitions and Politics*, New York: Harcourt Brace Jovanovich, 1981.

(27) L・ドッド（岡沢訳）『連合政権考証』政治広報センター、一九七七年、三一一頁。

(28) 同右、五八―五九頁。

(29) 同右、五四頁。

(30) 西ドイツの連合政権については、Tony Burkett, *Parties and Elections in West Germany*, London: C. Hurst, 1975; A・グローセル（大島利治訳）『西ドイツ』白水社、一九七九年、仲井斌『西ドイツの社会民主主義』岩波書店、一九七九年、加藤秀治郎『戦後ドイツの政党制』学陽書房、一九八五年、Gordon Smith, *Democracy in West Germany*, London: Heinemann, 1979; 佐瀬昌盛『西ドイツ：戦う民主主義』ＰＨＰ研究所、一九七九年。

(31) フランスの連合政権については、J. R. Frears, *Political Parties and Elections in the French Fifth Republic*, London: C. Hurst, 1977; Pierre Avril, *Politics in France*, Penguin Books, 1969; M・デュヴェルジェ（西川長夫・天羽均訳）『ヨーロッパの政治構造』合同出版、一九七四年、Roy C. Macridis and Robert E. Ward, eds., *Modern Political System: Europe*, Englewood Cliffs: Prentice-Hall, 1972; Henry W. Ehrmann, *Politics in France*, Boston: Little, Brown, 1971; 藤村信「さくらんぼうの実るとき」『世界』一九八一年十月号、Lowell G. Noonan, "France," in Peter H. Merkl, ed.,

Western European Party System, New York: The Free Press, 1980; Roy Pierce, "French Legislative Elections: The Historical Background," in Howard R. Penniman, ed., *The French National Assembly Election of 1978*, American Enterprise Institute for Public Policy Research, 1980; Vincent Wright, *The Government and Politics of France*, London: Hutchinson, 1978.

（32）　チャーチルの救国・挙国一致大連合政権に関する詳細な研究としては、J. M. Lee, *The Churchill Coalition 1940–1945*, London: Batsford Academic and Education, 1980. なお、ドッドの定義を準用すれば、西ドイツの一九六六年の大連合は、《余分な党》を含んでいないので、最小勝利連合ということになるが、複数政党制に期待されている与・野党の対抗構造を無視して、理論的にも経験的にも有効な選択肢があるのに、敢えて膨大な議席占有率を持つ政権構想を選択したので、本書では過大規模連合に分類する。

（33）　閣僚名簿などについては、David Butler and Anne Sloman, *British Political Facts, 1900–1979*, London: Macmillan, 1980.

（34）　D・バトラー、前掲訳書、参照。

（35）　L・ドッド、前掲訳書、五九頁。

（36）　同右、五五頁。

（37）　同右。

第四章　政党と議会

（1）　Ezra Suleiman, ed., *Parliaments and Parliamentarians in Democratic Politics*, New York: Holmes & Meier, 1986, pp. 4–6.

（2）　立法過程を、古典的な議会論から近年の論点である「族」議員までの広範な射程で、体系的に整理した業績としては、本叢書第一一巻、岩井奉信『立法過程』東京大学出版会、一九八八年。

（3）　イギリス保守党の党内政策決定過程・構造を歴史的に詳細に分析した好著としては、John Ramsden, *The Making of Conservative Party Policy: the Conservative Research Department since 1929*, London: Longman, 1980.

（4）　Dodd H. Bogart, "Feedback, Feedforward, and Feedwithin: Strategic Information in System," in *Behavioral Science*, Vol. 25 (1980), pp. 23–49.

（5）　族議員については、猪口孝・岩井奉信『「族議員」の研究』日本経済新聞社、一九八七年。

（6）　Samuel N. Eisenstadt, *Essays on Comparative Insti-*

tutions, New York: John Wiley & Sons, 1965, p. 179.

（7）　Francis E. Rourke, *Bureaucracy, Politics, and Public Policy*, Boston: Little, Brown, 1976, pp. 14-15.

（8）　Johan K. De Vree, *Political Integration: The Formation of Theory and its Problem*, The Hague: Mouton, 1972, p. 282.

（9）　ニューディール以後の連合形成については、Everett Carll Ladd, Jr., and Charles D. Hadley, *Transformations of the American Party System*, New York: W. W. Norton, 1978.

（10）　Ruth K. Scott and Ronald J. Hrebener, *Parties in Crisis*, New York: John Wiley & Sons, 1979, p. 13.

（11）　*Ibid.*, p. 14.

（12）　議員の議会内票決行動と支持基盤の関係、法案別連合形成に関する分析レベルの高い研究としては、Mathew D. McCubbins and Terry Sullivan, eds., *Congress: Structure and Policy*, Cambridge University Press, 1987. 各種の最新数値は本書を参照。Dennis S. Ippolito and Thomas G. Walker, *Political Parties, Interest Groups and Public Policy*, Englewood Cliffs: Prentice-Hall, 1980, p. 232.

（13）　Ruth K. Scott and Ronald J. Hrebener, *op. cit.*, p. 15.

（14）　*Ibid.*

（15）　Gunnar Sjöblom, *Party Strategies in a Multiparty System*, Lund: Studentlitteratur, 1969, pp. 266-69.

（16）　*Ibid.*, pp. 274-75.

（17）　イギリス保守党と実業界、労働党と労働組合の資金関係を分析した Keith Ewing, *The Funding of Political Parties in Britain*, Cambridge University Press, 1987 を是非参照されたい。

（18）　労働組合と社会主義政党の連携に関する近年の業績としては、Denis Barnes and Eileen Reid, *Governments and Trade Unions: The British Experience 1964-79*, London: Heineman, 1980; Jack Hayward, ed., *Trade Unions and Politics in Western Europe*, London: Frank Cass, 1980. 後者はイギリス、西ドイツ、スウェーデン、イタリアを対象にした意欲的研究である。また、労働運動の内部抗争と内部民主化の組織論的分析としては、John Hemingway, *Conflict and Democracy*, Oxford: Clarendon Press, 1979.

（19）　M・デュヴェルジェ（岡野加穂留訳）『政党社会学』潮出版、一九七〇年。

（20）　先進工業国家における圧力政治に関する最近の研

究としては、Alan R. Ball and Frances Millard, *Pressure Politics in Industrial Societies*, London: Macmillan, 1986, アメリカの圧力政治については、内田満『現代アメリカ圧力団体』三嶺書房、一九八八年。

(21) Ivor Jennings, *Cabinet Government*, Cambridge University Press, 1959, p. 471.

第五章　政党と選挙

(1) G・サルトーリ（岡沢・川野訳）『現代政党学』早稲田大学出版部、一九八〇年、三六七頁。

(2) Martin Harrop and William L. Miller, *Elections and Voters*, London: Macmillan, 1987, p. 1.

(3) G・サルトーリ、前掲訳書、三六三頁。

(4) 同右、三六三―六四頁。

(5) Dennis S. Ippolito and Thomas G. Walker, *Political Parties, Interest Groups and Public Policy*, Englewood Cliffs: Prentice-Hall, 1980, pp. 258-59.

(6) G・サルトーリ、前掲訳書、一六九―七三頁。

(7) Vernon Bogdanor and David Butler, eds., *Democracy and Elections: Electoral Systems and their Political Consequences*, Cambridge University Press, 1983, p. 1.

(8) E. E. Schattschneider, *Party Government*, Holt Rinehart and Winston, 1942.（間登志夫訳『政党政治論』法律文化社、一九六二年。）

(9) Neil McDonald, *The Study of Political Parties*, New York: Random House, 1955.

(10) Kay Lawson, *Political Parties and Democracy in the United States*, New York: Charles Scribner's Son, 1968, p. 17.

(11) 政党宣伝は自党紹介活動と対・他党論争活動に、また防衛的宣伝と攻撃的宣伝に分類される。宣伝資源の配分パターンについては、岡沢「多党制下の政党間関係と戦略変更」『社会科学討究』早稲田大学社会科学研究所、六五号（一九七七年）。

第六章　政党と市民

(1) Ruth K. Scott and Ronald J. Hrebenar, *Parties in Crisis: Party Politics in America*, New York: John Wiley and Sons, 1979, p. 10. 伝統的機能を一一に分類し、現代の政党が大幅に機能低下させているさまを詳細に分析している（pp. 1-19）。イギリスでは糾弾と反省を過激に盛込んだ次の書が典型、Stephen Haseler, *The Death of British Democracy*, London: Paul Elek, 1976.

(2) 政党改革論の量も反政党の激しさを測定する尺度

になる。本書で紹介した七〇年代以後の研究の他に、Robert A. Goldwin, ed., *Political Parties in the Eighties*, Washington: American Enterprise Institute for Public Policy Research, 1980, アメリカ政党改革論の古典としては、The Committee on Political Parties in American Political Science Association, *Toward a More Responsible Two-Party System*, New York: Rinehart, 1950: Austin Ranney, *The Doctrine of Responsible Party Government*, The University of Illinois Press, 1962; William J. Crotty, *Decision for the Democrats: Reforming the Party Structure*, The Johns Hopkins University Press, 1978; Austin Ranney, *Curing the Mischiefs of Faction: Party Reform in America*, University of California Press, 1975: David H. Everson, *American Political Parties*, New York: New Viewpoints, 1980.

（3）　反政党論については、G・サルトーリ（岡沢・川野訳）『現代政党学』早稲田大学出版部、一九八〇年、一八—二二頁。日本での反政党論ついては、板倉卓造『政治家史論』慶応通信、一九五四年。

（4）　板倉卓造、前掲書、岡義武『山県有朋』岩波書店、一九五八年、大隈秀夫『明治百年の政治家』潮出版、一九六六年、服部之総『明治の政治家たち』岩波書店、一九五〇年。

（5）　S. E. Finer, *The Changing British Party System 1945–1979*, Washington: American Enterprise Institute for Public Policy Research, 1980.

（6）　Stephen Ingle, *The British Party System*, Oxford: Basil Blackwell, 1987. 自由—社民連合の台頭と伝統の変容を巧妙に論述している。

（7）　Alan R. Ball, *British Political Parties*, second ed., London: Macmillan, 1987.

（8）　政党支持の低下、忠誠心の衰退、などについては六〇年代以後の研究の多くが扱っている。選挙過程とからめたものでは、Louis Maisel and Joseph Cooper, eds., *The Impact of the Electoral Process*, Beverly Hills: Sage, 1977.

（9）　Karl Deutsch, *Politics and Government: How People Decide their Fate*, Boston: Houghton Mifflin, 1970.

（10）　Michael Parenti, *Democracy for the Few*, New York: St. Martin's Press, 1974 は多数派形成ゲームの政治が、恵まれた少数者の利益に貢献するメカニズムになっていることを分析した興味深い研究である。

（11）　白木正之『日本政党史』中央公論社、一九四九年、は政党が軍国主義に直撃されて自己壊滅していく過程を丁寧に論述している。

(12)　L・ミルブレイス（内山秀夫訳）『政治参加の心理と行動』早稲田大学出版部、一九七六年、二四―三〇頁。参加とその考え方については、篠原一『市民参加』岩波書店、一九七七年、C・ペイトマン（寄本勝美訳）『参加と民主主義理論』早稲田大学出版部、一九七七年。

(13)　L・ミルブレイス、前掲訳書、二四頁。

(14)　スウェーデンの政党と市民生活については、Erik Anners, *Maktapparaten*, Boras, 1976; 岡沢憲芙「スウェーデンの連合政治」篠原一編『連合政治』岩波書店、一九八四年。西ドイツについては、第一章の注(7)参照。

(15)　マスコミと政党活動について示唆に富むのは、Peter Golding, Graham Murdock, and Philip Schlesinger, eds., *Communicating Politics*, Leicester University Press, 1986. コミュニケーションの視点から政治を理論化しようとした意欲的研究としては、Robert G. Meadow, *Politics as Communication*, Norwood: Ablex, 1980.

(16)　*SOU 1975: 78*, s. 19-20.

(17)　*SOU 1969: 48*, *SOU 1975: 78*, s. 21.

(18)　Giovanni Sartori, *Democratic Theory*, 1965, pp. 151-52.

(19)　女性と社会活動・環境については、岡沢『スウェーデンは、いま』早稲田大学出版部、一九八七年。

第七章　政党組織論

(1)　M・ウェーバー（浜島朗訳）「職業としての政治」『現代社会学大系・ウェーバー』青木書店、一九七一年、五〇三頁。

(2)　M・デュヴェルジェ（岡野加穂留訳）『政党社会学』潮出版、一九七〇年。

(3)　Charles O. Jones, *The Republican Party in American Politics*, New York: Macmillan, 1967 を参照されたい。

(4)　James Q. Wilson, *Political Organization*, New York: Basic Books, 1973, p. 95.

(5)　アメリカ政党論のスタンダードとしては、William Nisbet Chambers and Walter Dean Burnham, eds., *The American Party Systems*, Oxford University Press, 1975.

(6)　Robert C. Bone, *Action and Organization*, New York: Harper and Row, 1972, p. 111. アメリカ政党組織についてはその他に、David W. Abbott and

Edward T. Rogowsky, *Political Parties: Leadership, Organization, Linkage*, Chicago: Rand McNally, 1971; Frank J. Sorauf, *Political Parties in the American System*, Boston: Little, Brown, 1964; Frank J. Sorauf, *Party Politics in America*, Boston: Little, Brown, 1976.

（7）　イギリス労働党の組織については、数多くの研究が紹介されている。関嘉彦『イギリス労働党史』社会思想社、一九六九年、Henry Pelling, *A History of British Trade Unionism*, Penguin Books, 1963; Henry Pelling, *A Short History of the Labour Party*, London: Macmillan, 1965（小川喜一訳『イギリス労働党の歴史』日本評論社、一九六七年）、Chris Cook and Ian Taylor, eds., *The Labour Party*, London: Longman, 1980; Harry B. Cole, *The British Labour Party*, Oxford: Pergamon, 1977; Ross McKibbin, *The Evolution of the Labour Party 1910–1924*, Oxford University Press, 1974; Ross M. Martin, *TUC: The Growth of a Pressure Group 1868–1976*, Oxford: Clarendon, 1980.

（8）　William E. Wright ed., *A Comparative Study of Party Organization*, Columbus: Charles E. Merrill, 1971. やや古いという難はあるが、モデルをこれ以上コンパクトに整理した作品は依然存在しない。

（9）　C・バーナード（山本安次郎他訳）『経営者の役割』ダイヤモンド社、一九六八年。

（10）　北川隆吉「現代組織論の視角と問題」『現代と思想』二六号（一九七六年）、青木書店、二一—一四頁、Samuel Eldersveld, *Political Parties: a Behavioral Analysis*, Chicago: Rand McNally, 1964, p. 5; 岡沢「組織」『政治学の基礎概念・年報政治学』岩波書店、一九七九年、九八—一〇八頁、本章はこれをベースに加筆・修正した。また、本章での論述では、組織論の研究業績に多くを負っている。特に重要な参考・引用文献としては、上記の他に、Frank Baker, ed., *Organizational Systems*, Homewood: Richard D. Irwin, 1973; 青井和夫編『組織の社会学』有斐閣、一九六四年、石田雄『現代組織論』岩波書店、一九六一年、佐藤慶幸『現代組織の論理と行動』御茶の水書房、一九七二年、塩原勉『組織と運動の理論』新曜社、一九七六年、田口富久治『社会集団の政治機能』未来社、一九六九年、細谷昂『現代社会学と組織論』誠信書房、一九七〇年、M・ウェーバー（浜島朗訳）『支配と権力』みすず書房、一九五八年、J・マーチ＝H・サイモン（土屋守章訳）『オーガニゼーションズ』ダイヤモンド社、一九七七年、C・バーナード、前掲訳書、C・ペロー

（佐藤慶幸監訳）『現代組織論批判』早稲田大学出版部、一九七九年。

(11)　党内デモクラシー確立運動の具体例については、Alan Ware, *The Logic of Party Democracy*, London: Macmillan, 1979.

(12)　R・ミヘルス（森博・樋口晟子訳）『政党の社会学』木鐸社、一九七三年。

(13)　Samuel Eldersveld, *op. cit.*

(14)　派閥に関する近年の研究としては居安正『政党派閥の社会学』世界思想社、一九八三年。

(15)　政党政治、派閥政治における党首ポストを論じた著作としては、渡辺恒雄『党首と政党』弘文堂、一九六一年。

第八章　党内意思決定過程

(1)　Seymour M. Lipset and Stein Rokkan, *Party Systems and Voter Alignments*, New York: The Free Press, 1967, p. 10.

(2)　*Ibid.*, pp. 10–11.

(3)　*Ibid.*, pp. 14–15.

(4)　*Ibid.*, p. 22.

(5)　David Robertson, *A Theory of Party Competition*, London: John Wiley & Sons, 1976, p. 25. ダウンズ理論とデュヴェルジェ理論との基本的相違については、岡沢「政党行動に関する一般理論をめざして」(1)(2)『政治学研究』五、六号（一九七五年）。

(6)　Lawrence Dodd, *Coalitions in Parliamentary Government*, Princeton University Press, 1976.（岡沢訳『連合政権考証』政治広報センター、一九七七年、一二三頁。）

(7)　Gunnar Sjöblom, *Party Strategies in a Multiparty System*, Lund: Studentlitteratur, 1968, p. 160.

(8)　L・ドッド、前掲訳書、一二三頁。

(9)　同右、一二三頁。

(10)　同右、一二三頁。

(11)　同右、一二〇—一二三頁。一九八七年の韓国大統領選挙では地域対立が抗争次元として依然有効であることを改めて知らされた。地理的位置が投票行動に及ぼすインパクトについては以下の秀逸な比較研究を参照されたい。P. J. Taylor and R. J. Johnston, *Geography of Elections*, London: Croom Helm, 1979.

(12)　David Robertson, *A Theory of Party Competition*, London: John Wiley & Sons, 1976, p. 28.

(13)　*Ibid.*, p. 28.

(14)　イデオロギー政党の位置変更戦略を歴史的に追跡した研究としては，以下を参照。イギリス労働党については，David Howell, *British Social Democracy*, London: Croom Helm, 1980. 西ドイツ社民党については，Roger Fletcher, ed., *Bernstein to Brandt: a Short History of German Social Democracy*, London: Edward Arnold, 1987; 仲井斌『西ドイツの社会民主主義』岩波書店，一九七九年。

(15)　例えば，Lewis A. Froman, Jr., "A Realistic Approach to Campaign Strategies and Tactics," in M. K. Jennings and L. H. Zeigler, eds., *The Electoral Process*, Englewood Cliffs: Prentice-Hall, 1966, pp. 1-20.

(16)　Bo Särlvik, "Party Politics and Electoral Opinion Formation: a Study of Issues in Swedish Politics 1956-1960," in *SPS*, Vol. 2 (1967), p. 184.

(17)　A. Campbell, P. E. Converse, W. Miller, and D. Stokes, *The American Voter*, New York: John Wiley & Sons, 1960, p. 186.

(18)　政党イメージと投票行動については，Richard J. Trilling, "Party Image and Partisan Change," in Louis Maisel and Paul M. Sacks, eds., *The Future of Political Parties*, Beverly Hills: Sage, 1975, pp. 63-100.

(19)　Björn Molin, *Tjänstepensionsfrågan*, Göteborg: Akademiförlaget, 1965, s. 145.

(20)　Joseph A. Schlesinger, "Political Party Organization," in James G. March, ed., *Handbook of Organization*, Chicago: Rand McNally, 1965, pp. 764-801; David Easton, *A Systems Analysis of Political Life*, New York: Wiley 1965, p. 199（片岡寛光監訳『政治生活の体系分析』早稲田大学出版部，一九八〇年）; D. E. Stokes, "Spatial Models of Party Competition," in A. Campbell, et al., *op. cit.*, pp. 161-79.

(21)　Björn Molin, *op. cit.*, s. 143.

(22)　D. E. Stokes, *op. cit.*, p. 175.

(23)　Philip Converse, "The Problem of Party Distance in Models of Voting Change," in M. K. Jennings and L. H. Zeigler, eds., *The Electoral Process*, Englewood Cliffs: Prentice-Hall, 1966, p. 198.

(24)　G・サルトーリ（岡沢・川野訳）『現代政党学』早稲田大学出版部，一九八〇年，五五三頁。

(25)　同右，五四八―六一頁。

(26)　Gunnar Sjöblom, *Party Strategies in a Multiparty System*, Lund: Studentlitteratur, 1968, pp. 160-65.

(27)　David Robertson, *op. cit.*, p. 29.

(28)　Olof Ruin, *Mellan samlingsregering och tvåpartisystem: Den svenska regeringsfrågan 1945–1960*, Stockholm: Bonniers, 1968 はスウェーデンにおける政権形成問題を実証的に分析した好著であり、スウェーデン政治学の到達点を示している。

(29)　Gunnar Sjöblom, *op. cit.*, p. 179.

(30)　Gunnar Sjöblom, *op. cit.*; Björn Molin, *op. cit.* を特に参照・引用した。

(31)　G・サルトーリ、前掲訳書。

(32)　政党イメージを分析した興味深い研究としては、Richard J. Trilling, *Party Image and Electoral Behavior*, New York: John Wiley & Sons, 1976; Ian Budge, Ivor Crewe, and Dennis Farlie, *Party Identification and Beyond*, London: John Wiley & Sons, 1976.

第九章　政党財政

(1)　David W. Adamany and George E. Agree, *Political Money*, The Johns Hopkins University Press, 1975, p. 1.

(2)　Herbert E. Alexander, *Political Financing*, Minneapolis: Burgess, 1972, p. 15.

(3)　*Ibid.*, p. 15.

(4)　Henry L. Bretton, *The Power of Money*, State University of New York Press, 1980, p. xvii.

(5)　民主的な選挙の条件、選挙制度の考え方については、以下に整理してある。David Butler, Howard R. Penniman, and Austin Ranney, eds., *Democracy at the Polls: a Comparative Study of Competitive National Elections*, Washington: American Enterprise Institute for Public Policy Research, 1981, pp. 2–25. 本書は二八ヵ国の国政選挙を対象にした意欲的な比較研究である。

(6)　Dodd H. Bogart, "Feedback, Feedforward and Feedwithin: Strategic Information in Systems," in *Behavioral Science*, Vol. 25 (1980), pp. 237–49.

(7)　Joseph A. Schlesinger, "The Primary Goals of Political Parties: A Clarification of Positive Theory," in *APSR*, Vol. 69, No. 3 (1975), p. 844.

(8)　Hugh A. Bone and Austin Ranney, *Politics and Voters*, New York: McGraw-Hill, 1976, p. 11.

(9)　G・サルトーリ（岡沢・川野訳）『現代政党学』早稲田大学出版部、一九八〇年、一七一頁。

(10)　ポリティカル・マネー論の分析視角が提示されている入門書としては、Alexander Heard, *The Cost of*

Democracy, The University of North Carolina Press, 1960; Herbert E. Alexander, *Financing Politics*, Washington: Congressional Quarterly, 1976; David W. Adamany and George E. Agree, *op. cit.* 分析枠組をそのまま日本に持込めないが，この領域の古典とも言える地位を確保している。本章でもこれらに多くを負うている。他に，Herbert E. Alexander, *op. cit.*, 1972；Howard R. Penniman and Ralph K. Winter, Jr., *Campaign Finances*, Washington: American Enterprise Institute, 1972; Ralph K. Winter, Jr., *Campaign Financing and Political Freedom*, Washington: American Enterprise Institute, 1973; Ralph K. Winter, Jr., *Watergate and The Law*, Washington: American Enterprise Institute, 1974; David W. Adamany, *Campaign Finance in America*, North Scituate: Duxbury, 1972；David Nichols, *Financing Elections*, New York: New Viewpoints, 1974; Delmer D. Dunn, *Financing Presidential Campaigns*, Washington: The Brookings Institution, 1972.

(11)　William R. Keech and Donald R. Matthews, *The Party's Choice*, Washington: The Brookings Institution, 1976 は一九三六年以後の大統領候補指名過程を詳細に分析した優れた研究である。

(12)　イギリスの候補者指名については，T. Brennan, *Politics and Government in Britain*, Cambridge University Press, 1972, pp. 43-46; A. H. Birch, *The British System of Government*, London: George Allen and Unwin, 1973, pp. 137-59; Geoffrey Alderman, *British Elections: Myth and Reality*, London: B. T. Batsford, 1978, pp. 73-93. これは，小選挙区制の論理矛盾との関係で指名問題を論述している。戦前の保守党が持っていたエリート主義的体質を改善し，党近代化へ向けて第一歩を踏出す契機となったのは，『マクスウェル－ファイフ・レポート *The Maxwell-Fyfe Report*』（一九四八－四九年）であるが，候補者指名過程において一般的風景として目撃された「議席販売 selling of seats」行為は，これ以後急速に姿を消していく。以下は特に，興味深い。Zig Layton-Henry, ed., *Conservative Party Politics*, London: The Macmillan Press, 1980, pp. 186-204; Jean Blondel, *Voters, Parties, and Leaders*, Penguin Books, 1966, pp. 88-158. スウェーデンの候補者指名については，*SOU 1972: 17 Nominerings förfarande vid riksdagsval*, Stockholm, 1972.

(13)　Ralph M. Goldman, *Behavioral Perspectives on*

American Politics, Hewood: The Dorsey Press, 1973, p. 111.

(14) Lewis A. Froman, Jr., "A Realistic Approach to Campaign Strategies and Tactics," in M. Kent Jennings and L. H. Zeigler, eds., *The Electoral Process*, Englewood Cliffs: Prentice-Hall, 1966, p. 1.

(15) Thomas R. Dye and L. Harmon Zeigler, *The Irony of Democracy*, Duxbury Press, 1972, pp. 172–73.

(16) G・サルトーリ、前掲訳書、一六九頁。

(17) 同右、一六九―七三頁。

(18) 同右、一六八頁。

(19) James C. Scott, *Comparative Political Corruption*, Englewood Cliffs: Prentice-Hall, 1972, p. 4, p. 21.

(20) 大内穂は、三つの概念をスマートに整理している。「汚職」とは、公務員が職務上の権限を私的な利益追求のために濫用する行為。「疑獄」とは、業界から政治家や高級官僚などに金品を供与し、反対給付として政治家や高級官僚が業者あてに利権を提供する大がかりな贈収賄事件。「汚職」「疑獄」に共通している要素は、「公的権力の私的利益追求のための濫用」である。「政治腐敗」とは、公権力の濫用と、そこから生ずる現象に一定の道義的価値を付加した概念。大物政治家、つまり政党・財界・産業界の有力者、大臣を含む高級官僚、軍首脳によって行われる政治的色彩の濃い犯罪が「政治腐敗」と述べている。『腐敗の構造』ダイヤモンド社、一九七七年、一九―二〇頁。イメージ的には、もっと広く、「政治家が当事者の一人となっている公権力濫用を含む事件」と認識されている。

(21) 森川哲郎『日本疑獄史』三一書房、一九七六年は、政党政治史と政治腐敗の出発点である、山城屋和助割腹事件（一八七二年）以来の軌跡を丁寧に整理している。また、藤田博昭『日本の政治と金』勁草書房、一九八〇年は、かなりの頁を割いて（一四七―二四五頁）、「政治と金」の視点から戦後日本政党政治史が詳細に年表化されている。この論点はどうしても感情論過剰に陥る傾向があるので、この冷静な整理作業は貴重である。また、笹子勝哉『政治資金の構造』合同出版社、一九七六年は戦後保守政治の金権体質を要約している。

(22) 明治初期から昭和初期までの疑獄を詳細に報告した関壮一郎の『政界疑獄史』日本書院、一九三〇年は、政党擁護論の立場から、政界革新・綱紀粛正論を繰返し強調している。綱紀粛正論の長い伝統とその無力を感じさせられる書である。

(23) 岡倉古志郎『汚職の政治経済学』労働旬報社、一九六七年、iii頁。

(24) 日本の政党は、出発時から腐敗体質を内蔵していた。林田亀太郎『日本政党史・上巻』大日本雄弁会講談社、一九二七年、関壮一郎、前掲書。「万世一系の腐敗」体質があると表現できるかもしれない。井上清『日本政治腐敗史』三一書房、一九四八年、五頁、四八—四九頁、五四頁。

(25) 広瀬道貞『補助金と政権党』朝日新聞社、一九八一年。

(26) Alexander Heard, *op. cit.*, p. 4.

(27) *Ibid.*, p. 3.

(28) 選挙運動経費については、中野実「選挙の経済学」白鳥令編『政治の経済学：民主主義はいくらかかるか』ダイヤモンド社、一九八二年、一五一—一六六頁。選挙公営および選挙法の詳細については、小関紹夫・阪上順夫・山本博編『選挙法全書』政治広報センター、一九七五年。

(29) 西ドイツの政党法、および政党現象の法的分析については、丸山健『政党法論』学陽書房、一九七六年、円藤真一『憲法と政党』ミネルヴァ書房、一九七七年、西ドイツにおける「政党法論」「政党経費の公庫補助」問題を詳細にフォローしている土屋正三の『自治研究』所収の膨大な論文、小林昭三「政党国家的民主制の論理」『日本国憲法の条件』成文堂、一九八七年。

(30) Gullan M. Gidlund, *Partistöd*, Lund: CWK Gleerup, 1983, s. 11.

(31) Justitiedepartementet *SOU 1972:62 Offentligt stöd till de politiska partierna*, Stockholm, 1972, s. 15.

(32) *SOU 1972: 62 Lag om statligt stöd till politiska partier*, 1972; Gullan M. Gidlund, *op. cit.*, s. 238–39.

(33) Gullan M. Gidlund, *op. cit.*, s. 239–43.

(34) 公庫補助制度の政党財政に与えた衝撃については、*Ibid.*, s. 243–66.

第十章　相互依存体制と政党の国際的連帯

(1) Fritjof Capra and Charlene Spretnak, *Green Politics: The Global Promise*, London: Hutchinson, 1984, p. 165.

(2) Francis G. Castles and Rudolf Wildemann, eds., *Visions and Realities of Party Government*, Berlin: Walter de Gruyter, 1986, p. 20.

(3) Fritjof Capra and Charlene Spretnak, *op. cit.*, pp. 168–69.

（4）　Jan-Erik Lane and Svante O. Ersson, *Politics and Society in Western Europe*, London: Sage, 1987, pp. 39-132.

（5）　Alan J. Day and Henry W. Degenhardt, eds., *Political Parties of the World*, Essex: Longman, 1980, pp. 391-400.

（6）　*Ibid.*, pp. 391-400; D・セーレル（天野恒雄訳）『ヨーロッパの政党』白水社，一九七九年，一三〇―五三頁，数字については前書から採用。

（7）　Jan-Erik Lane and Svante O. Ersson, *op. cit.*, p. 104-05.

（8）　Rudolf Bahro, *From Red to Green*, London: Verso, 1984.

（9）　Fritjof Capra and Charlene Spretnak, *op. cit.*, pp. 165-90.

（10）　Gerd Langguth, *The Green Factor in German Politics*, Boulder: Westview, 1984, pp. xi-xii; Fritjof Capra and Charlene Spretnak, *op. cit.*, p. 174.

（11）　西ドイツ緑の党の組織発展段階については，Gerd Langguth, *op. cit.*, pp. 7-21.

（12）　欧州議会の発展過程については，中原喜一郎「欧州議会選挙と国際政党」馬場伸也・梶田孝道編『トランスナショナルな諸問題』津田塾大学国際関係研究所，一九八〇年，一〇七―二九頁。

（13）　欧州の政治的統合に関する詳細な文献としては，Panayiotis Ifestos, *European Political Cooperation: Toward a Framework of Supranational Diplomacy?*, Aldershot: Avebury, 1987.

（14）　Stanley Henig, *Political Parties in the European Community*, London: George Allen & Unwin, 1979.

（15）　Stefano Bartolini and Peter Mair, *Party Politics in Contemporary Western Europe*, London: Frank Cass, 1984.

（16）　Karlheinz Reif, ed., *Ten European Elections*, Hampshire: Gower, 1985.

（17）　David Butler and David Marquand, *European Elections and British Politics*, London: Longman, 1981.

（18）　Emile J. Kirchner, *The European Parliament: Performance and Prospects*, Hampshire: Gower, 1984.

（19）　Alan Wood, ed., *Guide to the European Parliament 1984*, London: The Times, 1984, p. 7.

（20）　欧州議会の権限については，Sir Barnett Cocks, *The European Parliament*, London: Her Majesty's Stationery Office, 1973, pp. 18-26.

(21) Francis G. Castles and Rudolf Wildemann, eds., *op. cit.*, p. 19.

(22) 在住外国人選挙権については、岡沢憲芙「スウェーデン政治の解剖：外国人にも選挙権を」『時の法令』大蔵省印刷局、一九八六年七月十五日号、二八—四〇頁。

文献案内

引用・参考文献についてはそれぞれの注で紹介した。
ここではそれ以外の参考文献だけをあげた。

Herbert E. Alexander, *Money in Politics*, Public Affairs Press, 1972.

Herbert E. Alexander, "Political Finance Regulation in International Perspective," in Michael J. Malbin, ed., *Parties, Interest Groups, and Campaign Finance Laws*, Washington, D. C.: American Enterprise Institute for Public Policy Research, 1980, pp. 333-53.

Preben Almdal, *Aspects of European Integration*, Odense University Press, 1986.

Allan R. Ball, *British Political Parties*, London: Macmillan, 1981.

Robert Behrens, *The Conservative Party from Heath to Thatcher*, Westmead: Saxon House, 1980.

Robert Blake, *The Conservative Party from Peel to Churchill*, New York: St. Martin's Press, 1970. (早川崇訳『英国保守党史』労働法令協会, 一九七九年)

Vernon Bogdanor, *What is Proportional Representation?*, Oxford: Martin Robertson, 1984.

Vernon Bogdanor, ed., *The Blackwell Encyclopaedia of Political Institutions*, Oxford: Basil Blackwell, 1987.

Jean Charlot, *Les Partis Politiques*, Paris: Librairie Armand Colin, 1971.

Richard H. S. Crossman, *The Myths of Cabinet Government*, Harvard University Press, 1972.

Alfred De Grazia, *Apportionment and Representative Government*, Washington, D. C.: American Enterprise Institute, 1962.

Harry Eckstein and David Apter, eds., *Comparative Politics*, New York: The Free Press, 1963.

Frank B. Feigert and M. Margaret Conway, *Parties and Politics in America*, Boston: Allyn and Bacon, 1976.

Lewis A. Froman, Jr., "A Realistic Approach to Campaign Strategies and Tactics," in M. Kent Jennings and L. Harmon Zeigler, eds., *The Electoral Process*, Englewood Cliffs: Prentice-Hall, 1966, pp. 1-20.

William Goodman, *The Two-Party System in the United States*, Princeton: D. Van Nostrand, 1956.

Fred I. Greenstein, *The American Party System and the American People*, Englewood Cliffs: Prentice-Hall, 1963.

Gordon G. Henderson, *An Introduction to Political Parties*, New York: Harper & Row, 1976.

Donald G. Herzberg and Gerald M. Pomper, *American Party Politics*, New York: Holt, Rinehart and Winston, 1966.

William B. Hesseltine, *The Rise and Fall of Third Parties*, Gloucester: Peter Smith, 1957.

William B. Hesseltine, *Third-Party Movements in the United States*, Princeton: D. Van Nostrand, 1962.

Robert T. Holt and John E. Turner, *Political Parties in Action*, New York: The Free Press, 1968.

Judson L. James, *American Political Parties in Transition*, New York: Harper & Row, 1974.

Max Kaase and Klaus von Beyme, *Elections and Parties*, London: Sage, 1978.

Richard S. Katz, *A Theory of Parties and Electoral Systems*, Baltimore: The Johns Hopkins University Press, 1980.

David Knoke, *Changing and Continuity in American Politics*, The Johns Hopkins University Press, 1976.

Everett Carll Ladd, Jr. and Charles D. Hadley, *Transformations of the American Party System*, New York: W. W. Norton, 1978.

Dick Leonard and Richard Natkiel, *World Atlas of Elections: Voting Patterns in 39 Democracies*, London: The Economist, 1986.

T. F. Lindsay and Michael Harrington, *The Conservative Party 1918-1979*, London: Macmillan, 1979.

Iain McLean, *Elections*, London: Longman, 1976.

Barbara N. McLennan, ed., *Political Opposition and Dissent*, New York: Dunellen, 1973.

Boris Meissner, *The Communist Party of the Soviet Union*, Westport: Greenwood, 1956.

Jean Meynaud et Dusan Sidjanski, *Groupes de Pression et Cooperation Europeenne*, Paris: Fondation Nationale des Sciences Politiques, 1968. (中原喜一郎訳『ヨーロッパの国際圧力団体』ミネルヴァ書房、一九七三年)

A. J. Milnor, *Elections and Political Stability*, Boston: Little, Brown, 1969.

Sigmund Neumann, *Modern Political Parties*, The University of Chicago Press, 1956. (渡辺一訳『政党』みすず書房、一九五八年)

Geoffrey K. Roberts, *Political Parties and Pressure Groups in Britain*, London: Weidenfeld and Nicolson, 1970.

Stein Rokkan, *Citizens, Elections, Parties*, New York: David McKay, 1970.

Richard Rose, *Do Parties Make a Difference?*, London: Macmillan, 1980.

Richard L. Rubin, *Party Dynamics*, Oxford University Press, 1976.

James L. Sundquist, *Dynamics of the Party System*, Washignton: The Brookings Institution, 1973.

飯坂良明・富田信男・岡沢憲芙編『政党とデモクラシー』学陽書房、一九八七年

猪口孝・岩井奉信『「族議員」の研究』日本経済新聞社、一九八七年

猪口孝『国際政治経済の構図』有斐閣、一九八二年

京極純一『政治意識の分析』東京大学出版会、一九六八年

小平修『現代世界の選挙と政党』ミネルヴァ書房、一九八四年

小山博也『明治政党組織論』東洋経済新報社、一九六七年

坪郷実「エコロジー経済政策についての若干のデザイン：新しい社会運動、緑の党および労働組合運動」『北九州大学法政論集』一五巻一号、一九八七年

戸川猪佐武『政治資金』内田老鶴圃、一九六一年

西平重喜『選挙の国際比較』日本評論社、一九六九年

あとがき

本書はさり気なく書かれた一通の手紙で始まった。スウェーデンの冬は長くて暗い。そして寒い。その頃、日本の政治・経済をいくつかの大学で講義していた。青春時代へのノスタルジーもあるため、寒・長・暗の冬も苦痛ではなかったが、名称と内容が研究者の国籍で指定される講座の連続には少なからずウンザリしていた。編集者からの手紙には、「スタンダード・プラス・アルファで政党論をヤレ。プラス・アルファの部分では新しい視点を紹介せよ」。無国籍の視点から政党分析の変数を整理したいと思っていた時でもあり、快諾した。当初のネライを貫けたかどうか。旅先の口約束に終ったのではないか。スタンダードに傾斜し過ぎたかもしれない。最初の原稿を大幅に削除したが、切捨てた部分に、実は、向こう見ずの挑戦が盛込まれていたのではないか。

特に感謝の意を表したい人たちがいる。研究活動を支え、いつも知的活力源となって下さっているその人たちの名を記そうとすれば、それだけで数ページ割かねばならない。ページ数では既に交渉余地範囲を超えている。勝手ながら、次の機会に譲りたい。ここでは、この数年、研究関心を刺激してくれたスウェーデンの人たちに限りたい。先ず故・パルメ首相。彼と彼が登用した若き論客たちは、いつもドキッとする論点を投掛けてくれた。そして、ストックホルム大学とルンド大学の友人たち。ストックホルム大学行政学部長のH・ルンドブラッドは最初の女性学部長として多忙な公務のかたわら常に知的刺激を与えてくれている。政治学部のO・ルイン教授、G・ヴァリーン教授を始めとする仲間たちは、スウェーデン研究を側面から援助してくれるだけでなく、政党研究についてもその他の国の友人とは全く違う角度から貴重な助言を与えてくれる。ルンド大学のA・グスタフソン、労働運動資料・図書館のM・グラスと二人が紹介してくれた多くの研究者、政治家、労働運動家にも感謝の意を表したい。穏健な多党制や連合理論への思い入れは彼らとの日常的な討論の結果かもしれない。本書で、戦略論、資源論、政党の国際化といった分析視点を導入しようとした背景にあるのは、《国際国家・スウェーデン》を支える彼らとの活発な議論である。小さな国際社会とも言えるストックホルム大学の大学院生や若い研究者との交流がどれ程刺激を与えてくれたかもしれない。国籍に拘束されない研究をするにはこれ以上の環境はない。多くは、「来いヨ」という誘いに乗って来日した。彼らの日本論に期待したい。彼らとの議論を無駄にしないためにも『スウェーデン現代政治』を近く刊行したいと思う。

私が奉職する早稲田大学、特に社会科学部の先輩・同僚の諸先生方には特に感謝の意を表したいと思う。自由で進取の精神に富む環境と雰囲気は若いスタッフにはこの上なく有難い。こうした知的風土が伝統として定着してくれることを心から望んでいる。

一冊の本が生産される過程は、友情を育みそれを確認する過程でもある。編集責任者である猪口孝氏は温和な表情で厳しい注文を乱発して下さった。貴重なコメントは可能な限り活用させていただいた。編集過程の感情をも伝えることができるエンドレス・テープがあれば、「有難う」と是非吹込みたい。編集過程の仕事人・竹中英俊氏にはひたすら感謝。ソフトな口調でアイデアを提案してソノ気にさせ、仕事に向かわせる卓抜の技術に脱帽。楽しい作業であった。最後に川見公直弁護士と故・後藤一郎先生。すべてはそこから始まった。

一九八八年五月

早稲田の杜にて　岡沢憲芙

ベルギーの政党政治　48, 159, 219, 221
包括政党　122
包摂の論理　43, 54, 61-62, 87, 123
ポーランドの政党政治　46, 47
ポリティカル・アマチュアリズム　54
ポリティカル・プロフェッショナリズム　54, 197
ポリティカル・マネー　184-87, 193, 201, 206
ポリティカル・リーダーの選出・補充　12
ポルトガルの政党政治　46, 59, 60, 221
ポンパー（Gerald M. Pomper）　3

マ　行

マスコミと政党　126-31
マス・メディアの政治機能　127-31
マレーシアの政党政治　46, 49
見える政治・見えざる政治　46, 54, 67, 87, 108, 112, 197
ミヘルス（Robert Michels）　6, 150, 151
民意への対応（力）　55, 88, 89, 91, 107, 122, 128
メキシコの政党政治　46, 47, 61-63
メークル（Peter H. Merkl）　8

ヤ　行

山県有朋　121
有効性の理論　54
吉田茂内閣（一・二・三・五次）　70, 75-76, 78-79
余分な党　73, 76, 77
ヨーロッパ・キリスト教民主連盟　217
ヨーロッパ人民党（EPP）　218
ヨーロッパ民主連盟（EDU）　218

ラ　行

利益の系列化と政党　105-07
利益の集約　11
利益連合の形成　95-98
リッグス（Fred Riggs）　32
リプセット（Seymour M. Lipset）　155
リベラル・インターナショナル　217
リベリアの政党政治　60
隣接同盟型連合　77, 79, 99
ルクセンブルグの政党政治　48, 78, 159, 219, 221
レインボー・グループ（ARC）　220, 222
連合形成地位　72, 73, 76, 81
連合形成の損益計算　98-103
連合政権　44, 50, 72-89
連合パートナー　68, 73, 77, 79, 81, 82, 102, 175, 176
連合リーダー　97
レーン（Jan-Erik Lane）　215, 216, 219
ローソン（Key Lawson）　113
ロッカン（Stein Rokkan）　155
ローズ（Richard Rose）　56, 57

ワ　行

ワイマール・ドイツの政党　49, 50, 159
分かち合いの政党　43
ワッテンベルグ（Martin P. Wattenberg）　3, 11

タ　行

代議制デモクラシーの機関　53, 113, 138
大衆組織政党　136-42, 198
体制選択問題　165, 167, 168, 178
ダウンズ（Anthony Downs）　157, 158
タカリとネダリ　195-97
ダール（Robert Dahl）　8, 43, 47
ダールダー（Hans Daalder）　8
単一次元《左―右》スケール　39-40, 160-64, 167-69
単独政権　58-72
チェコスロヴァキアの政党政治　59
地球市民選挙権　225
中国の政党政治　46, 59, 60
チュニジアの政党政治　60
チリの政党政治　49
デュヴェルジェ（Maurice Duverger）　5, 6, 106, 137, 142
伝統的な反政党論　120-22
デンマークの政党政治　48, 74, 216, 221
党首への反乱　97
当選第一主義　193, 194
得票率極大化　160, 162, 163, 172, 178
ドッド（Lawrence Dodd）　48, 50, 88, 158
トルコの政党政治　47, 66

ナ　行

内閣危機　67
中曽根康弘内閣（第二次）　79-80
ナチス・ドイツの政党政治　46, 60
二世議員　194
二党制　47-48, 51-52, 173
二党制の神話・多党制の神話　48, 50
西ドイツの政党政治　45, 46, 48, 74-75, 78, 125, 159, 215-19, 221
日本の政党政治　46, 47, 66, 70-71, 75-76, 78-80, 121, 218
ニュージーランドの政党政治　46, 48
ノルウェーの政党政治　215, 216

ハ　行

排除の論理　43, 54, 87, 123
バイメ（Klaus von Beyme）　4
バーカー（Ernest Barker）　11
パーソナル連合　96
ハード（Alexander Heard）　193
鳩山一郎内閣（一・二次）　70, 71
バトラー（David Butler）　64
派閥　6, 34-37, 91, 196, 197
ハンガリーの政党政治　59
バンクス（A. Banks）　47
反政党主義　1, 119-23
ハンド（Geoffrey Hand）　8
微調整問題　165, 166
必要な党　81
開かれた政治　50
フェブロン（Gunnar Sjöblom）　98, 158
フィシェル（Jeff Fishel）　3
フィード・プロセス　29, 92, 128, 190
フィンランドの政党政治　74, 78, 159, 217, 219
フォーラム機能　128
福沢諭吉　1
フランスの政党政治　49, 50, 74-76, 78, 159, 216, 221
プライドハム（Geoffrey Pridham）　8
ブラウン（Eric C. Browne）　8
プラグマティズム政党　21, 41-42, 73, 111, 116, 161, 176, 193
ブリッジ型相互作用　41
ブリッジ型連合　77, 79
ブルガリアの政党政治　59
プレスオンブズマン　130
フレベナー（Ronald J. Hrebener）　97, 119
プログラム政党　21, 41-42, 116, 162, 173
プログラムと政党　115-17
ブロンデル（Jean Blondel）　47
分極的多党制　49
ヘゲモニー政党制　47, 61-63
ペーターソン（William E. Paterson）　8

個人・派閥連合　35, 38
コリンスキー (Eva Kolinsky)　8
ゴールドマン (Ralph Goldman)　195
コルブ (Richard L. Kolb)　3
コンヴァース (Philip Converse)　169

サ　行

在住外国人への選挙権・被選挙権付与　223
最小勝利連合　72-76, 95
最適規模　39
サルトーリ (Giovanni Sartori)　5, 32, 46, 47, 169
支持核集団　91, 105, 106, 165, 170
市場なき独占　109
市民の未成熟　195
シャットシュナイダー (E. E. Schattshneider)　32
ジャンダ (Kenneth Janda)　3
社会主義インター　216-17
小政党　17, 32
重層構造モデル　6, 150
ジュニア・パートナー　73
準拠集団　15, 163
純少数党単独政権　70-72
情報資源　29
情報社会と政党　129-31
諸利益間の安定した連合　122
スイスの政党政治　48, 218, 219
スウェーデンの政党政治　46, 48, 68-69, 71-72, 78, 80, 82-83, 125-26, 132, 159, 176, 177, 206-10, 216, 223
スコット (James C. Scott)　199
スコット (Ruth K. Scott)　97
スレイマン (Ezra Suleiman)　90
スペインの政党政治　46, 60, 221
「政界＝男性支配社会」　132
政権からの距離　45, 172, 173
政権までの距離，政権への距離　41, 144, 172, 176
政権パターン　58-89
政策過程と政党　90-95
政治参加と政党　124-133
政治的社会化　14-15
政治腐敗　199-201, 205
政党イメージ　162-64, 167
政党間競合の分界線　155-69
政党間距離　39, 163
政党間相互作用（の数）　31, 37-38
政党財政　184-210
政党システム　31-52
政党政治の空間　4-8
政党組織の構造矛盾　143-54
政党内競合と政党間競合　107, 108, 110-12, 114, 161, 190, 194, 196, 197
政党内政治と政党間政治　59, 66, 67, 77, 82, 85, 86
政党の機能　10-15
政党の近代化　193
政党の権力資源　24-30
政党の国際化　7-8, 212-23
政党の国際的連帯　214
政党の選挙活動　112-18
政党の戦略的位置（・変更）　160-62, 177-83
政党の破片化　49
政党の目的・目標　16-22
政党配置の基本パターン　170-77
政党ブロック　34
政党への公庫補助　205-10
政党連合　36
政府の中の政党　56-58
選挙公営　204-06
選挙制度と政党システム　50-52
選挙戦術のハイテク化　192
選挙ポリアーキー　132
「組織された大衆」民主主義　28, 137
「組織の時代」と政党　136-54
ソ連の政党政治　46, 59, 60
ソーロフ (Frank Sorauf)　142

索　引

ア　行

アイスランドの政党政治　78
アイルランドの政党政治　221
アーヴィング (R. E. M. Irving)　8
アジア—太平洋社会党組織 (APSO)　219
芦田均内閣　78-79
アダマニー (David Adamany)　193
アメリカの政党政治　46, 48, 96-98, 119, 120, 139, 142, 219
新たなる懐疑論　122-24
アルバニアの政党政治　59
アレクサンダー (Herbert Alexander)　193
威嚇力　32
イギリスの政党政治　46, 48, 51-52, 64-65, 68-70, 78, 80, 98, 142, 194, 215-18, 221
イコール・パートナー　74
板垣退助　2, 121
イタリアの政党政治　45, 46, 49, 74, 78, 83-84, 159, 215-17, 221
一党制　46, 59-61
一党優位政党制　47, 65-66, 202, 203
イデオロギー距離　77, 79, 82, 97
イデオロギー指向政党　73, 99, 148
伊藤博文　120, 121
インドの政党政治　46, 47, 66
インフォーマル集団・組織　7, 151-52, 153
インフォーマル・リーダー　153, 154
ウィルソン (James Q. Wilson)　140
エルダースヴェルド (Samuel Eldersveld)　6, 150, 151
遠心的競合　44-45
欧州議会の政党制　220-23
欧州共同体自由・民主党連盟(ELD)　218
欧州共同体社会主義政党連盟　218
大隈重信　2, 121
オーストラリアの政党政治　78, 159
オランダの政党政治　48, 74, 78, 159, 219, 221
穏健な多党制（限定的多党制）　48

カ　行

数の理論　17, 27, 28, 33, 39, 64, 67, 83, 86, 89, 109, 123, 198
過小規模連合　81-85
過大規模連合　76-81
片山哲内閣　78-79
カッツ (Richard S. Katz)　4
寡頭制の鉄則　6, 150
カナダの政党政治　159, 219
環境政党・緑の党　216, 219-20
幹部政党　114, 137-42
擬似競合　85, 109
求心的競合　44, 48
ギリシャの政党政治　221
キリスト教民主党世界連盟　217
強行採決の論理　86
競合的協同・協同的競合　6, 44, 50, 145, 222
競合的ゼロ・サム最小勝利連合モデル　96
協同的定和ゲーム　95
拒否権集団　54
係争点の性格　164-67
決定作成マシーンの組織化　13
原子化政党制　49
権力の司祭者　13, 53
権力への手段　53, 113-15, 138
候補者指名　113-15
効率の理論　54
国民政治保険　207-09
個人・政党連合　35

著者略歴

1944年　上海に生まれる.

1967年　早稲田大学政治経済学部卒業.

現　在　早稲田大学社会科学部教授.

主要著訳書

『政党政治とリーダーシップ』(敬文堂，1975年)

『北欧デモクラシー』(共著，早稲田大学出版部，1982年)

『連合政治』(篠原一編，岩波書店，1984年)

『スウェーデンは，いま』(早稲田大学出版部，1987年)

『スウェーデン現代政治』(東京大学出版会，1988年)

『スウェーデンの挑戦』(岩波書店，1991年)

G. サルトーリ『現代政党学』I・II (共訳，早稲田大学出版部，1981年)

政　党　　　現代政治学叢書 13

1988年 7月1日　初　版

1994年10月5日　第 6 刷

[検印廃止]

著　者　岡沢憲芙《おかざわのりお》

発行所　財団法人　東京大学出版会

代表者　養老孟司

113 東京都文京区本郷 7-3-1　東大構内

電話 03(3811)8814・振替 00160-6-59964

印刷所　株式会社理想社

製本所　矢嶋製本株式会社

ISBN 4-13-032103-X　Printed in Japan

オンデマンド版はコダック社のDigiMasterシステムにより作製されています。これは乾式電子写真方式のデジタル印刷機を採用しており、品質の経年変化についての充分なデータはありません。そのため高湿下で強い圧力を加えた場合など、トナーの癒着・剥落・磨耗等の品質変化の可能性もあります。

政党　現代政治学叢書13　（オンデマンド版）

2012年12月17日　発行　①

著　者　岡沢憲芙
発行者　一般財団法人　東京大学出版会
代表者　渡辺　浩
〒113-8654
東京都文京区本郷7-3-1　東大構内
TEL03-3811-8814　FAX03-3812-6958
URL　http://www.utp.or.jp/
印刷・製本　大日本印刷株式会社
URL　http://www.dnp.co.jp/

ISBN978-4-13-009074-2
Printed in Japan